本书系河南省教师教育课程改革研究项目："'课程思政'背景下师范专业美育课程改革研究"（2020-JSJYYB-092）的阶段性研究成果

现代思想政治教育中的审美教育研究

王 滢 著

XIANDAI SIXIANG ZHENGZHI JIAOYU ZHONG DE
SHENMEI JIAOYU YANJIU

人民出版社

目　录

序

    2018 年 9 月，习近平总书记在全国教育大会上发表重要讲话，强调培养德智体美劳全面发展的社会主义建设者和接班人，加快推进教育现代化、建设教育强国、办好人民满意的教育，以一系列深刻论述，对新时代教育工作进行了全面部署。因此，要全面加强和改进学校美育，坚持以美育人、以文化人，提高学生审美和人文素养，把他们培养成为新时代德智体美劳全面发展的社会主义建设者和接班人。现代思想政治教育中的审美教育和美学中的美育虽然是两个不同的概念，但两者有着紧密的联系，比如，现代思想政治教育中的审美教育和美学中的美育都运用美学的基本原理进行直观的感性教育，因而都具有情感性、形象性、渗透性、趣味性的基本特征，都通过美的传播给人以精神享受，陶冶人们的情操，净化人们的心灵。

    王滢博士的专著《现代思想政治教育中的审美教育研究》，对于发掘现代思想政治教育的审美价值，揭示现代思想政治教育中审美教育的规律，增强现代思想政治教育的生动性和实效性，具有重要的理论意义和现实意义。

    首先，有助于进一步发掘现代思想政治教育的审美价值。作为一种特殊的审美实践活动，审美教育侧重满足个体的审美需求，尊重个体的审美经验，塑造个体人格，最终实现以审美调控品德行为的教育目标。审美教育本质上是沟通认识与道德伦理、培养人们的审美意识的重要途径，能使受教育者达到合乎目的性与合乎规律性的自由的精神境界。审美教育使受教育者能够自觉主动地进行自我教育，并使普遍的社会理性和造福人类的意志真正深入到人们的内心，真正转化为人们的正确行动，从而达到理智教育与伦理教育的和谐统一。因此，对现代思想政治教育中的审美教育进行系统、深入的研究，无疑有助于进一步发掘现代思想政治教育的审美价值。

其次，有助于揭示现代思想政治教育中审美教育的规律。审美教育的规律是审美教育过程中诸要素之间的本质联系及其矛盾运动的必然趋势。现代思想政治教育中审美教育的实施过程有其自身的客观规律。审美教育的规律主要有：真、善、美辩证统一规律，心灵美、语言美、行为美辩证统一规律，美的内容与美的形式辩证统一规律。审美教育只有遵循教育规律，发挥"客观美的境"以及"主观美的情"有机结合的优势，传授审美扬美的经验和斥丑抑丑的经验，才能实现审美教育的目的。因而，研究现代思想政治教育中审美教育的重要意义不仅仅在于进一步发掘现代思想政治教育的审美价值，而且还有助于科学地揭示现代思想政治教育中审美教育的规律。

最后，有助于增强现代思想政治教育的生动性和实效性。审美教育具有形象直观的特点，能够通过运用美的形象直观地引导受教育者领会教育内容。它以人们最喜爱、最易接受的审美体验为基础，采用融理于情的方式"以情感人"。在整个审美教育过程中，人们既不受外部客观世界的束缚，也不受内部理性世界的羁绊，在认同、顺从形象美的同时，往往会主动地接受审美教育并自觉将其内化为理性的道德观点。因此，审美教育有利于引导人们树立正确的审美观点，这不仅充分地增强了现代思想政治教育的生动性，而且极大地增强了它的实效性。

该书立论新颖，结构合理，逻辑严密，体例完整，思路清晰，写作规范，内容丰富，观点正确，文字流畅，在一些问题的论述上有一定创新。具体表现在以下几点：

第一，对现代思想政治教育中审美教育的概念进行了较为准确的理论界定。本书认为，现代思想政治教育中的审美教育，是指在现代思想政治教育中，教育者用一定的美学原理，向受教育者传授社会美、自然美、艺术美的教育内容，并通过审美实践活动激发人们丰富、高雅的审美情感，潜移默化地塑造和优化人们的审美心理结构，培养人们正确的审美观点、健康的审美情趣、崇高的审美理想和积极的人生态度，促使受教育者将正确审美价值观念转化为自觉合理的实际行动，进而实现审美能力、思想品德、人格修养等综合素质提高的有目的、有计划、有组织的社会实践活动。在其内涵上，现代思想政治教育中的审美教育是一种激发情感、陶冶情操、净化心灵的情感教育，是一种作用于人的理智，培养人们正确的审美观点、健康的审美情趣、崇高的审美理想和积极的人生态度，并促使个体行为审美转化的思想教育。在其外延上，由于将现代思想政治教育学中的审美教育和美学中的美育、艺术教育、道德教育、情感教育区分开来，这就纠正了人们把审美教育混同或等同于美学中的美育、艺术教育、道德教育、情感教育的错误认识和做法。可见，审美教育不仅仅是增强现代思想政治教育实效性的手段和方法，更是现代思想政治教育的重要内容之一。

第二，对现代思想政治教育中审美教育的特征和功能进行了尝试性探讨。本书从审美教育的基本特点出发，在区分现代思想政治教育中审美教育与美学中的美育、艺术教育、道德教育、情感教育的概念的基础上，认为现代思想政治教育中审美教育的基本特征和主要功能既不同于传统思想政治教育和道德教育，也有别于美学视阈下的美育和艺术教育。本书指出，现代思想政治教育中的审美教育具有指向性与非功利性的统一、独立性与渗透性的统一、思想性与艺术性的统一、先进性与时代性的统一等基本特征。现代思想政治教育中的审美教育具有导向功能、调节功能、塑造功能、激励功能、育人功能等主要功能。

第三，对现代思想政治教育中审美教育的原则和方法进行了研究和论述。本书对现代思想政治教育中审美教育的原则和方法进行了联系的、动态的尝试性探讨，认为审美教育的原则和方法不同于传统的政治教育和道德教育的原则与方法，具有特有的内在规定性。本书认为，现代思想政治教育中审美教育的原则应凸显"以美育人"的特色，以合乎受教育者审美认知特点以及思想品德形成规律为尺度，坚持主体性原则、整体性原则、实践性原则和开放性原则。本书指出，审美教育实践活动对个体的审美情感和审美心理结构的培养和优化具有独特的作用，依照审美教育活动不同环节的主要特点，将其归纳为思想政治教育客体的审美感知法、思想政治教育内容的审美传授法、思想政治教育环境的审美熏陶法、思想政治教育主客体的情感共鸣法、思想政治教育效果的审美评价法，这个彼此关联、连接有序的方法体系不仅揭示了审美教育由个体审美实践到审美认知再到审美实践的认识辩证发展的规律，同时也使现代思想政治教育中审美教育的理论体系更趋严整和完善。

第四，对现代思想政治教育中审美教育的机制和规律进行了探究和揭示。本书将审美教育活动视为一个完整的动态过程，深入地探究现代思想政治教育中审美教育的各构成要素的运行机理，系统地梳理了各个机制和规律的主要内容，并提出了在审美教育过程中运用机制和遵循规律时应注意的基本要求。本书认为，审美教育的机制是审美教育运行过程中各构成要素按一定的组合方式而形成的机理和运行方式，并对其动力机制、激励机制、调控机制和保障机制进行了探究。本书指出，现代思想政治教育中审美教育的规律是审美教育过程中诸要素之间的本质联系及其矛盾运动的必然趋势，其规律主要有以下三个：真、善、美辩证统一规律、心灵美、语言美、行为美辩证统一规律、美的内容与美的形式辩证统一规律。本书在着重考察这些规律的变化发展的同时，对它们之间的矛盾关系进行了较为系统、深入的研究。

总之，该书在逻辑结构、内容布局、资料运用、理论创新、联系实际诸方面都有自己的独到之处，其中蕴涵许多创新见解，是现代思想政治教育中的审美教育研究的一部力作。当然，该书在某些方面难免有需要进一步改进的地方，有些概念和问题有待于进一步提炼和概括，比如，对现代思想政治教育中审美教育规律的揭示和概括，应在原有的基础上进一步进行斟酌和提炼，使之更完善、更全面。

《现代思想政治教育中的审美教育研究》是王滢以她的博士学位论文为蓝

本加工而成的一部学术专著。作为她的导师，我为王滢博士取得的学术成就感到由衷的欣慰！并向她表示衷心的祝贺！在本书出版之际，她邀请我作序，我欣然应允。同时，我也殷切地期望王滢博士再接再厉，在未来的理论研究中，不断取得新的学术成就！

徐志远

2020 年 5 月于武汉理工大学

前　言

　　现代思想政治教育中的审美教育，是增强现代思想政治教育实效性的手段和方法，也是现代思想政治教育的重要内容之一。作为个体认知与社会伦理沟通的一条途径，现代思想政治教育中的审美教育不仅可以激发受教育者健康愉悦的审美情感，而且能够培养其正确的审美价值观念、健康的审美情趣和人文情操，培育健全人格，集中体现了伦理教育与人文教育的有机统一。如果说道德教育是对学生开展具有外在约束性的价值观念教育的话，那么，思想政治教育中的审美教育则是以润物无声、寓教于乐的柔性、隐形等方式来教育人、培养人，调动受教育者的学习热情，其方法和途径更容易为学生所接受和认可。因此，以审美教育为切入点，坚持以立德树人为根本任务，发挥现代思想政治教育中审美教育的育人作用，以促进受教育者自觉树立和践行社会主义核心价值观，不断提升其思想道德和审美文化修养，对于培养德智体美劳全面发展的社会主义建设者和接班人具有重要意义。

　　本书以马克思主义哲学辩证唯物主义和历史唯物主义为指导，以思想政治教育中的审美教育为研究对象，以增强新时代公民思想政治教育实效性为目的。在准确界定和论述现代思想政治教育中审美教育的含义及其同美学中的美育、艺术教育、道德教育、情感教育的关系的基础上，探讨现代思想政治教育中审美教育的含义、特征及功能为突破口，以揭示和厘定现代思想政治教育中审美教育的科学内涵为首要理论问题，围绕现代思想政治教育中审美教育的思想理论基础、基本内容、原则与方法、运行机制与实施规律等方面，坚持理论联系实际，通过对现代思想政治教育中的审美教育进行系统、深入的研究，试图初步构建现代思想政治教育中审美教育理论体系的新框架。

探讨现代思想政治教育中审美教育的含义、特征及功能，是研究现代思想政治教育中审美教育的一项奠基性工作。现代思想政治教育中的审美教育，是指在现代思想政治教育中，教育者用一定的美学原理，向受教育者传授社会美、自然美、艺术美的教育内容，并通过审美实践活动激发人们丰富、高雅的审美情感，潜移默化地塑造和优化人们的审美心理结构，培养人们正确的审美观点、健康的审美情趣、崇高的审美理想和积极的人生态度，促使受教育者将正确审美价值观念转化为自觉合理的实际行动，进而实现审美能力、思想品德、人格修养等综合素质提高的有目的、有计划、有组织的社会实践活动。现代思想政治教育中的审美教育和美学中的美育、艺术教育、道德教育、情感教育既有一定的联系，又存在明显的区别。我们应从审美教育同美学中的美育、艺术教育、道德教育、情感教育的关系中，准确地理解现代思想政治教育中审美教育的科学含义。指向性与非功利性的统一、独立性与渗透性的统一、思想性与艺术性的统一、先进性与时代性的统一，是现代思想政治教育中审美教育的四个基本特征。现代思想政治教育中的审美教育具有导向功能、调节功能、育人功能、塑造功能、激励功能等主要功能。

在对现代思想政治教育中审美教育的基本内容进行论述之前，有必要对孔子、孟子、荀子等中国古代思想家，以及柏拉图、亚里士多德、席勒、海德格尔以及苏霍姆林斯基等西方古今思想家的审美教育思想及其启示进行探讨和分析，系统地追溯现代思想政治教育中审美教育的思想渊源。同时，有必要深入地研究和阐述马克思主义经典作家关于审美教育的思想，以及中共历届领导人对审美教育的理论贡献，全面地论述现代思想政治教育中审美教育的理论基础。

　　现代思想政治教育中审美教育的基本内容包括社会美教育、自然美教育、艺术美教育。社会美教育，主要包括模范人物先进事迹的宣传教育和群众性精神文明创建活动的宣传教育两个方面。自然美教育，是指在审美教育中通过受教育者对自然物中体现的人的本质力量或一定的社会意义的体验，培养积极的审美情感、提高实际生活中发现和创造美的能力，塑造和完善健全人格的思想教育。它主要包括自然风光美教育和人文景观美教育两个方面。艺术美教育，是指人们通过鉴赏艺术作品，体会艺术家的审美理想和精神品格，培养受教育者积极的审美情感、提高其实际生活中发现和创造美的审美能力，塑造和完善健全人格的思想教育。它主要包括崇高与优美教育、悲剧美与喜剧美教育两个方面。

　　在现代思想政治教育中加强审美教育，既要根据受教育者的实际情况选择有针对性的内容，又必须遵循一些基本原则，不断探索新的方法。审美教育必须遵循的基本原则是：主体性原则、整体性原则、实践性原则和开放性原则。审美教育应运用以下基本方法：思想政治教育客体的审美感知法、思想政治教育内容的审美传授法、思想政治教育环境的审美熏陶法、思想政治教育主客体的情感共鸣法、思想政治教育效果的审美评价法。

　　审美教育的运行机制是指审美教育运行过程中各构成要素按一定的组合方式而形成的机理和运行方式。它主要包括动力机制、激励机制、调控机制和保障机制。审美教育的规律是审美教育过程中诸要素之间的本质联系及其矛盾运动的必然趋势。在审美教育实践中，教育者必须遵循真、善、美辩证统一规律，心灵美、语言美和行为美辩证统一规律，美的内容与美的形式辩证统一规律。

　　20世纪初，我国著名教育家蔡元培曾提出"以美育代宗教"的学说，强调美育是一种重要的世界观教育。本书正是基于同样地以美育德、立德树人的核心理念，在走向历史深处中寻找现实的回声，在中西美育的对比中重塑文化自信。现代思想政治教育中的审美教育逻辑的、历史的范畴，理性深入的研究来自教育实践的真切呼唤。随着我国思想政治教育事业的快速发展，对审美教育的研究与实践必将不断深入，抵制"西化"，克服唯西方审美趣味和审美价值取向为上、以洋为美的不良倾向，具有中国特色、鲜活时代烙印的审美教育必将成长起来，在现代思想政治教育实践的过程中发挥更大作用。

王　滢

2020 年 3 月于师院翰墨湖

第一章　现代思想政治教育中审美教育的
含义、特征及功能

现代思想政治教育中的审美教育不仅仅是激发受教育者健康愉悦的审美情感，培养其正确的审美观点、健康的审美情趣、崇高的审美理想，增强现代思想政治教育实效性的手段和方法，更是现代思想政治教育的重要内容之一。探讨现代思想政治教育中审美教育的含义、特征及功能，是研究现代思想政治教育中审美教育的一项基础性工作。

第一节　审美与审美教育

对现代思想政治教育中审美教育这一概念的理论界定是开展研究的一个基本前提，而要界定现代思想政治教育中审美教育的概念，首先必须准确地把握审美的内在规定性，然后才能理解和分析现代思想政治教育中审美教育的含义及其同美学中的美育、艺术教育、道德教育、情感教育的关系。

一、审美的含义

"审美"一词源于希腊语（Αισθητικές），在英文中被译为 Aesthetic Judgment 或 Aesthetics，原意是通过感官的知觉。"审美"亦称审美活动，基本含义是指人发现、感受、评价美和创造美的实践活动和精神活动。指对人类自由本质力量的欣赏，是审美主体从审美对象中体察到的主体自由和精神人格的自由。包括优美、崇高、悲剧性、喜剧性等范畴。"审美"与"审丑"相对立，要准确地把握审美的内在规定性，就必须明辨"美"与"丑"的本质。

人类自古以来一直探寻"美"的根源，并思考"什么东西是美"的问题，这就表明"美"的内涵具有双重性。

在本体论的层面上，美的本质不能被单单归结为主观精神的产物，它属于社会存在的范畴，只有用辩证唯物主义、历史唯物主义的观点和理论才能解决美的本质问题。在马克思以前，唯心主义把美规定为人主观的情感判断、心灵或现实世界以外的"美的形式""理念""上帝""精神"等，这并不能从根本上解决美的物质客观性问题；机械唯物主义则把美规定为人之外的物质客体的"和谐的形式""比例""关系"等独立属性，同样也无法解决美的本质问题。马克思在《1844年经济学哲学手稿》中提出，应"从全部历史直到共产主义的实践进程中考察美""劳动创造了美""美是人的本质力量的感性显现""人按照美的规律来建造"等基本观点，第一次从人类实践的角度客观地、辩证地揭示了美的本质。具体表现在以下三个方面：首先，美是人类社会实践、审美实践的产物。人类社会实践使人同对象发生了客观联系，人们在实践中产生了审美需求，逐渐具备了一定的审美观念和审美能力，能够按照美的规律和任何物种的尺度、自己内在的尺度创造美。因此，美离不开实践。其次，美是人的本质的对象化，是人生命活动的产物。客观存在的自然物和社会物只有当它在实践中按照美的规律被人化，成为"人化的自然"，实现客观性与社会性的统一才能称之为美。最后，美是特定社会历史条件的产物，并受特定社会历史条件下生产方式、生活方式的制约，处于不同历史条件和文化传统中的人发现、认识和创造的美是不同的，因此，美具有特定的社会历史内容，并会随着历史的演进永远处于恒新恒异的创造之中。

在道德哲学层面上，"美"是一种价值关系，即人在美中发现、确立的事物对人所具有的生理效能和精神价值。它包括两个方面：一是对人的生理需要满足时的赞叹和对满足心理需要的外在对象的肯定性评价。"美"在汉字词源中的含义之一是羊大为美，是把美等同于"甘"，指的是感官的快适。例如食物常被誉为"美味""美食"，酒足饭饱过后会情不自禁地发出"美极了"的赞叹等，这里的"美"与"好"同意。二是对人的思想、言论、行为符合社会道德规范的赞同和其他伦理关系的肯定性评价。例如，《国语·楚语》中楚国大夫伍举与楚灵王在评议章华台时，他所提到的"无害曰美"的观点，就非常强调美与善的一致性，并赋予了美较多政治风尚和伦理评价的意义。他认为统治者重赋厚敛，浪费人力、物力，纵欲无度，就是不美；反之于民有利，"皆无害焉"则为美。此外，中国传统道德的核心是"仁"，孔子提出"里仁为美"，就将"仁"（即人与人之间的亲善和仁爱）视为最高的审美原则，认为只有和有仁德的人在一起，从自身、从自己的家庭、从调整和改善人与人的关系做起，不断浸染仁义道德的精神和风格，逐步建立起和谐、美好的人类社会，才是美的；孟子将人格分为善、信、美、大、圣、神六等，认为必须具备仁义道德的内在品质并表现充盈于外在感性形式的人，才是美的。在《孟子·尽心下》中，他具体地将其表述为"可欲之谓善，有诸己之谓信，充实之谓美"；在《荀子·劝学》当中，荀子提出："不全不粹不足以为美"的观点，这里的"全"和"粹"主要指人的学问和道德。他认为君子学习各种事物的法理，在实践中摒弃有害的作风，使自己的道德礼仪达到完整、纯粹的境界，实现人格之美才是真正的美。由此可见，以上这些观点均将美与道德的"善"相连，充分体现了我国传统文化中"美善同意"的传统观念。而我们在本书中所论及的"美"是一种与"善"相联系的美。具体来讲，它是一种外在对象和内在道德价值之间相互契合的感性之美，是人在实践基础上通过社会劳动创造出的合目的性和合规律性的肯定与赞赏的感性显现，是审美价值和伦理关系维度上的人与自身、人与社会、人与自然之间和谐圆满的"天人合一"的德性之美和情感之美。与之相对的是"丑恶"，丑恶的本质则是人本质力量的歪曲，是心灵之美、德性之美和情感之美的沦丧，是对人的生理与心理需求的畸形、片面的满足，以及对客观事物令人不快的、厌恶的心理感受，等等。

可见，审美是人所特有的、基本的社会实践活动和人类本性的存在方式，它与人的道德活动有着内在必然的统一性，是以感知心灵美、体验情感美、鉴赏道德美、创造行为美为特征的自由的生命活动，是主体与客体在精神交流中能动地确证自身本质力量的特殊方式。它以人的生理与心理功能同客观对象相互作用为基础，通过视觉、听觉能动地感知对象具体的存在形式并收集各种具体信息之后，经大脑皮层组合、加工、转换和再生成，形成相对独立的审美感受和理解。这个形象思维过程始终伴随着人的感知、感悟、联想、想象、鉴赏、判断等情感活动，因此，它服从以直观体验到理性思维再到实践美、创造美的人类认知活动的总规律。

二、现代思想政治教育中审美教育的含义

审美教育本质上是一条个体认知与社会伦理的沟通途径，它培养人们的审美意识，是理智教育与伦理教育的统一，人文教育和科学教育的统一，最终使受教育者到达合乎目的性与合乎规律性的自由的精神境界。马克思曾在《1844年经济学哲学手稿》中深刻指出，人类的生产区别于一般动物"生产"的本质差异就在于"动物的生产是片面的，而人的生产是全面的……动物只是按照它所属的那个种的尺度和需要来构造，而人却懂得按照任何一个种的尺度来进行生产，并且懂得处处都把固有的尺度运用于对象；因此，人按照美的规律来构造"[1]。审美教育同样遵循"美的规律"，它以实现人的全面发展为目的，能够使受教育者主动、自觉地进行自我教育，把普遍的社会理性真正深入到人们的内心，并真正转化为人们的正确行动，从而达到美感教育与道德教育的和谐统一。

现代思想政治教育中的审美教育（下文部分章节中简称审美教育），是指在现代思想政治教育中，教育者用一定的美学原理，向受教育者传授社会美、

---

[1] 《马克思恩格斯选集》第1卷，人民出版社2012年版，第57页。

自然美、艺术美的教育内容，并通过审美实践活动激发人们丰富、高雅的审美情感，潜移默化地塑造和优化人们的审美心理结构，培养人们正确的审美观点、健康的审美情趣、崇高的审美理想和积极的人生态度，促使受教育者将正确审美价值观念转化为自觉合理的实际行动，进而实现审美能力、思想品德、人格修养等综合素质提高的有目的、有计划、有组织的社会实践活动。现代思想政治教育中的审美教育的含义包括以下两层意思：一是在现代思想政治教育过程中，教育者通过有目的、有计划、有组织地开展审美活动，激发人们丰富、高雅的审美情感，培养人们健康的审美情趣，以此更好地促进受教育者的审美认识向教育者要求的方向转化；二是教育者向受教育者传授社会美、自然美、艺术美的教育内容，实现人们审美潜能的综合开发以及正确、科学的审美观的确立与践行。

现代思想政治教育中的审美教育，不仅仅是激发受教育者丰富、高雅的审美情感，树立其正确的审美观，增强现代思想政治教育实效性的手段和方法，更是现代思想政治教育的重要内容之一。易常曾提出：审美教育是思想政治工作的一个重要内容，在思想政治工作中有着重要地位和不可忽视的作用，它能够帮助人们树立正确的世界观和人生观，产生社会伦理道德力量，还能够促进人们智力的发展。[1] 作为一种社会实践活动，现代思想政治教育也是一种创造美的活动，它本身同样具有真、善、美三个价值尺度，即教育内容的科学性和真理性是符合客观事物和社会发展的一般规律的"真"；培养受教育者成为品格高尚的人是教育任务向善性的"善"；引导受教育者追求理想的人生境界是符合教育目标崇高性的"美"，真善美的和谐统一是现代思想政治教育的应有之意。审美是一种感性的认知方式，它与理性的认知方式相对，主要是以美的方式进行思维的艺术，这种感性的审美教育同样也是为了完成"以美育德，立德树人"的教育任务。由此可见，现代思想政治教育"真善美相统一"的价值尺度、立德树人的教育任务与审美教育内在的价值尺度和教育目的是吻合一致

---

[1] 易常：《审美教育是思想政治工作的一个重要课题》，《探求》1994 年第 3 期。

的。宫诚认为：审美教育着眼于人的心灵的净化，追求高尚的道德情操，与思想道德素质教育的理想目标有着一致性。① 思想政治教育达到一种境界就成为审美教育。② 徐志远教授认为，虽然理论界关于思想政治教育内容的基本构成要素有着不尽一致的意见，但是"认为思想政治教育内容包括政治教育、思想教育、道德教育、法纪教育和心理教育的'五要素说'正越来越得到广泛的认同。因此，我们认为，思想政治教育内容是由政治教育、思想教育、道德教育、法纪教育和心理教育五大要素组成的既相对独立又有机联系的逻辑结构系统"。同时，他还认为："思想教育是依据一定的哲学思想及其方法论对受教育者施加影响，以帮助受教育者树立正确的世界观、价值观、人生观以及思维方式的教育。思想教育主要包括科学的世界观、人生观、价值观教育、艰苦奋斗精神教育、马克思主义唯物论、无神论和科学精神教育、创新精神教育等。"③ 而审美教育又是人生观教育的重要内容。"人生观是世界观的重要组成部分，是人们在实践中形成的对于人生目的和意义的根本看法，它决定着人们实践活动的目标、人生道路的方向和对待生活的态度……人生观主要是通过人生目的、人生态度和人生价值三个方面体现出来的。"④ 我们常讲的幸福观、苦乐观、得失观、生死观、荣辱观、婚恋观、审美观等都是人生观的具体展开和体现。由此可见，审美教育是现代思想政治教育的重要内容之一。根据审美教育的现状和美的基本存在形式，我们将审美教育的基本内容归纳为以下三个方面：其一是社会美教育，包括模范人物先进事迹的宣传教育和群众性精神文明创建活动的宣传教育两个方面；其二是自然美教育，包括自然景观美的教育和人文景观美的教育两个方面；其三是艺术美教育，涵盖了崇高和优美教育、悲剧美与喜剧美教育等。总之，审美教育以社会美教育、自然美教育、艺术美教

① 宫诚：《浅析审美教育与素质教育的关系》，《合肥工业大学学报》(社会科学版)2002年第8期。

② 周芳：《思想政治教育审美研究》，人民出版社2012年版，第22页。

③ 徐志远：《现代思想政治教育学范畴研究》，人民出版社2009年版，第168、169页。

④ 思想道德修养与法律基础编写组：《思想道德修养与法律基础》，高等教育出版社2006年版，第45页。

育等内容丰富和完善了现代思想政治教育的内容体系，并以新颖独特的教育方法有效地促使人们正确的审美观点、健康的审美情趣、崇高的审美理想和积极的人生态度的形成。

本书的审美教育主体是指审美教育的工作者，既包含经过专门训练，能有目的、按计划对教育客体进行审美教育的个人和群体；又包括经过专门训练，能有目的、有能力通过艺术创作对教育客体产生审美教育影响的个人和群体。审美教育客体是指审美教育主体认识和施加可控性影响的对象，主要包括大学本、专科学生。

三、审美教育同美学中的美育、艺术教育、道德教育、情感教育的关系

现代思想政治教育中的审美教育和美学中的美育、艺术教育、道德教育、情感教育既有一定的联系，又存在明显的区别。（见表1—1）

表1—1 现代思想政治教育中审美教育同美育、艺术教育、道德教育、情感教育关系对照表

	联系之处	区别之处
美学中的美育	特征相同 内容相同 方法相同	所属研究范围不同 侧重点不同
艺术教育	特征相同 载体相同	概念不同 着眼点不同 方法的实质不同
道德教育	目的相同 部分内容相叠 教育过程相交	方式不同 过程不同 功能不同
情感教育	方法相同 部分内容相叠	评价方式不同

（一）现代思想政治教育中的审美教育同美学中的美育的关系

现代思想政治教育中的审美教育和美学中的美育既有联系又有区别。两者的联系主要表现在：首先，特征相同。审美教育和美学中的美育都运用美学的基本原理进行直观的感性教育，因而都具有情感性、形象性、渗透性、趣味性的基本特征，都通过美的传播给人以精神享受，陶冶人们的情操，净化人们的心灵。其次，内容相同。两者都是以社会美、自然美和艺术美为主要的教育内容，并且都包含了道德教化的因素。最后，方法相同。两者都是采用审美体验、审美传授、审美熏陶、情感共鸣、审美评价的基本方法完成教育任务并实现教育目标的。

两者的区别主要表现在：一是所属研究范围不同。美学中的美育是一种"美感教育"①，是关于审美和创造美的教育，体现了美学的目的、任务、功能，属于美学、文艺学的研究范围，在素质教育中它与德育、智育、体育、劳育相对应；相比美学中的美育，现代思想政治教育中审美教育的阶级性更加凸显，后者虽然也需要充分调动受教育者的"美感"，但这种"美感"主要是增强思想政治教育实效性的方法。因此，现代思想政治教育中的审美教育归根结底是一种"思想教育"，是无产阶级的思想政治观点、道德规范和理想价值观等思想品德美的精神教育，属于现代思想政治教育中的思想教育和道德教育的研究范围。二是侧重点不同。美学中的美育侧重于美学知识和文艺学知识的灌输，着眼于提高受教育者的欣赏水平和审美、创美的能力；而现代思想政治教育中的审美教育则侧重于通过美的形式和内容传播道德理论、伦理观念、价值体系、政治信仰的基本知识，着眼于提高受教育者的是非美丑的鉴别判断力，从而为其思想美外化为社会实践美做准备，以维护社会的稳定和团结。如在人的自然属性美教育方面，美学中的美育虽然也认为思想和精神内容很重要，但仍主要侧重于从艺术领域对人物外在形象美和体貌美进行研究；而现代思

---

① 王向峰和朱立元都曾将美育定义为"美感教育"。

想政治教育中的审美教育则主要从社会伦理和劳动实践的角度，侧重于如何通过个体的心灵美、思想美、品德美等内在美教育引导受教育者树立正确的审美观点。

（二）现代思想政治教育中的审美教育同艺术教育的关系

现代思想政治教育中的审美教育和艺术教育既有联系又有区别。两者的联系主要表现在：首先，特征相同。审美教育和艺术教育都属于感性的教育，因而都具有情感性、形象性、渗透性、趣味性的一般特征，都通过美的传播给人以精神享受，净化人们的心灵。其次，载体相同。无论是审美教育还是艺术教育都是以人类丰富的物质和精神文明成果为依托，丰富多彩的人类社会、风光旖旎的大自然、风格迥异的艺术作品都能够成为教育的载体并运用于各自的教育过程。两者的区别主要表现在：其一，概念不同。艺术教育是指艺术知识、艺术理论和艺术感受力、创造力、表现力的教育，主要研究"美"的存在和表现规律；而审美教育则是指在现代思想政治教育中，教育者用一定的美学原理，向受教育者传授社会美、自然美、艺术美的教育内容，通过审美实践活动激发人们丰富、高雅的审美情感，潜移默化地塑造和优化人们的审美心理结构，培养人们正确的审美观点、健康的审美情趣、崇高的审美理想和积极的人生态度，促使受教育者将正确审美价值观念转化为自觉合理的实际行动，进而实现审美能力、思想品德、人格修养等综合素质提高的有目的、有计划、有组织的社会实践活动，它主要是通过"美"的感悟和引导旨在研究"善"的规律。此外，两者的外延也是有区别的：艺术教育的范围较广，主要涵盖了美学理论、艺术发展史、艺术批评教育、艺术鉴赏教育和艺术创造教育等方面；而审美教育则是感悟并践行思想美的教育，主要包括社会美教育、自然美教育、艺术美教育的内容。因此，就外延和内容而言，前者较后者要更加宽泛一些。其二，着眼点不同。艺术教育主要研究"美"的形式和表现规律，着眼于培养和提高艺术欣赏、艺术创作的能力与水平，进而推动艺术的繁荣；现代思想政治教育中的审美教育则是通过研究

"美"的形成与存在规律，思考和践行如何储"善"的规律，它着眼于引导受教育者树立一定社会和阶级需要的思想品德、审美情趣和审美价值观等方面的社会意识。例如，陈逸飞的油画《攻占总统府》，作品主要描绘了解放军势如破竹地冲进总统府，直捣敌人老巢的历史事件，刻画了在硝烟弥漫的广阔背景下，威武的战士们向红旗行注目礼的感人瞬间。从艺术教育的角度，会着重引导受教育者通过画面的整体氛围体会作者的创作意图，并仔细研究他是如何通过构图、色调、人物形象及细节刻画来提升作品的艺术魅力，进而分析作品在中国油画史上所产生的巨大影响力。但是，从现代思想政治教育中审美教育的角度，则会让受教育者在体会画面基调的同时，着重引导受教育者体会每个人物形象的动作背后所传达的思想精神。例如，老练精悍、身经百战的"士兵"代表了成千上万为新中国的成立抛头颅洒热血的人民解放军战士；千疮百孔的"国民党旗"暗示着敌人已经彻底失败的斗争形势；准备升上高空的被鲜血染红的"旗帜"表现了解放军已经取得了决定性胜利，崭新的中国正充满着希望，但是胜利的革命成果来之不易，它是用鲜血和生命换来的；正在看手表的"指挥员"则是在提醒人们永远记住这令人难忘的时刻；等等。油画通过对当时的历史背景、产生原因、主要人物的身份和经历、与敌人最后的决斗过程以及战争的影响力等内容的描绘，引导受教育者从形象逼真的作品中潜移默化地受到爱国主义、历史唯物主义、敢于压倒一切敌人的革命英雄主义精神的熏陶。其三，教育方法的实质不同。两者虽然方法相似，但其实质有所不同。艺术教育的方法是将美学原理与直观的形象教育、生动的感性教育相结合；而现代思想政治教育中的审美教育则是将现代思想政治教育中的道德教育、人生观教育、理想信念教育与直观的形象美教育、生动的感性美教育相结合。

（三）现代思想政治教育中的审美教育同道德教育的关系

现代思想政治教育中的审美教育和道德教育既有联系又有区别。两者的联系主要表现在：首先，教育目的相同。尽管审美教育和道德教育的途径相异，但两者在教育目的实现方面却是殊途同归的。它们都是对现实社会关系中的人进行教育，并且通过相关理论知识的灌输，使受教育者能够按照一定社会的要求形成良好的思想品德和个体自我修养，进而达到人格完善、德性完美的教育目的以及向善求美的理想境界。可见，审美教育和道德教育的目的是趋向一致的。其次，部分内容相叠。审美教育中包含着道德教育的内容，道德教育中也包含着审美教育的因素。正如前文所述，美和善有着统一性，甚至同一性。因为社会生活美是离不开善的，从本质而言两者是同一性质的社会价值观，都要受到一定社会关系和社会存在发展规律的制约，而且其实践活动也都要以真理为指引。所以，对社会生活中的同一现象、同一事物、同一行为，既可作美与丑的评价，也可作善与恶的评价。品行之美是内在道德纯洁性的外露，崇高的道德行为，既是道德教育的内容，也是审美教育的内容。再次，教育过程相交。审美教育过程总是渗透着社会道德观念和个体的评价活动，同样在道德教育过程中，也时常渗透着审美意识的活动。例如，人们游览祖国的名胜古迹，这既是审美教育的过程，又是爱国主义的教育过程；人们在观看经典红色音乐舞蹈剧时，既可以感受到音乐、舞蹈、人物造型等艺术美，又能够得到爱国主义精神、大无畏的革命英雄主义精神的熏陶。可见，这一过程不仅是审美教育的过程，而且也是道德教育的过程。最后，两者互为补充、相辅相成。一方面，道德教育是审美教育开展的前提和基础。审美意识和审美能力的培养，既要有一定的文化艺术素养，更要有高尚的道德情操。如果没有高尚的道德情操，就不可能形成正确的审美标准和健康的审美情趣。对此，巴拉诺夫曾论证道："一个人如何理解、感受和体验美与丑、高尚与卑劣，在很大程度上决定着他在社会上的品行。所以，应当使他首先具备真正美好的理想，共产主义理想。"① 另一方面，审美教育也是培养和提高人们思想品德、道德修养的有效途径。现代思想政治教育中的审美教育是包含审美理想和人生态度的教育。它以人的精神审美为重点，帮助

---

① ［苏］巴拉诺夫：《教育学》，人民出版社 1979 年版，第 305 页。

受教育者从审美对象的价值和意义层面理解人类与自身，并引导人们按照美的规律塑造自己。在这个过程中，主体的审美体验是轻松愉快且"无功利的"的，人们倾心向往且乐于接受教育，这不仅巧妙摆脱了道德说教的枯燥与乏味，而且大大提高了道德教育的趣味性和实效性。正如鲁迅所言："美术之目的虽与道德不同，然其力足以渊邃人之性情，崇高人之好尚，亦可以辅道德以为洽。"事实证明，从审美教育入手进行道德教育是一个非常有效的途径，它们可以相得益彰。

两者的区别主要表现在：一是方式不同。道德教育通常采用由外及内的劝说方式，以戒施教；而审美教育则采用由内及外的濡化方式，以乐施教。相比之下，以严肃教导、惩戒灌输为主的道德教育往往给人以束缚感和敬畏感，而以审美熏陶、情景教化为主的审美教育却能使人体会到自由感和快乐感。换言之，道德教育的方式是使个体屈从于共通的原理，而审美教育则采用把共通的原理表现于个体之中的育人方式。① 因此，两者的教育方式有着显著的区别。二是过程不同。道德教育以理性为基础，以"善"为主线，受教育者通过教育者学习道德知识，再通过社会实践内化为道德品质，外化为道德行为；而审美教育以感性为基础，以"美"为主线，受教育者和教育者共同进入审美情景，获得审美享受，升华主体的审美情感和道德认知水平。三是功能不同，道德教育的主要功能是提升道德修养，它致力于培养人的思想品德和自我修养能力；而审美教育不仅能够陶冶人的道德情操，还能促进人们想象力、创造力、智力、体力的健康发展，这些功能是道德教育无法涵盖的。对此，蔡元培在《中国伦理史》中有一段精彩的辨析："礼者，人定之法，节制其身心，消极者也。乐者，以自然之美，化成其性灵，积极者也。"② 可见，两者的育人功能是存在一定差异的。

两者目的、内容、过程相近，但在教育方式、过程、功能上却存在着明显

---

① 俞玉滋、张援：《中国近代美育论文选》，上海教育出版社 1999 年版，第 88 页。
② 叶昌奎、麦志强：《审美教育模式论》，广东教育出版社 1997 年版，第 90 页。

的区别。纯粹将审美教育视为道德教育的工具与手段，或试图以审美教育取代道德教育的观点和做法都是不正确的。只有明确二者之间的联系和区别，才能充分发挥每一种教育形态的功能，进而实现全面育人的目标。

（四）审美教育同情感教育的关系

现代思想政治教育中的审美教育和情感教育既有联系又有区别。两者的联系主要表现在：首先，方法相同。两者都在教育过程中运用情感的力量，都会按照"直观—抽象，感性—理性"的基本方法进行，促使受教育者在感性的基础上理解和接受教育的理念，从而实现由内化到外化的转化。其次，部分内容相叠。无论是情感教育还是审美教育，它们虽然都有各自不同的侧重点（审美教育以"美"为主线，情感教育以"情"为主线），但是在教育内容方面两者都离不开对思想道德和价值观念的传授，以培养理想的"社会人"为核心目标。除此之外，两者的区别主要表现在评价方式上，即教育主体在审美教育中对教育客体主要是"美"和"丑"的评价，但在情感教育中则主要是"喜"与"厌""好"与"恶"的评价。例如，欣赏罗丹的《思想者》这件雕塑作品，如果从审美教育的角度出发，则会认为它是一件"崇高而优美"的艺术作品；但如果从情感教育的角度来分析的话，则会认为它是一件"让我喜欢、令我感动"的作品。可见，两者还是具有一定区别的。无论是将两者混为一谈或是无视两者之间客观联系的观点，都是不科学的。

第二节　审美教育的基本特征

如前文所述，现代思想政治教育中的审美教育不仅区别于艺术教育或美学中的美育，而且也有别于现代思想政治教育中的道德教育、情感教育，它本质上是一种通过"美"来感悟和研究"善"的教育。现代思想政治教育中的审美教育具有以下基本特征：

一、指向性与非功利性的统一

审美教育的指向性，是指它坚持"美"反对"丑"、倡导"善"抑制"恶"的现实导向性，它旗帜鲜明，具有明确的价值导向性。指向性是审美教育的根本目的和本质要求，它集中地体现在教育的原则、目标、内容、评价等基本环节。康德曾经对"人的三类禀赋"进行过深刻的剖析：处在最低端的是原初的生命存在物层面的"动物性的禀赋"，在此之上人会嫁接各种各样本性粗野的恶习，即荒淫放荡、饕餮无厌、野蛮至极；中间阶段是有生命的并具备理性的存在物，他将其归结为"人性的禀赋"，在此之上人会嫁接文化恶习，如忘恩负义、嫉妒成性、争强好胜、幸灾乐祸等；最顶端的是有理性同时又能肩负责任的存在物，即"人格性的禀赋"，在这种道德禀赋之上人绝不会嫁接任何恶的东西。[①] 诚然，康德哲学的立场是唯心主义倾向的，具有一定的不彻底性，但从这段关于人性的分析中，我们不难看出，人的发展有可能向"动物兽性、人性恶习、德性完善"三种不同的性质和方向发展，而人性的不完善也为现实社会中的人性发展提供了多种可能性：低俗与崇高、邪恶与善良、魔鬼与天使会同时并存于单一个体之中。因此，人需要"教化"，更需要能使其"避免禽性、去除恶习，发展道德人性"的具有明确指向性的教育。而现代思想政治教育中的审美教育始终坚持"抑丑扬美""弃恶从善"的基本方向，能让人们通过教育主动地接受主流社会意识形态和价值观念，提高受众的思想道德素质和审美素质，使人们在提高认识世界的能力的同时，也提高自身改造世界的能力。因此，它明确的"指向性"是最终实现人的自由而全面发展的必然选择。

审美教育的非功利性，是指受教育者在学习过程中，以"纯然淡漠"的静观态度进行观赏、体验所产生的美感，这种美感是一种不与实际利害发生关系的精神体验方面的"自由性"，这种体验以生理条件为基础，但又超越一般的

---

① [德]康德：《单纯理性限度内的宗教》，李秋零译，中国人民大学出版社2003年版，第13页。

生理快感。人类特有的审美认知过程决定了审美教育具有非功利性的特点，具体而言，审美教育是一种直接作用于人的直觉感官，从而调动人的感性直觉的教育形式。而这种感性直觉往往与第一信号系统相联系，"是事物外在的美丑等特性以及感性形式直接刺激人的视听等感官，被大脑接纳后形成的反射、直观、直感。它尚未经过理智的分析、归纳和判断，只是个别地或综合地摹写事物的形状、色彩、音响等外在的审美特性，一般只产生感性认识和机体情感或初级美感，有时还只是一种生理的快适"①。这种感性直觉既有外在形象的具体性、直接性和生动性，又具有表面形、短暂性、片面性和模糊性，所以只能把握个别而不能把握一般。在此之上，经过审美记忆、分析、综合、联想、想象等审美心理过程，逐步过渡到第二信号系统层面的审美理性直觉，实现审美认识由感性到理性的升华。美国鉴赏哲学家乔治·迪基曾说："审美的愉悦必须是无关利害的，感受到的这种愉快的主体必须处于某种平静的全神贯注的精神状态中，不受某些被歪曲了的观念联想的影响。"② 可见，在审美教育过程中，这种非功利性的特点是非常明显的。

就审美教育而言，它既是原则、目标、内容、方法、过程、评价等基本环节的统一，又是指向性与非功利性的统一。换言之，现代思想政治教育中的审美教育始终坚持弘扬美、倡导善原则的指向性，同时又遵循受教育者心理接受的非功利性。例如，人们观看电影《开国大典》的过程，既是对人们进行热爱新中国的爱国主义的教育过程，又是人们自觉主动地进行见证、感受、理解和接受的审美心理过程。在现代思想政治教育中，审美教育的指向性与非功利性是相辅相成的，两者密切联系、不可偏废。如果片面肯定指向性而忽视非功利性，就会使审美教育陷入单纯的理性说教而丧失吸引力；反之，如果单纯夸大非功利性而抛弃指向性，就会使审美教育失去正确的价值导向而偏离正确的方向。

---

① 朱立元编：《艺术美学辞典》，上海辞书出版社 2012 年版，第 114 页。

② 中国社会科学院哲学研究所美学研究室：《美学译文》，中国社会科学出版社 1982 年版，第4 页。

二、独立性与渗透性的统一

审美教育的独立性，是指它是特定社会历史条件的产物，因而具有相对独立的理论体系和运行规律。一方面，现代思想政治教育中的审美教育是促进受教育者思想成熟和完善的自觉实践，是一种独特的社会实践活动，它具有明确的教学目的、科学的教育原则、精选的教学内容、系统的育人方法，是一个相对独立的、完整的思想教育理论体系。这种独立性之所以是相对的，是因为它是一定社会历史条件的产物，并随着现代思想政治教育实践的发展而不断丰富和完善。另一方面，审美教育还具有相对独立、稳定的运行规律。审美教育始终遵循"美的规律"，把理智教育和伦理教育所追求的外在目的升华为人的全面发展的目的，将外在实用目的转化为满足人们的审美需求，能够极大地增强教育的实效性。例如，审美教育必须遵循人的审美认知规律、身心发展规律等外部的运行规律，也必须遵循"真、善、美"辩证统一规律，心灵美、语言美和行为美辩证统一规律，美的内容与美的形式辩证统一规律等内部的实施规律。

审美教育的渗透性，是指它以美的具体形象调动人们高雅的审美情感，使人们在潜移默化中培养健康的审美情趣，在教育方式上主要体现为隐蔽性和无意识性。例如，孔子就曾十分重视"乐""艺""诗"在人格感化方面的渗透性，他认为："兴于诗，立于礼，成于乐"（《论语·泰伯》），这种"乐"的学习其实就是一种朴素的审美教育，它以诗传情、以乐达意，并不直接暴露自己的教育目的，而是将其精心地融汇于美的形式和内容之中，待受教育者在审美娱乐和精神享受中主动欣然接受。这个教育过程没有强制与压迫，完全处于一种自由放松的体验状态。通过"润物细无声"的感染和渗透，审美教育不但能以趣引人、以美悦人，而且能够以情感人，陶冶人的情操，培育正确的审美观。正如习近平总书记给中央美院 8 位老教授的回信中所讲："美术教育是美育的重要组成部分，对塑造美好心灵具有重要作用。"[①]

[①]　《习近平给中央美术学院老教授的回信》，《人民日报》2018 年 8 月 31 日。

在现代思想政治教育中，审美教育的独立性与渗透性是辩证统一的，两者互为补充、缺一不可。没有独立性，审美教育的渗透性无法体现；失去渗透性，审美教育的独立性就失去存在的意义。因此，教育者既要认识到审美教育相对独立性的特点，转变教育观念，认真研究审美教育的相关理论和运行规律；也要把握其"渗透性"的特点，努力吸取博大精深的传统文化的精髓，更新审美教育的方式和方法，不断提高现代思想政治教育中审美教育的生动性和实效性。

三、思想性与艺术性的统一

审美教育的思想性，是指在审美教育中教育载体所体现出来的思想意义和思想教育的属性。思想性是审美教育社会价值的集中体现。这种思想教育的属性包括政治、思想、道德等多方面的属性和内容。与"纯艺术"、形式主义和直觉主义的宣传者不同，马克思主义者认为，受教育者从审美形象中获得生活真理之后，必然引起其思想感情及理想信念的深刻变化，从而产生一定的思想倾向性，并树立起按照某种信念、为实现某种生活理想而奋斗的勇气与信心，进而在其心灵和情操上得到净化和陶冶。对此，18 世纪法国哲学家狄德罗就曾举例说，戏剧是要使"坏人看到自己曾做过的坏事感到愤慨，对自己给旁人造成的苦痛感到同情"，所以当观众"走出戏院之后，做坏事的倾向就比较少了"。但是，狄德罗通过戏剧主张的是资本主义的思想精神，与现代思想政治教育中审美教育所蕴含的思想性有着本质的不同。在全面建成小康社会、加快推进社会主义现代化的新的历史时期，审美教育始终坚持以良好的环境熏陶人、科学的文化教育人、优美的作品鼓舞人、高尚的精神塑造人、先进的道德鞭策人的教育理念，具有鲜明的思想性，即预防和抵制不良思想和文化的侵蚀，坚持社会主义核心价值体系，大力弘扬社会主义主旋律的思想和精神。例如，大力弘扬一切有利于爱国主义、集体主义、社会主义的思想和精神；大力弘扬一切有利于改革开放和社会主义现代化建设的思想和精神；大力弘扬一切有利于社会进步、民族团结和人民幸福的思想和精神；大力弘扬一切用诚实劳动争取美好生活的思想和精神；等等。

审美教育的艺术性，是指在审美教育中教育载体所展现出来的艺术特性以及审美教育实施过程中内容与形式结合的完美程度。具体来讲，它主要包括以下三个方面：一是形象性。它包括教育内容的形象生动性与典型性、教育过程中教育方法的形象直观性和客观性。形象性是审美教育的基本特征，通过具体生动的形象、典型的作品、唯美的文字、优美的环境不仅可以使审美教育的内容和形式更加丰富，更具感染力和说服力，而且也能使受教育者更有效地提升审美能力和思想境界。二是情感性。它体现在审美教育内容熔铸着艺术家的审美感受和火热的激情、教育过程中主体真挚的情感参与两个方面。只有火热的激情，艺术家才能创作出生动感人的作品；只有真挚的情感，才能使审美教育的思想性更加具有吸引力和感召力。三是感染性。它包括教育载体形式的完美独创性、教育过程的主体愉悦性。独特的构思、精湛的技艺、独创的处理手法是教育载体增强其完美独创性的基本元素，它能在审美教育中极大地调动受教育者的参与热情，充分展现审美教育寓教于乐的特点。审美教育的成功，离不开受教育者的积极参与，离不开丰富的教育内容、有效的方法等多种因素，更离不开美感。正是以"美感"为桥梁，才使审美教育的感染性、愉悦性得以增强，现代思想政治教育培育社会主义"四有"新人的教育目标才能够最终实现。

总之，在现代思想政治教育中，审美教育的思想性能够提高艺术性的境界，高度的艺术性又可以使思想性得到充分发挥，让人们既拥有了美的感知体验，又得到了精神和灵魂的升华。审美教育的思想性与艺术性是相辅相成的，缺乏思想性的审美教育，平庸俗套；缺少艺术性的审美教育，枯燥乏味。

四、先进性与时代性的统一

审美教育的先进性，是指审美教育理论内容的阶级性，即鲜明的无产阶级党性和人民性。现代思想政治教育中审美教育的先进性是由现代思想政治教学的阶级性决定的。在阶级社会里，剥削阶级往往不愿也不敢承认其教育理论反映了本阶级的利益和需求，具有鲜明的阶级性。在一切掌握政权的阶级之中，只有无产阶级不需要刻意的思想欺骗，因为它的利益代表了全人类的利益。所以，只有马克思主义的思想政治教育学敢于承认思想政治教育的阶级性，敢于率直、公开地从无产阶级立场出发，真正代表着广大人民群众的愿望和利益。审美教育的党性是阶级性的集中表现，它是指教育主体在审美教育实践活动中所表现出鲜明的政治倾向性，审美教育的无产阶级党性具体表现在两个方面：一方面，在对事件作任何估计时，都必须坚决而公开地站到无产阶级一边；另一方面，以自己所从事的审美教育工作为实现党的基本路线服务，接受党的领导和监督，在政治上保持与党的高度一致。列宁 1905 年曾在《党的组织和党的出版物》一文中明确指出，"对社会主义无产阶级，写作事业不能是个人或集团赚钱的工具，而且根本不能是与无产阶级总的事业无关的个人事业。"也就是说，作为思想政治教育工作者，应该时刻坚持无产阶级立场，自觉维护党和人民的利益。审美教育的人民性，是指现代思想政治教育通过审美鉴赏的方式，肯定人民的历史地位，表现人民群众的思想感情和意愿，以及在艺术形式上同人民相联系，为群众所接受和认可的属性。它旗帜鲜明地坚持马克思主义真理，坚持唯物辩证法，反对唯心主义与形而上学，坚持用马列主义、毛泽东思想、中国特色社会主义理论体系教育引导人民群众，致力于培养社会主义新人。例如，在教育的基本原则上，它以代表和维护人民利益，不断提高人民物质和精神文化生活水平为基本标准；在内容选择上，以反映人民的生活和命运，代表人民的利益和呼声，体现人民的思想、审美观点和美好理想的内容为主，广泛地吸收和利用民间传统文化资源的巨大优势；在形式上，它以人民喜闻乐见的题材、形式为主；在教育方法上，它以人民的心理特点和认知特点为依据，选择能为人民广为接受的方法为主；等等。

审美教育的时代性，是指审美教育通过吸收现代科学发展中的新成果，总结现代社会发展中呈现的新规律，从中提炼出审美教育的新内容、新形式和新方法。众所周知，审美教育是会随着时代的进步而进步，伴随着时代的发展不断地调整和丰富着教育的内容，更新着教育的形式与方法，努力地满足人民日益增长的精神文化生活的需要。以 20 世纪我国的歌曲发展为例，辛亥革命以后，《中华大纪念》《赤潮曲》《送郎当红军》《八月桂花遍地开》等歌曲被广为传唱，它们昂扬明快、铿锵有力地表达了人们对于这场伟大的历史变革的呼唤，对劳动群众的觉醒奋起的赞美以及对工农新政权的拥护和热爱之情；九一八事变之后，国土不断沦丧，民族危机日益深重，《毕业歌》《义勇军进行曲》《松花江上》《大刀进行曲》等歌曲表达了人们日益高涨的爱国热情、担负起天下兴亡重任的决心，同时更号召全国人民都积极行动起来一致抵御外敌，保卫祖国。其中《三大纪律八项注意》堪称审美教育的成功典范，它又被称为《红军纪律歌》，是程坦同志根据毛泽东在第二次国内革命战争时期为中国工农红军制定的纪律要求编制而成的，通俗易懂、朗朗上口，在整个革命战争时期都发挥了很好的教育效果；1949 年以后，《没有共产党就没有新中国》《我爱北京天安门》《我们走在大陆上》《革命人永远年轻》《军民团结一家亲》《桂花开放幸福来》等歌曲则集中表现了对祖国、对共产党、对解放军以及对新生活的赞美和热爱之情，号召人们积极地投入生产，建设新中国。"文化大革命"时期，虽然也涌现出《大海航行靠舵手》《唱支山歌给党听》《沿着社会主义大道奔前方》等经典歌曲，但由于在政治上被林彪、江青反革命集团利用，歌曲的数量、内容、形式都受到极大的限制，人们精神文化生活被禁锢。1979 年以后，新中国迎来了改革开放的春风，《春天的故事》《爱的奉献》《亚洲雄风》《青藏高原》《走进新时代》《七子之歌》等一大批优秀的歌曲开始被人们广为传颂，这些歌曲充分展现了改革开放以后，人们对幸福生活的赞美，同时它们也从不同侧面倡导人们努力营造无私奉献、勤于创造、团结友好的社会氛围。而今，《还我蔚蓝》《共筑中国梦》《天佑中华》等歌曲更从保护环境、实现中华民族伟大复兴的中国梦等角度为歌曲增添了新的时代内容。可见，这些歌曲都是伴随着社会历史的发展而不断变化的，都反映了时代的要求和时代的召唤，不但表达了人们对于美好生活的向往，而且能在不同时期起到鼓舞士气，凝心聚力的思想教育的重大作用。审美教育是开放包容的，它能在借鉴吸收世界一切优秀文化成果的同时，与时俱进，并善于在实践中及时思考、总结，并不断丰富和完善其理论体系。因此，它具有鲜明的时代性。

审美教育的先进性与时代性是辩证统一的，两者密切联系、不可分割。先进性只有在时代性中才能够历久弥新，时代性只有凸显先进性才得其要义。换言之，审美教育既要在把握先进性的同时注重时代性，才能在新时期始终保持强大吸引力和旺盛活力；又要在把握时代性的同时不断提升先进性，才能更有效地发挥"以美育人"的教育功能。

第三节　审美教育的主要功能

审美教育的主要功能，是现代思想政治教育中审美教育本质的外在集中显露。认识审美教育的功能，有利于全面深刻地把握其内在本质。现代思想政治教育中的审美教育具有以下主要功能：

一、导向功能

审美教育的导向功能，是指以社会和个人发展的需要为标准，通过审美教育活动，规范和引导人们的思想意识、价值取向、行为方式的功能。导向功能是思想政治教育中审美教育的目的性、意识形态性的体现，主要表现为理想信念导向、目标导向和行为导向三种形式。

（一）帮助人们形成正确的理想信念的导向作用

理想信念的导向作用，是"通过思想政治教育帮助人们形成正确的理想信念，并通过理想信念来凝聚社会、激发动力、指导行为"[1]。审美教育作为一种

---

① 张耀灿等：《现代思想政治教育学》，人民出版社 2006 年版，第 131 页。

思想教育，它与现代思想政治教育在导向上具有同一性。人们在审美教育中，通过美感的不断熏陶会逐渐形成个人鲜明的、确信的、稳定的理想信念，并且会根据个人的理想信念所遵循的价值观准则去评价事物、分析问题并选择态度和具体行为，进而实现对人们认识活动和实践活动明确而持久的导向作用。树立坚定正确的理想信念是审美教育的目标，又是一个审美教化的过程，需要在直观感性的审美实践和思想理论引导中不断丰富和稳定。

（二）引导人们树立明确的奋斗目标的导向作用

目标导向是指通过审美教育引导人们形成符合党和国家利益、符合社会发展需要的正确的奋斗目标。它分为三个层次：一是中国共产党的最终奋斗目标，即带领广大人民群众实现共产主义；二是我们党和国家现阶段的主要奋斗目标，即带领广大人民群众建设富强、民主、文明、和谐、美丽的社会主义现代化国家；三是个人发展的奋斗目标，即根据个人思想实际和个性特点，将党和国家的最终目标与现阶段的主要目标转化为个人的奋斗目标，实现个人物质生活水平和精神生活水平的不断提高。审美教育以美的内容使受教育者获得感性愉悦的审美体验，以实现社会和个人的协调发展为目标。这不仅有助于人们认识和把握社会发展规律，主动将党和国家的奋斗目标自觉转化为个人的奋斗目标，完成审美教育的任务；而且有助于党和国家根据人们的意向，引导人们实现从低层次目标向高层次目标的转化，使奋斗目标的追求和实现更富于超越性。

（三）促进人们养成自觉的行为规范的导向作用

行为规范的导向作用，是指人们在社会实践中自觉以道德、法纪为基本行为准则，主动以美的标准约束和调节自身行为的功能。作为一种思想教育，审美教育的功能主要是提高人们对于善恶美丑的审美判断力、增强人们对真善美的精神境界的追求动力。由于审美教育与道德约束、法律规范的强制性不同，它更具主动性、情感性和愉悦性，能够全方位地渗透于人们的生产和生活，在以德正身、以法律人的同时实现以美怡情。因此，审美教育在人们的行为规范方面具有不可替代的导向功能。

二、调节功能

审美教育的调节功能，是指维护和协调人、社会、自然之间关系的功能。它包括调节人与自身的关系、调节人与社会的关系和人与自然的关系三个方面。

（一）它有利于调节人与自身的关系

人与自身的和谐，是指人的内在条件与外在表现能与时代和社会相适应，达到内在条件和外在表现的一致。[①] 审美教育是一种致力于人的全面发展的教育，它的出发点和落脚点都是人，并以指引人们更好地感知审美对象，实现感性与理性的统一为其基本任务。因此，能有效调节人与自身的关系，主要表现为：一是审美教育能促进人的思想和谐，即它能够通过教育使人的思想与时代的进步相适应，做到实事求是，与时俱进；二是审美教育能促进人的心理和谐，即它能不断丰富人们的精神文化生活，使人的心理处于积极健康的状态，并能保持昂扬乐观、进取向上的心态；三是审美教育能促进人的自身发展和谐，即能使人的素质得到全面而自由的发展。

（二）它有利于协调人与社会的关系

人与社会的协调，是指人与人之间、人与社会之间的关系的协调。这个关系是一个涉及社会稳定、人民幸福的重要因素。审美教育是增强现代思想政治教育实效性的一种方法，更是现代思想政治教育的一项重要内容，它能够协调人际关系，营造和谐的社会氛围。这主要表现在有助于促进社会主义精神文明建设等方面，具体而言，其一，有助于坚持和发展马克思主义，培育并践行社

---

① 张耀灿等：《现代思想政治教育学》，人民出版社 2006 年版，第 133 页。

会主义核心价值观。作为一种教育人和自我教育的方式，审美教育让人在潜移默化的熏陶中找到"美的榜样"，使人明辨善恶是非，弃恶扬善，培育积极向上的审美观，达到崇高的人生境界。其二，有助于人们摆正心灵美、外在美、行为美的关系，使人们在社会实践中主动以美的标准约束并调节自身行为，实现心灵美向语言美和行为美的自觉转化，进而推动整个社会风气的改善。其三，有利于构建社会主义和谐社会。美是属于人民群众的，人们追求美、热爱美，就会逐渐克服私心，树立公心并乐于奉献，进而有助于营造温馨和谐的社会氛围。

（三）它有利于平衡人与自然的关系

人与自然的平衡关系，是指人与生物、人与环境、人与能源的生态关系的平衡。随着人类中心主义的泛滥，人与自然环境、人类与其他物种之间的关系不断恶化。回归自然，在审美实践中培养人们的节约意识和环保行为，始终是审美教育追求的方向。

三、塑造功能

审美教育的塑造功能，是指以人的全面发展为旨归，塑造受教育者健全人格的功能。

所谓人格，是指一个人的品质、品格。它是以自然性为基础，以个人的生活方式、社会关系、职业、社交活动为基本内容所形成的个性特征。它全面地反映了一个人的言行和整个精神面貌，包含着需要、动机、信仰、能力、情操、气质、性格等。[①] 健全的人格是建立在个性解放的基础之上，没有自由张扬的个性，人格建构也就无从谈起。因此，人格的最高本质是在审美中表达人的自由，是涵盖人的心理文化结构整体表征的真、善、美

---

① 金昕:《美育与大学生人格养成》，东北师范大学博士学位论文，2009 年。

的统一体。①

审美教育遵循"美的规律"，它是塑造健全人格的必由之路。在《1844年经济学哲学手稿》中马克思曾提出了著名的"美的规律"说，即人类的生产区别于一般动物"生产"的本质差异就在于动物只是按照它所属的那个种的尺度和需要来构造，而人却懂得按照美的规律来构造。②从这个意义上讲，审美教育的过程正是一个人们遵循"美的规律"构造自身，并使个体以自我全面发展为目标不断进行建构的教育过程。审美教育对于健全人格的造就，集中地体现在对个性的承认与尊重上，它强调个性心理的独特价值，倡导在充分发挥审美个性的基础之上使个人与社会达到和谐。它坚持美的内容与美的形式辩证统一规律，传播社会美、自然美、艺术美等内容，辅以美术、音乐、电影、戏剧、舞蹈、文学等形式，愉悦人的情感、陶冶人的情操、锻造人的意志、激发人的个性，从而全面地促进了人格的发展。因此，审美教育是健全人格养成的必由之路。

四、激励功能

审美教育的激励功能，是指激发和鼓励受教育者将自身已经形成的思想道德素质和审美素质外化为积极的思想道德行为，并养成良好的审美习惯和行为习惯的功能。

（一）审美教育是激励人们追求人生崇高境界的重要途径

崇高的人生境界是一种真善美融合的理想状态，需要通过审美教育来激励。失去了方向的指引，人生便没有动力，更无所谓达到崇高境界可言。席勒曾说：审美是"一种实在性程度最高的状态"，它可以在认识与道德方面结出

---

① 余潇枫：《哲学人格》，吉林教育出版社1998年版，第82页。
② 《马克思恩格斯选集》第1卷，人民出版社2012年版，第57页。

最丰硕的果实。① 审美教育遵循"真、善、美"的辩证统一规律，将知识的真、意志的善和情感的美有机地融合在一起，能使受教育者摒弃低俗的审美趣味，树立高尚的人生追求和理想目标。

（二）审美教育是激励人们自省自律的有效载体

其激励作用主要通过自我教育，特别是通过自我反省、自我约束、自我修炼的社会实践活动体现出来的。这个过程是实现"知行合一"的过程，又是受教育者以"求真、扬善、向美"为原则不断修正自身思想行为的实践过程。苏霍姆林斯基曾说："审美给心灵带来响应号召的奇异本领，可以使人变得更加勇敢豁达、热情诚恳，且心地善良。"② 可见，审美教育不但能够激发正确的动机，锻炼自身的行为，而且还能够磨炼自己的意志，最终引导人们养成良好的行为习惯。

（三）审美教育是激发人们奋斗精神的不竭动力

在人们追求理想目标的过程中，人们的奋斗精神是推动其思想和行为产生和发展的不竭动力，而审美教育能够不断地激发和鼓励人们的这种奋斗精神。它不但能够及时纠正人们出现的个别消极颓废的思想，而且能够让人们在美的熏陶中找到榜样，重新获得精神动力，从而使人们达到崇高的人生境界并实现人生的最大价值。

五、育人功能

审美教育的育人功能，是指培育和提高受教育者的思想道德素质和审美素质的功能。

---

① 陈建翔:《席勒美育思想与当代教育美学》,《北京师范大学学报》1990年第2期。
② 转引自李范:《苏霍姆林斯基论美育》,湖南人民出版社1984年版,第19页。

（一）培育和提高受教育者的思想道德素质

思想道德素质是指个体在一定社会环境下，通过认识实践和社会实践，在政治倾向、理想信念、思想观念、道德情操等方面逐渐养成的较为稳定的精神品质。① 作为人最重要、最根本的素质，思想道德素质直接影响着人的智力、体力的发展和发挥的程度，而且决定着个人的发展方向。通过"以美育德"，审美教育能够引导受教育者树立正确的伦理道德观、价值观、审美观，帮助主动提高自身思想道德素质，增强是非、善恶、美丑、正义与非正义的辨别能力，而且能够借助崇高而优美的直观形象激发受教育者的情感，使人们能够从内心深处牢固树立起共产主义的理想信念以及无产阶级的世界观、人生观和价值观。

（二）培育和提高受教育者的审美素质

在审美教育中，思想道德素质的养成离不开人们的审美实践活动，而审美实践活动直接影响和促进的是人的审美素质。作为人的素质中基础性的因素之一，审美素质是指个体在审美体验的基础上逐步形成的相对稳定的审美心理、审美情感和审美习惯。它的全面提升是审美教育作用的结果，具体而言，其一，审美教育可以使审美素质"内化"，有效地培养受教育者的注意力、感受力、理解力。"美是道德纯洁、精神丰富和体魄健全的有力源泉。审美教育最重要的任务是教会孩子能从周围世界（大自然、艺术、人际关系）的美中看到精神的高尚、善良、真挚，并以此为基础确立自身的美。"② 正因为如此，审美教育非常注重对受教育者理解力和领悟能力的培养，而个体的理解力的提高，必然会促使其认知能力的全面提升。其二，审美教育能有效地提高受教育者的想象力、鉴赏力和表达力。在审美教育的过程中，无论是教育者还是受教育

---

① 张耀灿等：《现代思想政治教育学》，人民出版社 2006 年版，第 133 页。

② 李范：《苏霍姆林斯基论美育》，湖南人民出版社 1984 年版，第 7 页。

者，都必须是以形象的审美感知为基础，运用审美联想、审美想象、审美通感和审美理解感悟对象的思想价值，并通过语言、行为的形式表达和践行对美的理解。从这个层面分析，审美教育的过程也是思维想象能力和情感表达能力提升的过程。其三，审美教育能有效地加强受教育者的情感自控力。情感自控力也被称为情感意志力。在审美教育活动中，情感自控力是审美情感和审美认识的升华，也是受教育者通过自觉调节自身的心理、行为，克服主客观的审美障碍，以实现预期目的的过程。这一过程是审美教育的实施过程，也是受教育者性情逐渐被陶冶的过程，还是情感自控力逐渐被强化的过程。

除此之外，审美教育以马克思主义关于人的全面发展理论为指导，不仅可以培育人们的思想道德素质和审美素质，而且能够有效地提高人们的科学文化素质和心理素质，起到陶冶性情、启智增识的作用。

第二章　现代思想政治教育中审美教育的思想理论基础

第一节　现代思想政治教育中审美教育的思想溯源

尽管审美教育作为一个专门的研究对象出现较晚，但是作为一种客观存在的实践活动，审美教育却是与人类的教育实践活动同时存在并不断发展的。系统地梳理人类历史上审美教育思想的历史渊源，考察其产生、发展、演变的历史过程，分析这些思想的当代启示，对于我们正确认识思想政治教育中审美教育的来龙去脉，把握审美教育产生的历史背景、历史渊源和发展趋势，是十分有益的。

一、中国古今审美教育的思想及其启示

（一）中国古代审美教育的思想及其启示

这里所说的我国古代，是指鸦片战争之前我国漫长的历史发展时期。"审美教育"一词，在我国是由王国维最早提出来的，他曾在《论教育之宗旨》中提道："美育者，一面使人之感情发达，以达完美之域；一面又为德育与智育之手段。此又教育者所不可不留意也。"①然而，从严格意义上讲，在我国古代虽

---

① 北京大学美学教研室编：《中国美学史资料选编》，中华书局1981年版，第424页。

没有审美教育这一概念，但是教育者大都从礼乐教化和审美教化的角度加以实施。西汉的董仲舒最早提出"礼乐教化"的概念，是指上古以"先王乐教"为主要形式的教化传统。董仲舒曾说："道者，所繇适于治之路也，仁义礼乐皆其具也。故圣王已没，而子孙长久安宁数百岁，此皆礼乐教化之功也。"（《汉书·董仲舒传》）可见，所谓"礼乐教化"，即指通过礼乐对民众实行仁义的道德教育，以达到治国安邦、社会和谐以及"子孙长久安宁"的目的。

在我国古代，虽然道家的审美教育思想主张以"体道"为核心，把"自然"作为人的本性、人与人以及人与物之间关系的理想状态，并力求通过自我的超越达到精神"自由"的审美境界，具有合理的一面。但大都采取自然主义、虚无主义的态度对待教育，主张"不言之教"以及认为教育"非以明民，将以愚之"（《老子·第六十五章》），这种观点体现出了明显的局限性和片面性。相比之下，统治阶级竭力推行"儒术"，使儒家"礼乐教化"的思想成为封建统治阶级的官方哲学，更成为我国古代封建社会的主流意识形态。因此，在这里我们以儒家的审美教育思想为主要线索，对我国古代审美教育思想的历史渊源进行探讨和梳理。

1.中国古代审美教育思想的历史渊源

根据中国古代审美教育思想的历史渊源，我们可将中国古代审美教育的思想内容分为先秦时期、汉唐时期、宋元明清时期。

（1）先秦时期的审美教育思想。自新石器时代起，人们就有了朦胧模糊的审美教育意识，礼乐作为教化之"具"起源于原始巫术，它是统治者奉祀神灵、勾通人神并借以教化民众的主要途径，突出地表现为"道沿圣以垂文，圣因文以明道""神理设教"等思想。《尚书·舜典》载，舜帝命夔"典乐胄子"，使胄子既要在人格修养方面做到"直而温，宽而栗，刚而无虐，简而无傲"，又要做到"八音克谐，无相夺伦，神人以和"。其实，在上古时期，"礼"就是祭祀的乐舞，"礼"藏"乐"中，因此，礼和乐是一体的。而上古传说中的所谓"先王乐教"正是以原始巫术宗教为中心的社会活动的混合体，它虽然具有审美教育、道德教育等功能，但却是一种在极为浓重的宗教氛围中进行的不自觉的教育活动，具有极强的功利性特点。直到西周，伴随着"礼"和"德"观念的出现，礼乐教化传统才发生根本性的变革，并逐渐达到自觉的程度。其主要目的是为了培养与西周血缘宗法等级制度相适应的行为规范和伦理道德。据《周礼》记载，西周已将国民教育列入国家政策，并"设官分职"负责实施。大官太宰之职是"掌建邦之六典，以佐王治邦国"；六典之二为"教典"，是"以教官府，以扰万民"(《天官·太宰》)；六典之三是"礼典"，既教国子以"乐德""乐舞""乐语"，又负责组织表演各种乐舞诗歌以配合国家的祭祀典礼。可见，西周已首先将"礼教"从"乐教"中分离出来，使原始的浑然一体的"乐教"逐步分化为"礼教""乐教""诗教"三种基本形态。而这一时期能够自觉地对贵族子弟和国民进行礼乐教化活动也正标志着中国古代审美教育思想的初步形成。

春秋战国时期，以孔子为代表的儒家学派面对"礼坏乐崩"的社会现状，不但自觉地继承与维护了"礼乐教化"的传统，而且对其内容、作用和意义等问题进行了深入的理论阐发。在孔子看来，教育应以"仁"与"礼"的关系为核心，以社会的道德伦理教化和个体人格修养为主要目的，通过"礼教""乐教""诗教"等审美教育的基本形式不断加强人们的道德教育。概括起来，孔子的审美教育内容主要分为三个方面，即艺术美的感化、自然美的陶冶和社会美的教化。首先，孔子重视艺术美的感化，认为审美教育可以"成于乐""游于艺""兴观群怨"，并具有塑造理想人格的重要功能。"乐""艺""诗"在孔子看来对人格具有很好的感化作用，是古人修身必不可少的学问。例如，他认为"兴于诗，立于礼，成于乐"(《论语·泰伯》)，其中的"成于乐"就是指君子的理想人格可以在对音乐的欣赏、理解和领悟中完成和实现。如果要想成为仁人君子，孔子还提出应该致力于对真理的不懈追求，根据崇高的德性考量自身的行为，将仁爱之心作为处世为人的根本，更要涉猎和观赏各种艺事，即所谓的"志于道，据于德，依于仁，游于艺"(《论语·述而》)。除了"成于乐""游于艺"之外，孔子还认为"诗可以兴，可以观，可以群，可以怨"(《论语·阳货》)，这种观点正是在强调诗的启发、感染、观照、体验、宣泄、舒缓情感的功效，从而潜移默化地达到人格培养的目的。可见，"成于乐""游于艺""兴、观、群、怨"等观点表现了孔子对人的全面发展的要求以及对审美教育的育人功能的重视。其次,孔子倡导通过自然美对人的情操进行陶冶。"岁寒,而知松柏之后凋也"(《论语·自罕》)、"智者乐水、仁者乐山"(《论语·雍也》),除了字面意思之外,更说明一定的自然景象之所以能够引起人们的欣赏和喜爱,是因为它具有和人的精神品质相似的内涵寓意,而这种"和人精神品质相似的内涵寓意",即人与自然在广泛的样态上具有某种内在的同形同构,进而可以相互感应交流的关系。于是,自然美成了人的某种精神品质的表现和象征,更成为审美教育陶冶情操、完善人格的重要内容。最后,孔子十分重视"仁""善""中和"的社会美的教化作用。他将美与善相联系,既看到了两者的统一性又看到了它们的区别性。例如,韶乐曾被孔子视为"尽善尽美"的典范,甚至可以使人"三月不知肉味",而与之相反,武乐则"尽美未尽善",是有缺憾的。对此,郑玄曾云:"《韶》,舜乐也,美舜自以德禅于尧;又尽善,谓太平也。《武》,周武王乐,美武王以此定功天下;未尽善,谓未致太平也。"①他提倡中和之美的价值取向。这种中和之美集中反映了中国古代"天人合一"的思想,即一种古典形态的"生存论"哲学思想。这种"中和之美"是一种蕴含着人与社会、人与自然、人与自身和谐相处的存世关系之美。"喜怒哀乐之未发,谓之中;发而皆中节,谓之和。中也者,天下之大本也;和也者,天下之达道也。致中和,天地位焉,万物育焉。"可见,《礼记·中庸》中的这段"致中和"的论述充分说明了当时的审美教育是以道德教化为中心,以追求中和之美为最高境界并以塑造"圣人"为培养目标的。费孝通曾指出:"中国传统文化思想的一大特征,是讲平衡和谐,讲人己关系,提倡天人合一。刻写在山东孔庙大成殿上的'中和位育'四个字,可以说代表了儒家文化的精髓,成为中国人代代相传的基本价值取向。"②"君子之德风,小人之德草"(《论语·颜渊》)、"道之以德,齐之以礼,有耻且格"(《论语·阳货》)、"德不孤,必有

---

① 徐玮:《孔子美育思想及现代意义》,《兰州大学学报》2002 年第 1 期。

② 费孝通:《经济全球化和中国"三级两跳"中的文化思考》,《光明日报》2000 年第 11 期。

邻"(《论语·里仁》)、"见贤思齐,见不贤而内自省也"(《论语·里仁》)、"以直报怨,以德报德"(《论语·宪问》)等观点都反映了孔子对社会教化功能的深刻认识,这种教育虽意在将西周强制性的行为准则"礼"转化为人们的自觉意识,但是通过社会美的熏陶和教化,这不再是一个牺牲自我的痛苦过程,而是人们实现人格完善和人生价值的美的过程。总之,作为儒家审美教育思想的奠基人,孔子是审美教育发展史上极其重要的人物,他从实用理性主义出发,将"仁"作为最终的依据。在这种实用理性主义精神的指导下,文艺"入人也深、化人也速"的社会功用被放置到人格建设、经世致用的框架之下,推崇和强调"善"的地位和作用。同时,在对"仁"的追求和实践中,他重视使"仁"成为不依靠外部强制而成为人们内心情感上的自觉诉求,进而产生对"仁"的由衷喜爱,心甘情愿地乐意为仁行善,即"知之者不如好之者,好之者不如乐之者"(《论语·雍也》)。这些观点不仅在当时具有积极的意义,而且对我们如何增强现代思想政治教育的实效性,仍然具有重要的借鉴价值。

在孔子之后,孟子与荀子是儒家思想的两大代表人物,他们虽然在人性的善、恶和宇宙观上意见相左,但在审美教育的基本思想和立场上却是大同小异的。他们不但赞同孔子诗、书、礼、乐、易、春秋的六经课目,而且都认为诗、乐对于人的性情确有陶冶的功效。孟子曾指出,"仁言不如仁声之入人也深",此处的"仁声"就是以"仁义"为本的音乐。以"仁声"为教谓之"善教",能以真情感人,更能使人相亲相爱,进而"得民心"和荀子的"夫乐者,乐也,人情之所必不可免也,故人不能无乐"(《荀子·乐论篇第二十》),"诗言是其志也。…乐言是其和也"(《荀子·儒效篇第八》)等说法,都表明了他们对诗教、乐育的基本看法。当然,尽管孟子主张人性本善,但并非是说人天生就是道德完善,所谓"人性之善,犹水之就下也"(《告子上》)。因此,人性需要修养,主要就是使人在情感愉悦中培育道德品质,达到人性至善至美的最高境界。即所谓"充实之谓美""浩然之气""至大至刚"(《公孙丑上》)以及"仰不愧于天,俯不怍于人"的境界,都是在强调人性的最高修养和审美境界的统一性,也说明孟子的德育思想在本质上与其审美教育思想是相互融通的。而他提出的"与众乐乐"的观点正是其"施仁政"的一个组成部分，实质上是意在防止激化阶级矛盾，维护当时社会的和谐有序，这一观点虽然是孟子虚构的主观理想，但客观上也反映了百姓大众的文化需求，显示出了一定的民主思想。荀子对于墨家的"非乐"说进行了反驳。他认为，音乐的本质在于快乐，由快乐以和谐人心。当然，荀子的礼乐教育是从他的"性恶"观出发的，"化性起伪"是其审美教育思想的道德核心，他特别推崇"隆礼"，而"隆礼"是为了养欲。所以，他肯定人在追求美的过程中各种情欲存在的合理性，强调礼乐对人的性情具有规范和塑造的功效，更强调了社会性的礼乐教化和诗教、乐教与人格修养的相互促进的关系。荀子不仅从社会因素方面考察审美活动，也从人的自然本性方面考察，认为审美教育活动既要考虑和满足人的自然欲望，同时又必须符合"礼"的规范和要求，以达到"移风易俗，天下皆宁，美善相乐"的境界。在继承孔子的思想基础上，如果说孟子发展了孔子的"仁""礼"的学说中"仁"的方面，那么荀子则主要发展了孔子的"仁""礼"的学说中"礼"的内容。从《荀子》中的《礼论》和《乐论》两篇文章不难发现，荀子的确在一定意义上将先秦儒家礼乐教化的审美教育学说理论化、系统化了。

总起来看，以孔子、孟子、荀子为代表的儒家的审美教育思想非常注重个人的身心修养，将人格教育和道德教育视作审美教育的根本。而"礼教""乐教"和"诗教"从内容上来说，与古希腊城邦保卫者的"艺术教育"与"心灵教育"有着较大的区别，它已经在很大程度上超出了艺术教育的范围，是一种以古代"舞""乐""诗"等艺术为依托的社会文化传统和社会文化制度。

（2）汉唐时期的审美教育思想。自秦以后，中国开始进入到了漫长的封建社会。秦始皇灭六国统一天下，采用法家思想实施文教政策，为了消除长期以来儒、道诸家思想对秦法制教育思想的影响和冲击，公元前213年，他采取了一项过激的"焚书坑儒""以法为教，以吏为师"的文化教育政策，以维护其皇权的稳定。但是随着秦王朝的灭亡，西汉统治阶级又逐渐选择将儒家思想作为当时统治阶级的正统思想。提出"罢黜百家，独尊儒术"的董仲舒认为"仁之美者在于天"，他大力倡导儒家的审美教育思想，认为礼、乐均是"治道之具",把礼、乐均作为德育课程,认为礼可以"明尊卑、易贵贱,而劝有德也",而乐可以"变民风,化民成俗"。通过乐教教化能够实现"化民成性""化民成俗"的目的。但是,他的思想又杂糅道、法、纵横、阴阳等各家之言,表现出十足的"神"气,使这一时期的审美教育思想充满了神学色彩。显然,董仲舒所说的乐教已不再是先秦儒家所倡导的、具有独特审美教育功能的审美教育,它背离了先秦儒家审美教育的发展路径,逐渐步入了神学领域。

魏晋时期是玄学思想盛行的时代。以嵇康的《声无哀乐论》和阮籍的《乐论》为代表的魏晋乐教思想一方面以儒家基本观点为原则,另一方面又引入了道家的本体论和主体性等理论,充分表达了魏晋时期人们在审美教育理想上的独特境界。例如,"和"的观点一直是儒家乐论思想的核心,嵇康乐论也讲求"和",但二者却有很大的不同。儒家审美教育思想中的"和"是指群体的"和"或是个体与群体的"和谐共生的关系",而嵇康审美教育思想中的"和"却是以他的养生论为基础,旨在达到个体人格的无限自由,即超越哀乐的"和"之境界。换言之,儒家的"和"是与社会道德和政治生活相联系,体现出伦理关系的和谐之美,而魏晋时嵇康的"和"作为音乐的本质,体现出一种与天地无限统一的内心理想的精神境界之美。

唐代是中国封建社会的鼎盛时期,在审美倾向上崇尚"壮气"之美和追求"以势为美"。在审美教育思想方面同样肯定和推崇催人奋发向上的阳刚之气或刚健之美,体现了处于上升时期的地主阶级锐意进取的雄心和胆略。这一时期统治阶级推崇儒学,并专门派孔颖达等人对章句繁杂的儒学经文进行统一解释,于是撰写出的儒家经典《五经正义》被统治阶级奉为经典。中唐时期,藩镇割据、宦官专政、朋党之争,加上连年的战乱和繁重的苛捐杂税,使各种社会矛盾不断激化。韩愈在政治上反对藩镇割据,维护唐王朝的统一,在审美教育思想上,他继承和延续了孟子的思想。韩愈以孔孟传人自命,以自觉"为道"复兴儒学为己任,一生都致力于先王之教的教育实践。他主张发挥文艺的社会功用,强调人在面对各种复杂的社会矛盾时应该"不得其平则鸣",正所谓得志时"鸣国家之盛";失意时"自鸣其不平"。这种"文气"说为日后审美教育中出现的反抗性、批判性内容提供了合理的天然依据。同时他还用自身不平则鸣的实践告诉人们一个道理：审美教育的生命力正是在于和现实、人生的结合。正如他在《争臣论》中所言："得其道，不敢独善其身，而必以兼济天下也，孜孜矻矻，死而后已。"① 可见，韩愈高度重视审美主体的修养，并身体力行对孟子的"养气"说进行了继承和发展，进一步丰富和充实了中国古代审美教育思想的内容，也标志着儒家审美教育思想在董仲舒之后的再次兴起。与此同时，以白居易为代表的一批有正义感的知识分子，怀着"为君为臣为民为物而作，不为文而作"的政治目的，兴起了一场著名的新乐府运动，即相对于古体乐府而言的，以尖锐的政治倾向、明确的教育目的和饱满的现实内容为特点的"诗教"活动。他曾在《策林》六十二议礼乐中说道："夫礼乐者，非天降，非地出也。盖先王酌于人情，张为通理者也。苟可以正人伦，宁家国，是得制礼之本意也；苟可以和人心，厚风俗，是得作乐之本性情矣。"② 可见，在审美教育问题上，白居易坚守音乐与政通的见解，他认为礼乐的核心不在乎外在的文饰，而是内在的心境德性，重建礼乐并非抄袭古制，而是要借用历史上曾实行过的行之有效的传统方法，使人民接受社会规范，最终达到治国安邦的目的。值得注意的是，与帮助统治者进行礼乐教化或为个人寻找心灵安顿的出发点不同，白居易站在下层人民的立场，真正反映人民的心声，以诗歌作为武器进行社会批判、参加社会斗争，这一点是非常难能可贵的。但从客观上分析，白居易的礼乐教化理论并未超过《乐记》，他狭隘地理解审美教育的范围，只看到了诗的认识性和功利性，而忽视了艺术对人性的美化和对性情的陶冶功能，他对审美教育方式的认识过于简单化，忽视了诗歌区别于一般教育的潜移默化的特点。

与先秦时期的审美教育思想相比，汉唐时期随着儒学逐渐演变为统治阶级的意识形态，封建统治阶级对礼乐教化的控制不断加强，礼、乐、诗的道德教

---

① 顾易生、徐粹育编撰：《韩愈散文选集》，上海古籍出版社1997年版，第124页。
② （唐）白居易：《白居易集》，孙安邦编，山西古籍出版社1972年版，第721页。

化的功能更加明显，审美教育实质上陷入狭隘功利论的沼泽，仅仅沦为道德教化的工具。

（3）宋元明清时期的审美教育思想。到宋代以后，以儒学为主体的意识形态在封建王朝的更替、各种思想文化巨大的冲击下发生了重大的变革。以周敦颐、程颢、程颐、朱熹等为代表的宋儒，以儒为宗，兼蓄道、释，形成理学；而陆九渊、王阳明则将孟子强调主观努力加强德性修养的思想进一步发展为心学。理学和心学代表了这一时期思想的主流。

自唐末宋初开始，中国的封建王朝日趋衰落，各种社会矛盾的交织使得冲突不断，为了维护国家的统一和社会的稳定，统治者对宣扬伦理纲常的孔孟之道又产生了兴趣。由于统治阶级的需要，一些思想家便极力将封建社会的道德规范和伦常秩序，渲染并视作主宰宇宙万物的至上法则，随之，熔孔孟之道、儒家社会伦理学和释道宇宙论哲学为一炉的理学应运而生。纵观这一时期的审美教育思想，有两个显著的表征：一是重道轻文。例如，周敦颐主张"文所以载道"，程颢、程颐提出"作文害道"，朱熹认为"道者文之根本，文者道之枝叶"（《朱子语类》卷一），这些观点虽然各有不同，但是其本意相似，即把道视作宇宙的最高的、最根本的统治法则，把文艺仅视作封建道德宣传的工具，在极力贬低审美价值这一点上，他们的原则是共通的。二是宣扬僧侣主义的人性论。程颢、程颐主张"存天理，灭人欲"，他们曾说："人心、私欲，故危殆；道心、天理，故精微。灭私欲，则天理明矣"（《二程集·遗书》卷二十四）。如果要明"天理"，就必须先"窒欲"，这种思想后经朱熹继承放大，人的情感欲望遭受到了更加严格的抑制。在理学家们看来，审美教育与理学教育是相互对立，不可调和的。相比感性的教育，他们更渴望建立纯粹理性的理学教育。于是，在这种极端片面的理学思想的制约下，审美教育的发展受到严重的阻碍，因而它也遭受到了很多后世思想家的斥责和批判。

明代主观唯心主义者王阳明，从儿童生理心理特征和审美教育的功能入手，提出审美教育导向礼法教育的观点。他把儿童学习比作"草木初萌"，把教师的教学比作"春风时雨"，他认为应依据儿童"乐嬉游而惮拘检"的天性施教,才能更好地培养儿童"孝悌忠信礼义廉耻"的道德品质。如果反其道而行之,则必然会摧残儿童的身心,也不会起到任何积极的作用。在王阳明看来,个性的最高发挥便是教育的最高成就,能使儿童"趋向鼓舞,中心喜悦"的教育,也会最能使其进步。于是他把"歌诗、习礼、讽书"视为涵养德行最好的方法,认为"则亦诱之歌诗,以发其志意;导之习礼,以肃其威仪;讽之读书,以开其知觉"①。通过这些教育方法的灵活运用,足以"顺导其志意,调理其性情",最终能使儿童通过良知体验达到"渐于礼义而不苦其难,入于中和而不知其故"的审美境界。为此,王阳明建议把童蒙课程具体划分为五项:一考德,二背诵,三习礼或写字,四讲读,五歌诗,这些涉及德、智、体、美等多方面的教育内容。虽然王阳明把审美教育仅仅当作一种工具和手段,其目的是培养符合封建道德伦理的接班人,但是,他吸取了先秦以来历代审美教育的宝贵经验,认为在教育过程中不能扼杀和束缚受教育者的个性,重视儿童的身心健康,并提出了以审美教育为中心的儿童教育教学大纲,这在客观上促进了中国明代审美教育的发展。

明末清初,随着商品经济的繁荣和市民阶层的兴起,宋明理学这一封建意识形态的基石已经受到严重的冲击,一种突破封建正统美学观、强调表现人的纯真自然本性、推崇阳刚之美的审美思潮日益盛行。人们极力反对封建理学的桎梏,肯定人内心的审美需求和审美教育的价值,主张应大力实施审美教育,其主要代表人物是哲学家、教育家王夫之。王夫之的审美教育理论是在"先王以人情为田"这个传统教育方针的指导下,提出"理欲皆自然""有欲斯有理""私欲之中天理所寓"的观点,指出教育必须适情顺性和陶冶性情。其内容大致包括以下四个方面:第一,在审美教育的功能方面,王夫之主张审美教育是一切教育的基础和前提,可以"荡涤其浊心","震其暮气","求人道于乱世",因此,具有间接、长远的功利性,可以使人养成"清和之志气",可使"贤者进于道""不肖者也敛戢其乔野鸷攫之情"。第二,在诗教的情感功能方面,

---

① (明)王守仁:《王文成全书》卷2,上海古籍出版社1993年版,第75页。

对"兴观群怨"的新解也体现了王夫之相对进步的审美教育思想。他从读者的审美心理入手，重新诠释了"兴观群怨"的意义："诗之泳游以体情，可以兴矣；褒刺以立义，可以观矣；出其情以相示，可以群矣；含其情而不尽于言，可以怨矣。"（《四书训议》卷二一）这里的"兴"已成为诗的审美教育功能的概括和别称，而以"兴"为中心的"兴观群怨"则是王夫之对审美教育新的总结，从而大大地深化了传统的诗教。第三，在乐教方面，王夫之认为音乐源于自然和社会生活，并以其内容和意义来影响人的心灵和生活。他批判了"五音令人耳聋"的观点，肯定了感官娱乐、艺术审美的合理存在性，"乐因天下之本有，情合其节而后安，故律为和"（《尚书引义》卷一），他认为审美教育的本质是"情合其节而后安"，即对情所进行的规范，肯定了审美和礼乐教化的积极意义。第四，在仪容和人格方面，王夫之认为仪容与人格的统一，是培养君子人格的重要内容和重要路径。具体来讲，仪容和德性既有同一性，又有共生性，两者的关系是一种形式和内容的关系。仪容要以德性为基础，有其质，然后著其文；而内在美好的愿望和道德良知又需要以适宜的、合乎社会规范的仪容表现出来。王夫之要求的是重质而不轻文，先质而后文。"存文者以正以其有君子之心，而生君子之仪"（《朱子语类》卷十三）。此外，仪容和德性的关系也是外与内、身与心的关系，韩愈曾言："习其仪，则行其道"。他主张"欲为君子者，必于此而克全焉"，只有将二者有机统一起来，"内外交相为养，而君子之德成矣"（《四书训议》卷五）。冯友兰曾说："王夫之的贡献是旧时代的总结。"[①]王夫之在审美教育方面进行了许多批判性、诠释性的总结，他把中国古代审美教育思想发展到了前所未有的新水平。

纵观中国古代审美教育思想的发展，从孔子到王夫之一大批中国古代思想家一直把德性的培养放在首位，重视礼乐教化的社会实践意义，而礼乐教化又是审美教化的主要内容，所以，在审美教化中彰显德性的力量，便成为以儒家为代表的审美教育思想所力求的目标。这些思想主要以"仁""善"等道德教

---

① 冯友兰：《中国哲学史新编》，人民出版社 1988 年版，第 298 页。

育内容为核心，经历了夏商周的生发，春秋的繁荣，汉唐的延续，宋代的低落，明清的回潮的历史阶段，在范围上不断拓宽，内容上不断细化，并在总体上始终保持了与封建统治阶级的需要相一致的原则。

2. 中国古代审美教育的基本特点

如前所述，在我国古代，并没有近代意义上严格的学科分类观念，儒家审美教育思想是一种朴素的、传统的古代审美教育思想，它蕴含了现代思想政治教育中审美教育理论的火花，把握儒家审美教育思想的特点，对于开展现代思想政治教育中审美教育具有重要的意义。中国古代审美教育具有以下基本特点：

（1）审美教育价值取向的伦理性。与西方审美教育思想比较而言，中国古代的审美教育思想渗透着丰富的"善"的内涵，特别是以儒家文化为主导的"诗言志""致中和""思无邪""养浩然之气""里仁为美""充实为美"等观念，充分体现了中国古代审美教育基本的审美原则和价值追求。[1] 情感的"美"与德性的"善"紧密地结合，使得中国古代审美教育思想显现出浓重的社会伦理性的特点。《论语·八佾》中，孔子曾对虞舜时的乐曲《韶》给予"尽善尽美"、能令人"三月不知肉味"的高度赞誉，而乐曲《武》却因其含有发扬征伐大业的意味，则给予了"尽美矣，未尽善也"的评价。可见，孔子的美育思想正是以"中和"之美的原则为基础，以"仁""善"为衡量美的标准，以"和""诚""雅"的人格培育与塑造为重点，体现出了明显的社会伦理性的特点。对此，周来祥先生曾说："中西方都以古典的和谐美为理想，西方偏于感性形式的和谐，而中国则偏于情感与理智、心理与伦理的和谐。"[2]总体上，中国古代审美教育思想的社会伦理性特点，发端于中国传统文化中主客相融、"天人合一"的哲学观念，它不仅体现在审美教育的基本内容之中，更贯彻于审美教育的实施和评价过程之中。

[1] 李天道：《中国美育思想的伦理化和社会化特性与表征》，《西华大学学报》（哲学社会科学版）2009年第6期。

[2] 周来祥：《论中国古典美学》，齐鲁书社1987年版，第2页。

（2）审美教育内容的丰富性。礼乐教化作为中国古代审美教育的主要形式，反映了人类早期对世界的一种整体性的看法，礼教、乐教、诗教等内容作为一种原始的综合状态呈现在道德教育体系之中，它们既有自身相对的独立性，又渗透着德性的光辉，其内容范围的丰富性"在中外教育史上是罕见的"①。比如孔子就积极倡导"文、行、忠、信"四教，并主张将"礼、乐、诗、书、射、御"这"六艺"列为学校教育科目。如果用现代学科标准对这些内容进行划分的话，那么，可以把它归类于与自然科学相对应的社会人文教育范畴，这些教育除包含音乐、美术方面的知识以外，还贯穿哲学、伦理、宗教、政治、法律、文学、历史、社会、管理、心理、教育、体育等诸多内容。这种用社会人文教育的教学内容来进行道德教育的观点和做法，不仅在一定程度上拓展了道德教育的内容和范围，也使教育的内容更具开放性和感染性。当然，与现代思想政治教育中的审美教育相比，儒家审美教育思想也存在着局限性。比如忽视审美能力教育，孔子认为，审美欣赏和创作能力的教育都是"器"，而"君子不器"，这使得所培养的人才在审美素质方面存在着一定的缺陷。但整体而言，儒家审美教育思想主张运用丰富的社会和自然知识进行审美教育实践，避免了由德育知识直接进行强制灌输的枯燥性。它反映了当时人们对社会和自然认识的高度，也反映了我国古代审美教育思想的基本发展趋势。

（3）审美教育方法的知行合一性。我国古代的审美教育思想重视个体在学习过程中"知"与"行"相统一的特点。孔子曾说："诵《诗》三百，授之以政，不达；使于四方，不能专对；虽多，亦奚以为？"（《论语·子路》）空有知识没有实践等于没学，相反，"贤贤易色，事父母能竭其力；事君能致其身；与朋友交言而有信"（《论语·学而》）。虽知识不很丰富，但能在实践中做到知行合一，才是真学真懂。对此，朱熹也曾做过精辟的归纳，即"修导式"的方法。他认为，审美教育的过程是教育者的教学活动和受教育者的学习活动相互感应的过程，同时也是教育者自我觉悟的过程。教师的教最终是为了使学生能够真正做

---

① 曲士培：《中国大学教育发展史》，山西教育出版社 1993 年版，第 38 页。

到学以致用，即"圣贤千言万语，只是使人反其固有而复其性而"。(《朱子语类·卷八》) 对此，王阳明也曾说道："知是行之始，行是知之成。若会得时，只说一个知，已有行在；只说一个行，已自有知在。""知是行的主意，行是知的功夫"，"知行原是两个字说一个工夫"等。(《王文成公全书·卷八》) 这些观点都较好地揭示了儒家知行合一的辩证关系，充分说明了中国古代审美教育思想中注重个体体验、知行合一的特点。

(4) 审美教育形式的生活性。中国古代审美教育还有一个特点，就是把现实生活的每一个方面都作为陶冶情操、培养德性、完善人格的重要途径，学习的任务就是从生活中感知美、理解善。这种思想集中体现在儒家传统教育理念的一个核心概念——"慎独"之中。[1] 所谓"慎独"是指一个人在独自居处，无人注意的时候，仍能自我监督并按照一定审美和道德标准谨慎地对待自己的所思所行，强调加强自我内在道德修养与审美修养的一种教育方法。它要求人们不仅要在群体之中善于发现美、创造美，更要在独自居处时独善其身，积极地践行美、传播善。《礼记·中庸》中记载："道也者不可须臾离也，可离非道也。是故君子戒慎乎其所不睹，恐惧乎其所不闻。莫见乎隐，莫显乎微，故君子慎其独也。"这种将审美教育与日常生活相结合的主张，体现了我国古代审美教育明显的生活性特点。

3. 中国古代审美教育思想的启示

中国古代审美教育思想既是我们进行社会主义思想道德建设的重要思想资源，也是现代思想政治教育中的审美教育应当继承的一份十分宝贵的历史遗产。中国古代审美教育思想给我们的有益启示是：

(1) 注重体现审美教育价值取向的社会性。社会性是现代思想政治教育中审美教育的一个基本价值取向。在中国古代的审美教育思想中，对乐教、诗教的理解是一种泛化的理解，也就是儒家所有的关于审美教育的内容都是以德育为基础，坚持以"广博易良""温柔敦厚"为基本原则和价值取向，并注重其"和

---

[1] 佘双好：《儒家德育课程思想对现代思想道德教育的价值》，《伦理学研究》2002 年第 4 期。

天""和敬""知政""教民""移俗"等效能的发挥，因此，古代儒家的审美教育思想成为统治阶级道德教化、思想引导的重要途径，具有明显的社会伦理化的价值倾向。"与众乐乐""与民同乐"的教育思想和理念虽然是由于人类早期对审美教育的笼统认识所致，但是，它较好地反映了现代思想政治教育中审美教育的价值需求。随着时代的发展，审美教育的环境、对象、范围、方式发生了很大变化，在多元、多变的思想冲击和拜金拜物观念腐蚀之下，功利主义、实用主义观念和思潮逐渐淹没了审美教育的目标和方向，一些人逐渐迷失了自我。对此，很多思想家、教育家积极呼吁应充分认识现代思想政治教育中审美教育的社会性价值。蔡元培在《以美育代宗教》中就曾主张用美育代替宣扬封建伦理的传统礼教和散播精神鸦片的基督教，以美促进知、情、意的融合与发展；毛泽东也曾坚定地从"人民是历史的真正主人"这一基本立场出发，鲜明地指出文艺应"为以工农兵为主体为人民大众服务"的根本方向，以及"必须和新的、群众的时代相结合""必须解决个人和群众的关系"的基本要求。这些观点虽然各具不同的时代背景，但均体现了对审美教育社会性价值取向的基本共识，同时更激发着当代的教育者从社会和人民思想实际出发，进一步明确审美教育方向，不断提高教育水平。

（2）注重加强审美教育内容的开放性和引导性。在现代审美教育中，我们既要始终坚持以崇高的精神鼓舞人，又要坚持以优美的内容吸引人。改革开放以来，中国发生了翻天覆地的变化，政治多极化、经济全球化、文化多元化的态势已经十分明显，盲目排外的做法显然已经极不符合当今时代的背景，更不利于国家和社会的发展。在西方各种文化思想的强力冲击下，从教条凝固的审美教育内容转至完全开放的教育内容，一些人无法对良莠不齐的文化加以正确的区分和甄别，一味地追求奢华时髦、荒诞怪异、刺激暴力的所谓"新鲜"事物，盲目地享乐攀比，这无疑给现代思想政治教育中的审美教育提出了新的、更高的要求：使审美教育的内容既保持时代性和优美性，从而为人民群众所喜爱、接受，又保持先进性和崇高性，从而激励和引导人民群众。

事实上，中国古代的审美教育不仅集中宣扬了道德教化中"仁""善""和"

的思想精神，引导社会的主流价值取向，基本实现维护社会安定的目的，而且还巧妙地将其融入"乐""诗""舞""书"的具体形式之中，这些贴近百姓、为群众喜闻乐见的审美教育形式和内容极大地调动了人们的兴趣，陶冶了人们的情感，培养了一批又一批封建统治阶级所需要的人才。例如，中国的传统戏剧艺术就是融故事性、抒情性、教育性于一身，集唱、念、做、打等多种艺术手法于一体，它历史悠久而且至今都深受人们喜爱。在中国的戏剧发展史中，人称"曲中杜甫"的李渔就曾认识到戏剧艺术对政治、思想、经济巨大的能动作用，并把"有裨风教"看作戏剧之美的内容之一。他反对偏重阳春白雪的古典戏剧传统，主张通过雅俗共赏、寓教于乐的市民剧形式来发挥文学的劝诫、教化作用。在剧本内容方面，他曾在《演戏部》中强调"传情妙在入情"，要尽量选择那些悲欢离合皆为人情所必至的富有感染力的剧本，力戒"荒诞怪异""凭空捏造"的戏剧文学。认为既然戏剧的对象包括读书人、不读书人及妇人小儿，那么就应该做到"贵奇创新""贵浅不贵深""贵雅而贱粗俗""贵趣贱呆"，必须明爽、显浅地"话则本之街谈巷议，事则取其直说明言"，只有这样才能充分地发挥戏剧艺术集中、强烈的思想教育作用。总之，中国古代审美教育在审美教育内容的开放性、引导性方面给予我们有益的启示。

（3）注重增强审美教育方法的人文性和实践性。我国古代审美教育思想主张"行以求知""学以致用"的基本原则，将审美教育的内容拓展到更广博的社会人文领域，通过广泛的社会人文教育来培养思想道德素质和审美素质，这种方法对现代思想政治教育中的审美教育也不无启迪意义。例如，以孔子为代表的一大批古代教育家主张人的身心、人格全面和谐的发展，所采用的教育方法更具人文性。《论语·阳货》中孔子曾云："诗可以兴，可以观，可以群，可以怨，迩而事父，远而事君，多识于草木鸟兽之名。"[①]通过学诗不仅能够发展人的想象力（兴）、观察力（观），培养人的共同生活能力（群）、语言婉讽力（怨），在获得关于鸟、兽、草、木之类的自然知识的同时，提升认知能力和思

---

① 《论语》，中华书局 2007 年版，第 39 页。

辨能力，而且能够使人"立于礼"，懂得以仁爱之心实现修身、齐家、治国、平天下的道理，进而达到"成于乐"的最高境界，即使人的认识、情感、道德与人格达到和谐的统一。同时，我国古代审美教育鼓励教育与生活相结合、与人生相结合，具有浓郁实践性的特点。南北朝时期的颜之推撰写的《颜氏家训》就是从教子、兄弟、后娶、治家、风操、慕贤、勉学、文章、名实、省事、止足、诫兵、养生、归心等角度提倡知行合一、言行一致的观点的，而且知与行不仅表现在用兵治国上，更体现在耕田、做工、经商等工作方面。无独有偶，现代思想政治教育者在实践中也真切感受到单纯地以说服惩戒进行思想教育的局限性，于是在汲取古代美育思想精华的同时，纷纷把目光投向审美教育，鼓励和引导受教育者主动感知美的存在、体验美的生活、保护并创造美的环境，贯彻和落实审美教育的基本理念和原则。总之，通过社会人文教育及各种生活实践来开展审美教育，中国古代审美教育方法的人文性、实践性给予我们有益的启示。

（4）注重增强审美教育形式的多样性。与我国近代审美教育形式的集中性相比，古代审美教育思想在教育形式方面，存在着多样性的特点，这种表现形式的多样性符合现代审美教育的基本观念。现代审美教育观念认为，在审美教学过程中，教育内容的设计十分重要，但是，受教育者所学到的东西，并不一定局限于教育者安排的内容、范围，教育者设计的内容和形式只是受教育者学习的一部分。尤其是在信息科技、数字网络高速发展的今天，互联网、微博、微信、个人网络空间、多媒体、电视、广播、手机通信等等网络信息平台已经成为人们获取信息的重要途径。受教育者不仅可以在校园里接受教育者有意或无意教授审美观念，而且可从其他途径获得有益或有害的审美经验和道德观点，更能从社会活动或生活实践中获取一些审美观念和道德观点，这些都会对受教育者的审美心理产生潜移默化的深刻影响。因此，应从受教育者在生活中实际获得的审美教育性经验的角度来认识现代审美教育，既应把握显性的审美教育，也应把握隐形的审美教育；既应加强实际生活中的审美教育，也应加强虚拟网络中的审美教育；既应增加学科审美教育的课程，也应增加活动审美教育的课程；等等。从我国古代审美教育思想与现代审美教育思想的联系来看，现代审美教育形式的灵活性与我国古代审美教育的多样性在总体上是一致的。

除此之外，道家思想虽然反对礼乐，甚至不主张施行教育，但是其中蕴含的审美体验、审美超越和审美境界等方面的观点，同样能够成为中国现代审美教育建设中的活性因子。对我们完善当前的审美教育理论、发挥审美教育的功能也具有一定的启示作用。

总之，系统地挖掘中国古代审美教育思想的合理内核，对我们进行现代思想政治教育中的审美教育研究具有重要的价值和启示。当然，我们也应该客观地看到，我国古代的审美教育思想仍存在着一定的局限性，因为它是与封建社会相适应的一种审美教育思想，是在人类社会早期对审美教育规律认识不太充分以及审美教育科学化程度相对较低的条件下产生出来的，与现代审美教育在内容和形态上具有本质的区别。在现代社会条件下，我们应该立足改革开放和社会主义现代化建设发展的实际，充分吸收中国古代审美教育思想的有益成分，构建起符合时代特点以及我国社会主义现代化建设实际的、具有中国特色的现代审美教育的新模式。

（二）中国近现代审美教育思想及其启示

中西文化碰撞背景下产生的中国近代审美教育思想，是社会与文化急剧转型的产物，反映了当时政治制度、教育体制、审美观念、价值取向等思想的激烈交锋。尽管以儒家思想为代表的中国古代审美教育思想对后世产生了深刻的影响，但是，近代以来伴随着西方列强军事、经济、文化的全面入侵，中华民族步入危亡之秋，一大批有担当、有血性的仁人志士纷纷学习推介西方的科学技术、治国方略、思想理论，以外来思想批判、整合中国传统儒家美育思想，以提升国民精神素质、重塑民族性格、寻求救国之路，"启蒙与救亡"成为近代中国美育最重要的两大主题。梁启超、王国维、蔡元培、陶行知、朱光潜、丰子恺等一大批思想者秉承爱国忧民的家国情怀，积极倡导美育，有力地推动了近代中国审美教育的发展。

新中国成立以后，由于受到"文革"的影响，刚刚起步的新中国美育工作经受了暂时的停滞。在粉碎"四人帮"以后，尤其是进入 20 世纪 80 年代，中国美育在"政治启蒙——经济改革——文化自觉"的理论语境下得以复苏。伴随着改革开放和社会主义市场经济的发展，利益驱使拜金主义、个人主义抬头，除依靠必要强制性的法律手段外，全面加强公民道德教育、美育、素质教育势在必行。21 世纪以来，在互联网和经济全球化的浪潮冲击下，中国大众文化迅猛发展起来，与此同时，精神异化、环境污染问题日益凸显。改革开放以来，朱光潜、李泽厚、蒋孔阳、曾繁仁等学者，从个体与社会的现代性关系出发，分别以人生美、生态美、生活美、生命美等视角切入研究，试图为中国美育的发展寻找道路。

1. 中国近现代审美教育思想的发展

中国近现代美育的发展大致经历了萌芽、拓展、继承、分化四个阶段。

（1）萌芽：启蒙时期正值清朝末年国势衰微，欧风东渐，涌现出一大批启蒙思想家，他们的思想推动了中国近现代美育的发展。梁启超的美育观点开启了近代美育的先河。梁启超从资产阶级改良主义的政治立场出发，将艺术作为情感教育的有力武器，撰写了一大批论述美育、现实与艺术、科学与美术、政治与艺术等美学方面的文章。他积极倡导"诗界革命"和"小说界革命"，大力倡行"情感教育"和"趣味教育"。试图借美育开辟出一条改造国民的道路。梁启超曾在《美术与生活》中说："我确信：'美'是人类生活一要素，或者还是各种要素中之最要者，倘若在生活全内容中把'美'的成分抽出，恐怕便活得不自在，甚至活不成。"[1] 他从培养情感的角度启迪教育国民，并认为"情感教育的目的，不外将情感善的美的方面尽量发挥，把那恶的丑的方面渐渐压服淘汰下去，这种功夫做得一份，便是人类一分的进步"[2]。这一教育观点无疑抓

---

[1]　北京大学哲学系美学教研室编：《中国美学史资料选编》（下册），中华书局 1981 年版，第 408 页。

[2]　北京大学哲学系美学教研室编：《中国美学史资料选编》（下册），中华书局 1981 年版，第 417 页。

住了美育的本质。此外，梁启超还将美育视为一种"趣味教育"。他认为："趣味是活动的源泉，趣味干竭，活动便跟着停止。"① 可以说，梁启超在中国古代传统美育思想的基础上，首次把艺术教育放在和科学教育同等重要的地位，从而创造性地为美育的价值确定了近代意义。

如果说梁启超因其社会革命的热情而重视美育的社会功能，王国维的美育观则显现出冷静客观的理论面貌。在文学、哲学、史学方面造诣极深的王国维，对教育学和心理学也有较大成就，他接受席勒的美育思想，认为美育是达到教育目的、实现教育宗旨不可缺少的内容，是改造社会、美化人生、拯救世界的根本途径，而且在教育系统中为美育确定了应有的地位。1903 年 8 月，他在《教育世界》56 号上发表了《教育之宗旨》，明确提出将美育列为"完全之教育"之一部，第一次提出德、智、体、美四育并重的观点，他说："完全之人物，精神与身体必不可不为调和之发达。而精神之中又分为三部：知力、情感及意志是也。对此三者而有真善美之理想：'真'者知力之理想，'美'者感情之理想，'善'者意志之理想也。完全之人物不可不具备真美善三德，欲达此理想，于是教育之事起。教育之事亦分为三部：智育、德育（即意育）、美育（即情欲）是也。"② 在王国维看来，美是可以超越现实功利的，因此，"独美之为物，使人忘一己之利害而入高尚纯洁之域，此最纯粹快乐也。"③ 在《去毒篇》一文中，王国维分析了旧中国鸦片泛滥、宗教盛行的根本原因是国民的精神空虚和感情上的无慰藉，而"此等感情上之疾病，固非干燥的科学与严肃的道德之所能疗也。感情上之疾病，非以感情治之不可。必使其闲暇之时心有所寄，而后能得以自遣。夫人之心力，不寄于此则寄于彼；不寄于高尚之嗜好，则卑劣之嗜好所不能免矣。"④ 因此，他认为"美术是上流社会之宗教"，

---

① 北京大学哲学系美学教研室编：《中国美学史资料选编》（下册），中华书局 1981 年版，第 420 页。

② 姚淦铭、王燕主编：《王国维文集》第三卷，中国文史出版社 1997 年版，第 57 页。

③ 姚淦铭、王燕主编：《王国维文集》第三卷，中国文史出版社 1997 年版，第 58 页。

④ 姚淦铭、王燕主编：《王国维文集》第三卷，中国文史出版社 1997 年版，第 25 页。

设想人人假若都有一颗美丽之心，整个社会就会成为一个"华胥之国"，最终实现个体与社会、感性与理性的和谐融洽。

（2）拓展：五四运动以后，美育不再是少数学者零散的、不成系统的研究，而是与培养德智体美全面发展的学校教育、革命救国的社会斗争和移风易俗的教育紧密地结合了起来。中国近代审美教育之所以能够打开新局面，应该归功于蔡元培。蔡元培终其一生都在倡导和实施美育，他把美育放在更广阔的背景下，强调美育对整个社会、文明发展的重要意义。1912年3月，他就任中华民国南京临时政府教育总长后，便在《对于教育方针之意见》一文中全面阐述了其教育思想，明确地把美育列入教育宗旨之中。在美育的目的方面，蔡元培和梁启超、王国维的观点基本一致，都认为美育是一种"情感教育"，在《美育与人生》中，他将美育解释为："人人都有感情，而并非都有伟大而高尚的行为，这由于感情推动力的薄弱。陶养的工具，为美的对象，陶养的作用，叫做美育"。他主张通过美育涵养国民的情感，加强世界观教育，改变愚昧麻木、苟且私营的国民劣根性，形成"富贵不能淫，贫贱不能移，威武不能屈"的气概和"杀身以成仁，而不求生以害人"的勇敢[1]，塑造国民健康、完善、高尚的道德品格。关于审美教育对世界观的培养，蔡元培是这样论述的："美感者，合美丽与尊严而言之，介乎现象世界与实体世界之间，而为之津梁……故教育家欲由现象世界而引以达于实体世界之观念，不可不用美感之教育。"[2]从美育的价值功用角度，他认为"美育者，应用美学之理论于教育。以陶养感情为目的者也。人生不外乎意志；人与人相互关系，莫大乎行为；故教育之目的，在使人人有适当之行为，即以德育为中心是也……凡与人同乐、舍己为群之德，属于此类，赖美育之助者也。所以美育者，与智育相辅而工，以图德育之完成者也。"[3]这一思想充分体现了蔡元培通过美感教育实现培养新人、救国救民、建立民主共和国的社会理想。

①　潘黎勇：《蔡元培美育现代性思想析论》，《石家庄学院学报》2009年第11期。

②　高平叔主编：《蔡元培全集》，中华书局1989年版，第512页。

③　高平叔主编：《蔡元培美育论集》，湖南教育出版社1987年版，第9页。

"以美育代宗教"说是蔡元培美育思想中影响最大的一个理念。美育何以能取代宗教？蔡元培的回答是：上古时代由于生产力水平低下，人们知识浅陋，思想蒙昧，宗教便形成与发展起来。对原始人而言，宗教具有知识、道德、情感三个方面的作用，它不仅可以消解人对世界的疑惑，维护基本社会秩序，还可以通过音乐、舞蹈、美术等方式安抚、慰藉信众的感情。但随着社会文化的发展进步，科学、社会学与伦理学逐渐取代了宗教的知识启蒙和道德教化功能，唯剩情感作用，但宗教的美感并不是纯粹的，时常未能陶冶情感，反而成为刺激人类偏狭情感的原动力。于是，美育便具有了独立并取代宗教的意义。"鉴激刺感情之弊，而专尚陶养感情之术，则莫如舍宗教而易以纯粹之美育。纯粹之美育，所以陶养吾人之感情，使有高尚纯洁之习惯，而使人我之见，利己损人之思念，以渐消沮者也。"①1930 年 12 月，蔡元培在《以美育代宗教》一文中进一步阐述美育之所以能够取代宗教，"一、美育是自由的，而宗教是强制的；二、美育是进步的，而宗教是保守的；三、美育是普及的，而宗教是有界的"。② 可以说，"以美育代宗教"说与中国传统艺术的精神和民族教育的基本传统是一致的，反对宗教而倡导践行美育体现了蔡元培作为一个民主革命家敢于冲破精神束缚，在现实中寻求至高境界的人生理想。

（3）继承：20 世纪 30 年代，伴随着民族危机和阶级矛盾的深化，近代中国美育思想更注重社会实践，具有浓郁的家国情怀。陶行知和丰子恺的思想中国精英群体中最具代表性。早年留学美国的陶行知是中国伟大的教育家之一，他推行平民教育运动，创办学校，宣传生活教育，他把教育看成"美"的事业，倡导"真善美合一"的美育思想，在近代中国美育思想史上极具前瞻性，是难能可贵。1943 年陶行知曾在《育才学校校歌》中这样写道：

真即善，

善即美，

---

① 高平叔主编：《蔡元培美育论集》，湖南教育出版社 1987 年版，第 46 页。

② 高平叔主编：《蔡元培美育论集》，湖南教育出版社 1987 年版，第 207 页。

真善美合一，

让我们歌颂真善美的祖国，

真善美的世界，

真善美的人生，

真善美的创造。

为了实现"真善美合一"的教育目标，陶行知身体力行，他认为美育不仅要在课堂内开展，还要通过举办课外活动、美化校园环境、参与社会活动进行。他不仅重视艺术美，还喜欢自然美，他把育才学校所在的整个凤凰山变成育才天然的植物欣赏乐园，每年都会定期举办春游和秋游活动，引导学生研究森林、鸟类和昆虫。此外，陶行知还把学校美育推向社会，开展各类社会美育活动，引导学生将个人的发展与国家、民族和人类的未来结合起来。他曾说："驱逐乌合之众，叫嚣乱斩，何能算的改造呢？我们应该秉着美术的精神，去运用科学发明的成果，来支配环境，使它们显现出和谐的气象。"[1]他还主张在"诗教"的熏陶中陶冶人的情操和品德，面对日本帝国主义的侵略，陶行知痛惜聂耳之死，他说，"唱歌是最能启发人的心灵也是最厉害的迷魂汤。让我们提倡用大众歌曲来唤起大众的时候，说不定有人也想用假的大众歌曲来叫大众再睡睡，睡到亡国再起来。我们要一致留心这种麻醉策略，先给他打一支预防针"[2]。陶行知的美育思想根植于社会和人生，开阔的学术视野使他对美育的理解也更深刻，其"真善美合一"的生活美育思想以及美育实践均呈现出朴实厚重的精神意蕴。

较之前者，丰子恺的美育思想更注重怡情悦性，感化人的心灵。他善于从具体的教育实践中发现问题，他将美育界定为"美的教育，就是情的教育"，在他看来，美育的价值体现在日常生活的一花一草、一举一动，换言之，艺术美、自然美、生活美、行为美等都可以纳入他的美育范畴。美育的实质正是在

---

① 高平叔主编:《蔡元培美育论集》，湖南教育出版社 1987 年版，第 61 页。

② 高平叔主编:《蔡元培美育论集》，湖南教育出版社 1987 年版，第 558 页。

于人们真善美的精神境界的升华和圆满人格的形成。他从中国传统的美学观念出发，强调美术既可以向人们传授审美技能，又可以抚慰人的心灵。此外，他还专门指出音乐教化"合群"和"教和"的社会作用："合群"就是让群众团结起来，万众一心；"教和"就是引导人们和睦相处。他认为艺术可以荡涤个人私欲，振奋民族精神，是与"救国"紧密相连的。丰子恺通过自身的美育实践，呼吁中华"美育"精神，影响启迪着一代代青年的艺术心灵。

革命战争时期，中国共产党的主要任务是解放全中国，美育也紧紧围绕这个主题展开。这一时期涌现出了许多推行美育的文艺工作者，他们力图以文艺传播马克思主义，提高人们的革命觉悟，调动群众革命的积极性。以瞿秋白、冯雪峰、周扬的美育思想最为典型，他们的美育思想立场鲜明，但各有特色。例如，在文艺与政治的关系方面，瞿秋白和周扬认为文学必须要为无产阶级政治服务，他们都将文艺看作是进行革命宣传的工具，始终注意文艺的革命功利性价值。瞿秋白认为"文艺是附属于某一个阶级的，许多阶级各有各的文学"，"肃清地主资产阶级的文艺影响"①，其根本是为人民造福。冯雪峰认为：文艺与政治两者既相互决定又相互制约，"文艺和政治的关系，是文艺和生活的关系的根本形态……文艺所追求的是现实的历史的真实，文艺的政治意义就建立在这现实的历史的真实的获得上，建立在艺术的真实和现实的真实的相互关系上。"②可见，他们对于美育阶级属性的认知立场是统一的。在文艺的创作内容和方式方面，他们都坚持"文艺大众化"的创作立场，坚持以工农兵的革命斗争和劳动生产为主体进行文艺创作，"去观察、了解、经验那工人和贫民的生活和斗争，真正能够同着他们一块感受到另外一个天地"③，着力表现主人公英勇斗争、反抗侵略的革命热情，坚持"大众化"的创作原则，宣传党的政策，潜移默化地提高大众的审美能力，培养革命新人，有效发动群众。尽管这一时期不同个体的美育观念各有特色，但总体看，近代中国的美育思想是与国家存

---

① 瞿秋白：《瞿秋白文集》，人民出版社 1985 年版，第 872 页。

② 冯雪峰：《冯雪峰论文集》，人民出版社 1981 年版，第 142 页。

③ 瞿秋白：《瞿秋白文集》，人民出版社 1985 年版，第 614 页。

亡紧密结合在一起的，国民感情的启蒙与民族的救亡相互交织。在这一现实国情下，美育以其寓教于乐、形象生动的特点，恰如其分地起到了组织发动群众革命的政治目的。

（4）分化：新中国成立以后，彻底实现了中国人民寻求民族独立的伟大梦想，举国上下都沉浸在豪情满怀的精神氛围中，但由于受到"文革"的影响，刚刚起步的新中国美育工作经受了暂时的停滞。直到20世纪80年代以后，"中国社会逐步摆脱了一个世纪以来的革命战争心态，走进了一个崭新的'后革命'时代，并最终确立了以市场经济为导向的现代化发展模式和全面开放的社会格局。"[1]伴随着西方拜金思想的传入，人们追名逐利、贪慕虚荣、破坏生态环境、过度浪费、精神空虚的现象日趋明显，对此，朱光潜、李泽厚等人针对这样一种社会潮流，明确提出各自独具建树的美育理念，体现出了强烈的社会责任感。

"人生艺术化"理论是朱光潜美育思想的核心。其逻辑起点始于他所提出的依次递进的三种人生态度：实用的态度、科学的态度、美感的态度，他从人生摆脱功利欲求和环境制约的程度出发，"俗，像蛆钻粪似地求温饱，不能以'无所为而为'的精神做高尚纯洁的企求；俗，无非是缺乏美感的修养"[2]。所以，朱光潜提出一定要从怡情养性做起，净化人心，追求人生的艺术化、情趣化。"伟大的人生和伟大的艺术都要同时并有严肃与豁达之胜。"[3]"我认为，无论是讲学问或是做事业的人要抱有一副'无所为而为'精神，只求满足理想和情趣，不仅仅于利害得失，才可以有一番真正的成就。"[4]换言之，人生艺术化的目的在于以出世的精神做入世的事业。朱光潜以"人生艺术化"的命题试图解决理想人生与现实人生之间的矛盾，充分展现出了忧国忧民的真挚情怀。

李泽厚的美育思想是在马克思与儒家审美文化融合的学术视野下，以情感

① 冉祥华：《美育的当代发展》，新华出版社2008年版，第122页。
② 朱光潜：《谈美》，广西师范大学出版社2004年版，第93页。
③ 朱光潜：《谈美》，广西师范大学出版社2004年版，第87页。
④ 朱光潜：《谈美》，广西师范大学出版社2004年版，第2页。

本体论为中心，形成的关于人类实践本体论和以"时间"概念为向度的美育思想，他提出的关于"以美启真""以美储善"的美育策略，以及"积淀说""新感性"等美育观点，对于整个人类社会的进步和个体高尚的人格和健全的心理都具有重要意义。首先，他将美育与"真""善""美"相结合，认为"应从主体实践对客观现实的能动关系中，实际从'真'与'善'的相互作用中，来看'美'的诞生"①。"所谓人性的塑造、陶冶不能只凭外在的律令，不是宗教的教规，革命的'主义'……只有'以美启真'、'以美储善'的情感陶冶塑造，才有真正的心灵成长，才是真实的人性之路。"② 其次，他认为，"人是一种超生物的社会存在物"，"文化心理结构强调文化和理性在无意识领域的融合过程……在制造和使用工具这个前符号、前语言的物质实践的漫长过程中，通过文化积淀，无意识已被开始理性化"③。而这一"融合过程"就是"积淀"，美育的实施也必须借助"积淀"，培养人们在日常生活和社会交往中的积极健康的心理，教育人性。最后，李泽厚还提出"自然的人化"思想，即外在"山河大地、日月星光"的人化与内在"人的感官感知和情感、欲望的人化"④。就个体成长来说，主体"新感性"的建立应是美育的目标，只有通过"文化心理结构"的建构，才有可能培育真实的完善人性。

2. 中国近现代审美教育思想的特点

纵观中国近现代美育思想发展史，从梁启超、王国维到蔡元培、陶行知、丰子恺、瞿秋白、周扬、朱光潜、李泽厚等一大批思想者、教育家，他们大多着眼于感性同理性融合的美育理论与实践探索，从不同理论视角进行研究，对美育理论、美育实践、美育观念的建设作出了巨大的贡献，成就了中国近现代美育辉煌灿烂的历史。整体来看，中国近现代审美教育思想普遍具有以下特点：

---

① 李泽厚：《美学三提议》，上海文艺出版社 1980 年版，第 160 页。
② 李泽厚：《美学三提议》，上海文艺出版社 1980 年版，第 161—162 页。
③ 李泽厚：《世纪新梦》，安徽文艺出版社 1998 年版，第 218 页。
④ 李泽厚：《美学四讲》，安徽文艺出版社 1998 年版，第 494—495 页。

（1）爱国。国家教育与其历史需求相一致。面对近代中国内忧外患、亡国灭种的历史境遇，救亡图存是每一个有觉悟的中国人的责任担当，伴随着中华民族无数仁人志士的奋起抗争，振奋民族精神、鼓舞革命斗志、提高国民素质成为近代中国美育的时代主旋律。无论是梁启超呼吁以"情感教育""趣味教育"塑造"新民"，还是王国维以"直观教育"美术慰藉国民的情感，治愈道德之顽疾，抑或蔡元培"以美育代宗教"陶养国民之道德感情，主张"美育救国"，等等，无一不是以铸就新型国民人格为宗旨的近现代美育思想，爱国成为最鲜明的主题。特别是五四运动以后，中国近现代美育思想中的爱国主义精神变得更加自觉，审美理想与爱国、救国、建国的时代任务紧密联系在一起，展现出了旺盛的生命力。

（2）中西合璧。从 20 世纪初开始，西方美育思想第一次大规模的输入后，很多学者学贯古今，述达中外。一方面，他们对西方的优质思想资源了然于胸，另一方面，据此对中国古典美育传统、美育理论传统进行相应的判断和重新定位，使得中国近现代美育思想在整体上形成中西合璧的特点。例如，王国维依据康德美学、叔本华哲学中的审美超功利及游戏说，对中国古典礼乐教化的形态进行批判性的继承，坚持了中国古典美育理论中"悦乐"的现实价值观。兼采中西之长，又面对新现实、建构新理论的做法，在蔡元培、陶行知、丰子恺、陈鹤琴、朱光潜、李泽厚等人身上都得到了极为精彩的体现。

3. 中国近现代审美教育思想的启示

（1）坚定爱国主义的精神引领。回顾中国近现代美育思想史，不难发现这样一个事实：中国近现代美育的发展始终以爱国为民为宗旨。从 20 世纪 30 年代"以美育代宗教"的美育理想，到 20 世纪 50 年代"为人民服务、为社会主义服务"的美育方针，再到新时代"以人民为中心"的导向，无不渗透着至诚的家国情怀和责任担当。当前，在西方意识形态多元化渗透的背景中，新时代美育不仅要引导人们从伟大实践和生活中汲取营养，发现和创造美，而且要以体现中华优秀传统文化精神、传播当代中国价值观念、反映当代中国审美诉求的艺术作品教育群众，服务人民需求，厚植人们的爱国主义情怀。

（2）明确美感教育的基本理念。美育的本质是美感教育。美感是人的情感体验，它起源于人对形象的直觉，其"怡情养性""净化人心"的效果不能依靠道德说教的方式来实现。只有个体亲历审美活动，内心产生审美联想和感悟，才能以美感的态度推及现实人生，对人的道德、理想、信念产生深刻影响。丰子恺曾在《绘画之用》中说："因为真的美术的绘画，其本质是'美'的。美是感情的，不是知识的；是欣赏的，不是实用的。"① 可见，美育必须明确陶养美感的基本理念，任何关于美育单纯的知性解读或理性分析，都是忘却其美感教育本质的偏颇做法，应及时纠正。

（3）强化培养全面发展的"时代新人"的美育目标。当今时代，物质充盈与精神空虚伴生的现实问题凸显，悲观厌世、精神脆弱、甚至漠视生命等现象时有发生。对此，朱光潜提出的"人生艺术化"的美育思想仍有很强的启示意义。只有当一个人把自己所从事的工作、生活当作艺术去欣赏、创造，从中找到生活的乐趣，人生才能实现真善美的统一，才能成为身心健康、全面发展的人。因此，做好新时代美育工作，就必须遵循美育特点，用生动的榜样事迹、优美的自然环境、高雅的文艺作品启迪思想、温润心灵、陶冶人生，培养坚定理想信念、家国情怀和社会担当，培养乐观积极的生活态度，塑造全面发展的"时代新人"。

二、西方古今审美教育的思想及其启示

西方的审美教育思想发展呈现出较完整的由古代到近代再到现代转换的历史过程。早在古希腊时期，美被定义为"和谐"，即温克尔曼所说的"高贵的单纯与静穆的伟大"，审美教育也被诠释为"效用说""和谐说""陶冶说"，即通过审美教育培养起合格的"城邦保卫者"，通过悲剧陶冶和净化人的心灵。

---

① 胡经之编：《中华现代美学丛编》，北京大学出版社 1987 年版，第 158 页。

由于近代工业的发展，科学理性主义思潮下"主客二分""二律背反"问题日益突显，对此，鲍姆嘉通曾认为审美教育是一种"感性的教育"，他提出，这种教育是通过日常的训练，使人兴奋并能激起关于某一确定对象的"审美情绪"的天赋才能。但在"审美教育之父"席勒看来，审美教育的性质是"情感教育"，作为人类历史上第一个明确定义审美教育的人，席勒认为，审美教育可以被界定为弥合感性冲动和理性冲动、将感性自由升华为理性自由的完整的人的"情感教育"；众多的教育家和思想家在观念上对现代西方审美教育都进行了不断地超越，使其呈现出了多样化发展的整体态势。其中，德国著名的哲学家、美学家伽达默尔就曾将审美教育提升到改造国家社会的高度，给其以完全崭新的解释，他认为审美教育"是人类素质提高的特有方式"；车尔尼雪夫斯基提出"美是生活"，认为审美教育就是用文艺这本"生活的教科书"培养具有广博的知识、崇高的情感、独立思维的能力的"新人"；等等。与之相适应，西方审美教育思想总体上经历了一个从古代到近代再到现代发展的"出现—产生—发展"过程。西方审美教育思想的历史演进对我国现代思想政治教育中的审美教育具有重要的启示意义和参考价值。

（一）西方古代审美教育的思想及其启示

1.西方古代审美教育思想的发展

西方古代审美教育思想的发展可以分为两个时期，一是古希腊古罗马时期，它是西方审美教育思想的历史发源期；二是中世纪时期，即基督教神学占统治地位的时期。

（1）古希腊古罗马时期的审美教育思想。西方古代审美教育思想发源于古希腊古罗马时期，古希腊神话和荷马史诗中所孕育的审美教育思想是西方审美教育思想的萌芽。以神的故事和英雄传说为主要内容的古希腊神话，具有生动的故事情节和丰富优美的想象力，它充分地表现了古希腊人乐观向上的精神。正如马克思所形容的那样：希腊神话不仅仅是希腊艺术的"宝库"，也是它的"土壤"。因为早期人类社会还没有关于审美教育的理论学说，但是希腊神话却在生活中培育了人们的一种"美的情感"。除古希腊神话之外，古希腊最著名的当属荷马史诗，它进一步发展了古希腊的审美教育思想。在《奥德赛》当中，就有很多关于音乐、诗歌、舞蹈、雕刻等艺术形式在社会生活中作用的描述，体现了古代人民对于人的外在形体美和内心和谐美的重视。例如，命运多舛的盲人乐师拥有嘹亮雄浑的歌声，他的歌声能令人振奋，给人一种战胜困难的信心和勇气。俄狄浦斯对盲人乐师大加赞颂，并愿意表示他的友好和爱心，他认为这是缪斯女神"教给他们歌唱并宠爱他们"的结果，所以歌手也应该在整个人群中间受到尊敬。这个故事片段从侧面反映了文艺在古希腊社会的地位的重要性。对此，吉尔伯特·库恩曾在《美学史》当中评论道：希腊史诗提供给人们的不仅仅是壮丽的审美享受，其魅力也绝非仅限于神妙的音乐性。在当时希腊生活中，它的作用甚至堪比基督教时代的《圣经》，其神话素材起到了开导和培育民众思想的重要作用，而神话与诗歌的巧妙组合则体现了一种令人敬佩的原始朴素的人生观，以及尝试阐释事物本质的意图。总的来讲，希腊神话和荷马史诗可以说是西方审美教育思想的起点，对后世思想家们的审美教育思想产生了不可磨灭的影响。

柏拉图的审美教育思想具有明确的观点，即奉行以"善"为尚，提出著名的"效用说"和"育心说"。在审美教育的社会功用方面，柏拉图与孔子主张通过审美教育和德育的结合，促进个人内心向善的自觉以实现培养"仁人君子"的理想过程不同，他更注重审美教育与智育的统一，即通过对美的事物的欣赏与理解，达到对社会与自然发展规律的理性把握，实现个人行为与社会规范在理智上的和谐一致。这一思想的核心是"效用说"，即诗歌和音乐的作用不仅能引起快感，而且还要"对国家和人生都有效用"。在《大希庇阿斯篇》中柏拉图对"美"下了六个定义，认为人、物或者习俗取得某一形式，而那个形式适合它的功用就是美的，即"美是有益的"。因此，在他看来，审美教育的目的就是培养美德，陶冶人的道德情操，最终达到行为的善和对美的爱。从柏拉图的审美教育思想不难看出，文艺具有感染和教育的功用，能对人的身心产生重要的影响。"似乎有两种技术——音乐和体育；服务于人的两个部分——爱智部分和激情部分。这不是为了心灵和身体，而是为了使爱智和激情这两部分配合适当张弛得益，达到和谐。"①此外，柏拉图还认为，审美教育可以陶冶人的情感，因此，必须使青年们接触真正优秀的作品和健康有益的环境，从小培养他们爱美的心灵。每个人的心灵都有预见真理的机能以及探寻真理的能力，这正如从黑暗转身，使眼睛朝向光明一样，人们的心灵也需要从这个纷繁复杂的世界中调整过来，能使它的眼睛也可以去"思维实在和那种崇高的光耀"。而那种"思维的实在和崇高的光耀"正是柏拉图心中的"善"，这个至上目标更是城邦每一个人都必须遵守的最高规范。在《理想国》当中，柏拉图高度肯定了诗歌的作用，认为它有一种"魔力"，而且"很欢迎她回来"。正因此，他试图"对身体用体育，对于心灵用音乐"的教育方法，并借助诗歌的作用来培养"城邦的保卫者"，以达到优美的心灵和优美的身体和谐一致的"最美境界"。

与柏拉图"理性至上论"不同，亚里士多德的审美教育思想则从唯物主义立场出发，在现实主义原则的基础上提出了著名的"净化"论。柏拉图认为理智以外的本能、情感、欲望等心理功能是人性中"卑劣的部分"，应该受到抑制，而审美教育会投合这种"卑劣部分"产生快感并会产生坏的影响，因此需要奉行"理性至上"的原则。而亚里士多德的观点却与之相反，在他看来，既然这些心理功能都是人性所固有的，就有受到满足的权利，而文艺能够满足这些自然的要求，使人的性格更健康的发展，所以它是有益于社会的和个人的。于是，他提出了审美教育中著名的悲剧——"净化说"。"净化"一词最早源自医学术语，本意是指"放血"，即用泻药治病或心理宣泄疗法排除疏通人体内积蓄的毒素。在原始宗教祭祀中，"净化"主要是指通过舞蹈、音乐、颂歌等活动宣泄、净化、升华、超越和复归内心的情感，使人的灵魂能够摆脱现实的束缚和肉体的羁绊，在道德上获得感化与洁净的含义。"净化说"是与亚里士多德本人的伦理思想紧密联系在一起的，其要义在于通过悲剧或其他艺术形式使人过于强烈的情绪得到宣泄，恢复内心的平和，保持心理健康。亚里士多德

---

① 张法琨：《古希腊教育论著选》，人民教育出版社 1994 年版，第 165 页。

认为，审美教育不仅能够给人带来与求知相联系的快感，而且还具有教化德性，净化性情的积极作用。他认为，既然音乐带来快乐的享受，而德性的培养在于快乐和爱憎分明，那么，必须阐明培养正确的判断力、学习在良好的情操和高尚的行为之中求取快乐就是最要紧的事情。① 此外，他非常重视戏剧的道德内容，并总是把美与善、审美教育与道德教育联系在一起进行考虑，并提出了德性教育、体能教育、智力教育、审美教育密切配合，使人全面发展、审美教育应该"效法自然"等观点和主张，都极具进步的意义。总之，亚里士多德在前人的基础上将西方的美育事业又向前推进了一步，对西方审美教育思想产生了极为重要的影响。

此外，在文艺的社会功用问题上，古罗马优秀的诗人贺拉斯提出的"寓教于乐说"无疑是柏拉图的教化思想和亚里士多德净化思想的综合，他的《诗艺》在欧洲古代文论之中具有重要的承上启下的作用。"寓教于乐，既劝谕读者，又使他喜爱，才能符合众望。"显然，在贺拉斯看来，文艺作品既要能够使人喜爱，更要实现劝谕读者的教化目的。审美教育的实质正是艺术和政治的统一、教育和愉悦的结合，通过令人心旷神怡的文艺作品劝善规恶，颂扬正义，潜移默化地影响人的心灵，以促进社会进步。诚然，贺拉斯有关寓教于乐的论述有其特定时代的政治背景，但是道德与审美、教化和娱乐相结合的精神却具有超越历史的价值意义，值得我们借鉴。

（2）中世纪时期的审美教育思想。随着罗马帝国的崩溃以及天主教会的兴起，教会的控制力逐渐增强，教会将基督教的宗教精神渗透于审美教育之中，并利用审美教育解释、美化、宣传基督教的教义和信条。审美教育成了神学的工具和附庸，基督教的神学家成了美最权威的阐发者。例如，在音乐方面，教会所采用的曲调原本是在汲取古希腊、古代东方以及当时民间音乐旋律的基础上完成的，但是它们却把这些乐调用基督教的精神加以改造，使其带有浓重的宗教神秘主义色彩，以期更好地为礼拜和举行宗教仪式服务；在绘画方面，它

---

① 苗力田编：《亚里士多德全集》第 9 卷，中国人民大学出版社 1994 年版，第 274 页。

们更是将根据古希腊神话题材创作的油画作品进行人为的宗教再加工、再创造，采用凝重、神秘的宗教壁画装饰教堂建筑。这种试图借文学艺术歌颂至高无上的上帝，传播基督教会的理性精神，以引诱、感化和麻痹人们的思想，集中地体现出了中世纪的神本精神，不仅严重阻碍了人性的发展，而且抑制了审美教育思想的发展。

在功能方面，中世纪审美教育思想所奉行的基督教的理性精神在一定程度上继承了古希腊至善主义的理性精神，具有很强的道德教化的特点。例如，圣·奥古斯丁曾认为：神圣的歌词可以点燃内心虔诚的火焰，使内心的情感恢复平静与和谐。他鼓励以宗教内容来影响人的思想感情，使人在文艺的感化中不知不觉地迷信天主、信仰上帝。这种旨在用宗教精神去涤除世俗文艺，麻痹、教化民众的审美教育思想，具有明显的宗教实用主义倾向。

从西方古代审美教育思想的发展来看，尽管没有提出专门的审美教育概念，但是其审美教育的内容大都围绕民众的德性培养展开。无论是柏拉图、亚里士多德所倡导的"效用说""育心说""净化说"还是中世纪被宗教化的"神学文艺观"，侧重点虽不尽相同，其目的都是为了培养符合当时社会道德要求的民众。

（3）西方古代审美教育思想的启示。作为人类思想宝库中的一朵奇葩，审美教育思想早在西方古希腊古罗马时期就已经开始绽放。其中，柏拉图审美教育思想中"向善为尚"的主张、关于其功能的"效用说""育心说"，亚里士多德关于审美教育功能的"净化说"以及贺拉斯关于审美教育特征的"寓教于乐说"等，给我们的有益启示主要体现在以下两个方面：

其一，注重发挥审美教育的育人优势和社会价值，培育社会主义新人，营造社会和谐氛围。柏拉图和亚里士多德的思想无疑是深刻的，在当下生活中依然具有重要的意义。通过审美教育，不仅可以克服人们功利欲望的趋附、对金钱至上的追捧以及对真实内心的背离，而且能够陶冶人的性情，塑造良好性格和理想人格，更能够平衡人际关系，维护社会的安定。因此，现代审美教育应坚定培养德、智、体、美、劳全面发展的社会主义新人的基本目标，注重发挥其怡情、启智、储善的基本功能；应把提高素养同满足需求结合起来，把党性和人民性有机地统一起来；应把引导群众同服务群众相结合，不断丰富人民群众的精神文化生活，满足人民群众的精神文化需求。

其二，充分把握审美教育寓教于乐的特征，提升现代审美教育的感染性和思想疏导的实效性。如果说贺拉斯的寓教于乐是以服从封建理性原则为旨归，以教化和娱乐相结合来实现育人目的的话，那么现代人对于审美教育寓教于乐这一特征的理解已经达成了共识。审美教育通过优美的艺术形式引人注意，激发兴趣，产生感情共鸣，能使受教育者欣然地接受教育。充分把握寓教于乐的特征，坚持正面教育，传播社会正能量，不断激发受教育者的主体性，增强新时期审美教育工作的吸引力和感染力。

2.西方近代审美教育的思想及其启示

西方近代审美教育思想的产生，是伴随着西方近代社会生产力的发展和资本主义生产关系的萌芽而产生和发展起来的。它的发展主要分为两个时期：一是西方文艺复兴时期，关于人文主义精神和价值观的思想教育；二是启蒙运动时期，关于反对封建暴政和资产阶级黑暗统治的思想教育。

（1）西方文艺复兴时期的审美教育思想。在欧洲文艺复兴时期，自由人性取代了神至高无上的地位，这一时期的审美教育开始关注人的审美情趣和审美素质，肯定和尊重人的价值并重视培养人的兴趣与个性，它大力宣扬以人为本的思想，体现出了明显的人文性和体验性的特点。在教育内容方面，它提倡身心兼顾，德智并重，倡导审美、兴趣、思想、身体等多方面的教育。例如，这一时期曾被誉为"第一所新式学校"的意大利孟都亚宫廷学校，就以其浓郁的人文主义的办学特色而闻名于世。它不仅在选址方面精心设计，而且在教育内容的安排上更是独具匠心。创办者维多里诺认为，儿童的身心应在优美的环境和愉快的氛围中得到综合发展，所以，风景秀丽、安静有序的环境是办好学校的重要条件之一；在教学内容方面，他主张受教育者既要学习天文、历史、数学、语法、修辞学、雄辩术等以古典文学为中心的广博课程，也要经常做集体游戏，加强音乐学习。于是，他教唱歌、弹琴、练习舞蹈，甚至在集体做体操和游戏的时候也用音乐伴奏，以保护和开发受教育者活泼的天性，激发其责任感，培养他们的集体主义观念。此外，法国著名的教育思想家拉伯雷在其著作《巨人传》中也阐述了一种新的审美教育自由观，即反对经院主义呆读死记、烦琐论证的教育方法，强调审美教育应激发儿童兴趣，通过轻松愉快的活动变机械记忆为创造性的学习，在遵循人的个性发展的基础上，培养全面发展的新型的人。总之，在文艺复兴时期，人文主义者对审美教育理论方面的讨论和实践已经比较活跃，虽然尚未完全摆脱基督教思想的影响，但是审美教育的理念和方式已经基本上脱离了中世纪经院教育的模式，这无疑是一个巨大的进步。

（2）启蒙运动时期的审美教育思想。启蒙运动时期的审美教育思想以反。对唯心主义和古典主义的审美观和陈腐教条为主要目标，旨在冲破中世纪漫长的封建思想和宗教势力的禁锢，坚持将自然科学或自然神论作为教育的基本原则，主要特征是唯物论倾向明显，人的主体性和实践性得到普遍重视。这一时期以法国和德国的审美教育思想最为典型。代表人物主要有以下四位：

一是法国著名思想家和作家让·雅克·卢梭（1712—1778）。卢梭认为，自然美作为最高的、真正的美，要求建立以"自然状态"为最高理想的社会，争取人的真正自由的权利。首先，在美育的目标层面，卢梭主张培养"自然人"，反对"文明人"。在《爱弥儿》第一卷中，卢梭就明确指出应培养一种具有忠诚、勇敢、道义等优良品德的、能仁能爱的、感情与心智发育完整的"自然人"。其次，在美育的理念层面，卢梭提倡感性，反对理性。卢梭所处的时代，正值以笛卡尔为代表的理性论蓬勃兴起之时。在这样的时代背景下，科学理性已占据了绝对的话语权，但卢梭却勇敢地力批这种以实用及精确知识为特点的科学理性主义，大力倡导人类自身丰富的感性美。他认为：人脑是通过感官体验获取信息的，人们最初的理解是一种感性的理解，在感性理解的基础上，理智的理解才能形成，所以说，人们最初的哲学老师就是我们的手、脚和眼睛。① 卢梭的贡献在于指出了感性理解是理性理解的基础，感性理解内在包

---

① ［法］卢梭：《爱弥儿》，李平沤译，商务印书馆1978年版，第149页。

含着理性的判断和比较，因此，是一种审美的理解。①再次，美育的内容层面，卢梭力倡"自然美"，驳斥"臆造美"。在卢梭看来，"清水出芙蓉，天然去雕饰"的美远远优于人为臆造之美。相比之下，臆造美不过是一些大富豪们在利益和虚荣支配下，以炫耀财富或以牟利为目的的手段而已。②于是，在卢梭笔下，自然景色细腻的观察和逼真的描写随处可见，但是贵族阶级所追求的"臆造美"却难觅踪影。最后，在美育的方法层面，卢梭还提出了著名的"生活的教育""适龄的教育""苦难的教育""爱情的教育"等方法。

二是法国杰出的唯物主义哲学家狄德罗（1713—1778）。狄德罗认为唯心主义"唯理论"美学观是站不住脚的，他倡导自由、民主、博爱的新的文化精神的"理性至上"论，提出"关系论"美学观。在具体区分"真实的美"和"相对的美"两种类型的基础上，狄德罗认为"凡是本身含有某种因素，能够在我的悟性中唤起'关系'这个概念的外在于我的美"才是真正的美。"美在关系说"具体包括以下两层内涵：主客体与自然事物之间的审美关系、主客体与社会事物之间的审美关系。这一理论告诉我们，西方审美教育根本上要解决的既不是客体之美，也不是主体之美，而是人与对象的"关系"之美。对此，他强调审美教育应与"真善美紧密结合"，重视审美鉴赏力的培养，充分发挥文学艺术求真扬善的社会教化作用。他把剧院视为净化道德、陶冶心灵的熔炉，"移风易俗"的场所，认为好的喜剧可以在人们的心里撒下德性的种子，能使坏人对自己的罪行以及对别人带来的伤害而感到不安和内疚。在这里，狄德罗不但指出审美教育可以使真善美紧密结合，而且肯定审美教育的感性特点和社会作用，认为审美教育是"引导人们爱道德、恨罪恶的教科书"。此外，他还鼓励艺术家到民间去体验生活，创作出反映新型市民阶级生活和思想的文艺作品，不断提高大众的精神境界。总之，狄德罗的审美教育思想代表着资产阶级第三等级的利益，尽管由于历史原因存在夸大审美

---

① 王滢：《回归自然之境——卢梭自然主义美育思想的内容及其启示》，《武汉理工大学学报》（社会科学版）2014年第5期。

② ［法］卢梭：《爱弥儿》，李平沤译，商务印书馆1978年版，第501页。

教育作用的倾向，但是其中不乏一些颇有建树的观点和主张，至今仍具有重要的意义。

三是德国启蒙思想家鲍姆嘉通（1714—1762）。鲍姆嘉通曾于1735年提出"美学即感性学"的命题，并对审美教育内容进行了充分的揭示。首先，鲍姆嘉通揭示了审美教育的基本性质是感性教育，他指出审美教育的主要内涵是：对作为美的思维对象而出现的事物的审视。其次，他揭示了审美教育作为感性教育的具体任务是激发人的天赋才能。最后，他揭示了审美教育的目的是通过感性教育的途径达到情感培养和提升的目的，即"转化为情感的审美情绪"。"美育即感性教育"思想的提出，不仅有利于厘清审美教育的内涵，而且有利于扭转当前实践中将审美教育智育化的片面倾向，使之回归到感性教育的正途[①]。

四是"审美教育之父"席勒（1759—1805）。在德国，席勒是人类历史上第一个提出"审美教育"概念并加以全面深刻阐释的理论家。针对工具理性膨胀、市场拜物盛行与心理疾患蔓延等各种弊端，席勒也是第一个以审美教育理论为武器，深刻地对资本主义制度分裂人性进行批判的理论家。马克思曾称赞他是"新思想运动的预言家"[②]。席勒最重要的理论贡献在于他以《审美教育书简》为中心，构筑了一个相对完备而新颖的审美教育理论体系。席勒将审美界定为"情感"和"自由"，将审美教育的性质界定为"情感教育"。他认为，现实生活中存在着法则的王国和力量的王国，在法则的王国中人们以法对峙，意志受到束缚；在力量的王国中人们以力相遇，行动受到限制；只有在审美的王国，人们以游戏的方式相处，通过"自由去给予自由"（这种自由有别于康德仅限于精神领域的自由，而是更侧重现实中的追求人性完整和政治解放的人生的自由），情感上才能真正得到愉悦。在审美教育的作用方面，他提出著名的"中介论"，即通过建构一个情感自由的审美王国使其成为沟通感性与理性、自

---

① 曾繁仁：《重评鲍姆嘉滕的"感性教育"思想》，《美育学刊》2010年第11期。

② 中国社会科学院哲学研究所美学研究室编：《美学译文》，中国社会科学出版社1980年版，第4页。

然与人文、知识与道德、感性王国与理性王国的中介①。他曾说："要使感性的人成为理性的人,除了首先使他成为审美的人,没有其他途径。"②他认为,审美教育具有这种中介的作用,不仅能够促进人的身心健康,提高认知水平和审美能力,而且还有助于道德境界的全面提升。在审美教育的手段方面,席勒认为主要是通过美的艺术,即艺术教育来进行的。他认为艺术美是一种克服了质料的形式美,是一种无概念束缚的、纯想象力的自由表现,只有通过这种艺术美的教育,才能使人性由优美升华为崇高,进而达到人性的高尚。席勒审美教育的思想可贵之处不仅在于他第一次明确地提出了"审美教育"的概念并将其界定为人性的自由解放和发展的"情感教育",而且尝试将抽象的思辨带到现实生活之中,第一次提出了现代社会人性改造的重大课题,系统地建构了相对完备的审美教育理论体系,对审美教育的发展具有巨大的影响和启迪作用。

(3)西方近代审美教育思想的启示。系统、深入地研究西方近代审美教育思想,对增强现代思想政治教育中审美教育的实效性是大有裨益的。

首先,尊重教育者和受教育者的主体性。当前,现代化在给社会和人民带来发达文明的同时,也给现代思想政治教育中的审美教育提出巨大挑战。重温卢梭、狄德罗和席勒等人的审美教育思想,无疑会给予我们有益的启示。审美教育过程中必须充分发挥教育者和受教育者的主体性,它包括两个方面:一是尊重教育者的主体地位和主体性,充分发挥其主导作用。教育者应遵循教育规律,不断加强自身审美修养,提升自身的教育能力和教学水平;二是尊重受教育者的主体地位和主体性。应把握以人为本的教育理念,充分调动受教育者的学习兴趣,在提高素养的同时注重满足其审美需求,在引导群众的同时注重服务群众。

其次,注重审美教育的辩证性。集中体现在三个方面:第一,"以美启真",以崇高的精神内容引导受教育者感悟真理,结合娱乐的形式提高受教育者的审

---

① 曾繁仁:《论席勒美育理论的划时代意义——纪念席勒逝世二百周年》,《文艺研究》2005 年第 6 期。

② [德] 席勒:《美育书简》,徐恒醇译,中国文联出版公司 1984 年版,第 116 页。

美兴趣。第二，"以美怡情"，通过美化教育环境加强对受教育者审美情操的陶冶，使受教育者在审美体验中得到美的感官享受，净化心灵，保持心理平衡，愉悦精神、陶冶审美情操。第三，"以美储善"，即通过形象的能够反映时代精神的人、事、物激发人们内心的善，引导人们树立起正确的审美理想和审美观点。总之，教育者应遵循真善美相统一的规律、美的内容与美的形式相统一的规律以及心灵美、语言美、行为美相统一的规律，充分发挥审美教育在启迪心智、陶冶情操、培养理想、塑造人格等方面的重要作用。

最后，激励审美教育过程的情感性。我们从鲍姆嘉通和席勒关于感性教育、情感教育的论述中得知：感性理解并不是对外在世界的被动感知，而是一种包含理解、分析、判断的主动思维过程。因此，从这个角度分析，现代审美教育应把握其教育过程的情感性，充分调动审美情感的积极参与，以美感人、以情动人，从而引导受教育者以审美的高度投入生活，以内心真挚的情感在生活中发现美，理解美，创造美并传播美。

3. 西方现代审美教育的思想及其启示

（1）西方现代审美教育思想。20 世纪以来，西方现代审美教育逐渐向现代的生命美育和生态美育的多样化方向发展。较之传统美育，西方现代审美教育更关注人类的生命活动本体，并试图以人感性的、生命的、生存重构的审美活动去抵御物质世界对人的侵犯，并创造生命的意义。

从某种意义上说，西方现代审美教育思想的人生转向是从德国唯意志主义思想家尼采（1844—1900）开始的。尼采以酒神精神对古希腊文化做了全新的阐释，主张以强力意志反抗生活的痛苦，将审美与人生紧密相连，提出了著名的"艺术是生命伟大兴奋剂"的重要观点。与叔本华的悲观主义和虚无主义不同，尼采认为悲剧艺术是生命成为可能的手段，是求生的诱因，是生命伟大的兴奋剂。换言之，尽管他们都主张审美补偿论，但是尼采更在于对生命的提升与肯定。在《悲剧的诞生》一书中，他就将希腊民族社会的兴衰与其艺术结合起来，具体地探讨了神话和风俗、艺术和民族、悲剧和国家在其根源上是如何必然又紧密地实现连理共生的。

在美国，发端于 19 世纪末 20 世纪初的进步教育运动可以看成是审美教育生活化转向的起点，其代表人物是著名的实用主义哲学家、教育家杜威（1859—1952）。杜威的思想奠定了西方整个 20 世纪广义的人生美育、生命美育的发展之路。在《艺术即经验》一书中，杜威全面论述了艺术与生活、艺术与人生、艺术与科学等一系列重要问题，他将高高在上的艺术拉向社会人生，把经验、美感、教育和艺术联系起来，提出了著名的"艺术生活化"的命题。在审美教育的作用方面，他曾说："这些公共活动方式中的每一个都将实践、社会和教育因素结合为一个具有审美形态的综合整体。它们以最使人印象深刻的方式将一些社会价值引入到经验中"①。"艺术绝不是一个人向另一个人说，只是向人类说——艺术可以说出一条真理，在潜移默化地培育思想。"②等等。这些论述不仅反映了杜威审美教育思想的实用主义倾向，同时也体现出他对审美教育的社会价值和育人价值颇为肯定的基本态度。

在德国，著名的哲学家和美学家马丁·海德格尔（1889—1976）所提出的"此在本体论"的存在论美学思想以及生态审美教育理论，成为新时代生态美育的旗帜之一。海德格尔以诗性思维代替技术思维、以生态平衡代替人类中心、以诗意栖居代替技术栖居，认为美与艺术的本源是"存在由遮蔽到解蔽的自行显现"，人应该"诗意地栖居于这片大地上"，在突破人类中心主义束缚的基础上提出了"天地神人四方游戏说"。其中，海德格尔提出的"人诗意地栖居于这片大地上"的审美理想，既是指艺术应该使人营造优美的生活家园，又是指艺术能使人回到自己的精神家园。因此，这里所谓的"诗意地栖居"与当下"技术地栖居"相对立，只有抛弃"技术地栖居"，才能实现人的自由解放和美好生存。由此可见，在海德格尔的生态审美教育理论中，诗性思维、生态平衡、诗意栖居和美的境界都是同格的。他的这一思想极大地突破了审美教育在内容纵深度、艺术本质、审美观念的既有程度，是传统审美教育转向现代生

---

① [美] 杜威:《艺术即经验》，高建平译，商务印书馆 2005 年版，第 364 页。

② [美] 杜威:《艺术即经验》，高建平译，商务印书馆 2005 年版，第 387 页。

态审美教育的标志之一。

在苏联，著名的教育家苏霍姆林斯基（1918—1970）更是在实践的基础上不断探寻着审美教育大众化的发展之路。苏霍姆林斯基认为，共产主义教育的最高目标就是培养全面和谐发展的人，而审美教育最重要的任务就是要教会群众善于感受、理解、珍惜和创造美。在《帕夫雷什中学》一书中，他曾明确地指出，审美教育的任务是教会受教育者能从周围世界（人们关系、艺术、大自然）的美中看到精神的高尚、善良、真挚，并以此为基础确立自身的美。[①] 他还认为，在群众的精神生活中，把审美、情感和道德诸因素统一起来，具有极其重要的意义。它不仅可以触动受教育者心灵最隐秘的角落，而且能够培养高尚的道德情操，净化灵魂，使受教育者成为豁达勇敢、热情诚恳、心地善良的人。"对于青年而言，共产主义思想本身就是一种崇高的美"，因为人在青年时代对美好事物的追求"比任何时期都更多地同高尚的道德言行结合在一起"，正是在对美好、高尚、英勇、有趣的事物的感悟和追求的过程之中，人们的心灵才被不断地满足和净化，行为美才得到不断的肯定和鼓励。除此之外，他还提出了审美教育的多种具体方法，例如在自然中寻找美、创造优美环境，在劳动中感受创造美的基本途径，以及组建合唱、舞蹈、话剧、绘画等业余文化小组的具体方法。总之，苏霍姆林斯基的审美教育思想的理论基础、基本内容、原则方法都具有积极进步的因素，对现代思想政治教育中的审美教育具有直接的启示作用。

（2）西方现代教育中的审美教育思想。20世纪以来，西方由工业社会进入信息社会，文化也由一元到多元，呈现出诸多后现代社会的状况。在这种情况下，教育也处于剧烈变动的态势之中，专才与通才、智商与情商、科技与人文的矛盾日益尖锐，于是出现了形态多样的教育理念和实践，而审美教育始终是贯穿其间的重要元素。

其一，罗恩菲尔德"人格和创造力培养"理论中的审美教育思想。罗恩菲

---

① 李范：《苏霍姆林斯基论美育》，湖南人民出版社1984年版，第7页。

尔德的审美教育思想不同于杜威强调社会功效的实用主义理论，它突出的是艺术教育的自律功用，强调审美教育自身在人成长中的决定作用。在经历了残酷的第二次世界大战之后，罗恩菲尔德更深切地体会到，"审美教育对我们的教育系统和社会的主要贡献，在于强调个人和自我创造的潜能，尤其在于艺术能和谐地统一成长过程中的一切，造就出身心健全的人"①。可以看出，培养和造就"身心健全的人"，在他看来是艺术教育对教育系统和社会的"主要贡献"。此外，罗恩菲尔德还提出艺术教育应以儿童为中心，以自我表现为基础的教育理论，他的有关健全人格、创造力的培养、艺术教育的治疗作用、审美教育与儿童成长的关系以及艺术评价等理论都包含着丰富的内涵，具有重要的学术价值，对审美教育的实施具有有益的参考价值。

其二，加德纳"多元智能"理论中的审美教育思想。"多元智能"的观点是1993年霍华德·加德纳针对传统智商理论的弊端提出的，所谓"多元智能"理论，亦称作 MI（Multiple Intelligence）理论，是指"在一个或多个文化背景中被认为是有价值的、解决问题或制造产品的能力"②。加德纳认为，在正常人身上至少拥有语言智能、数学逻辑智能、音乐智能、定向智能、人际关系智能、自我认知智能和身体运动智能七种相对独立的智能形式，而且每种智能最初都是以生理潜能为基础，是生理心理的产物和认知的来源。通过将这一理论运用于教育实践，加德纳主张摒弃单一的应试教育，倡导多元的素质教育，充分体现了时代发展的迫切要求。因此，"多元智能"理论同审美教育便有了密切的关系，加强审美教育是素质教育的题中应有之义。从这个角度上看，"多元智能"理论不仅有助于促进现代审美教育理论的发展，而且也能为现代思想政治教育中审美教育的研究提供新的方法和理论支撑。

其三，戈尔曼"情商"理论中的审美教育思想。面对美国社会在世纪之交出现的众多精神危机问题，在基于对青年一代的深切关怀之上，美国行为

① ［美］罗恩菲尔德：《创造与心智的成长》，王德育译，湖南美术出版社1993年版，第10页。
② ［美］霍华德·加德纳：《多元智能》，沈致隆译，新华出版社1999年版，第90页。

与脑科学专家戈尔曼提出"情商"与情感教育理论。戈尔曼认为，所谓"情商"，也被称为情感智商，包含了热忱、坚持、自制以及自我驱动、自我鞭策的能力。[①] 它虽是人的一种情感力量，但"情商"却不是通常意义上的失去控制的情感，而是一种受理性制约的情感，是感性和理性的一种平衡器。它包括了解自我、管理自我、自我激励、识别他人情绪和处理人际关系五个方面。在戈尔曼看来，提高人的情商对于有效解决伦理道德问题是大有裨益的，因为伦理道德中自制和同情这两个最基本的能力都根植于情商。自制是控制冲动的能力，而同情则是一种基于利他主义的觉察、辨认、理解和关怀他人情感的能力，从这个意义上讲，"情商"也就是人格，情感教育也就是一种人格教育。从内涵来看，尽管戈尔曼的"情商"与情感教育理论同审美教育有着明显的区别，但它们毕竟均属于"素质教育"的范畴，具有共同性，"情商"理论能够对审美教育的研究起到重要的理论支撑作用。例如，在脑科学的研究方面，审美教育就能从"情商"理论关于人脑活动生理机制的研究中受到启发。

纵观西方审美教育思想的发展历程，西方审美教育思想经历了一个从萌芽到初步形成再到多元化发展的循序渐进的过程；审美教育功能也经历了一个从培养"城邦的保卫者"到虔诚的"基督教信徒"再到涵养德性、完善人性的过程；审美教育内容经历了一个由整体到分化再到综合的否定之否定的历程；审美教育的方法也经历了一个由注重教育主体到侧重教育客体的主动体验，再到教育主客体双向互动的过程。

（3）西方现代审美教育思想的启示。系统、深入地研究西方现代美育思想，对增强现代思想政治教育中审美教育的时代性和包容性具有借鉴意义。

首先，提高审美教育的思想性。审美教育是一种陶冶性情，净化心灵的情感教育，它以培养中国特色社会主义事业的合格建设者和可靠接班人为己任，通过传播历史积累和凝练的审美经验和优秀成果，培养人们崇高的审美理想，

---

① [美] 丹尼尔·戈尔曼：《情感智商》，耿文秀、查波译，上海科学技术出版社 1997 年版，第 179 页。

使个体由"自然人"上升为"道德人",从而塑造健全人格,实现社会的稳定和进步。从内容层面看,审美教育应根据不同历史时期社会的客观实际需要和广大人民群众的精神文化需求,坚持进行马克思主义的思想理论教育和审美观教育,不断提高人们的思想道德素质和审美素质。

其次,增强审美教育的生态性。生态环境是人类赖以生存的基本条件,但随着人类中心主义的泛滥,人类与自然之间的关系却日益恶化。摈弃人类的私欲,回归自然,尊重大自然中存在的生命,在审美实践中培养个体的生态审美意识和行为,构建和谐的生态家园,应该始终是当代审美教育的追求目标。①为了实现海德格尔"诗意栖居在这片大地上"的审美理想和"美丽中国"的现实召唤,现代思想政治教育中的审美教育更应该不断丰富和拓展教育内容,加快生态美育的普及,增强人们的环保意识。

最后,激发审美教育的创新性。创新是审美教育的本质要求,走在时代前列是审美教育的生命力之所在,不断赋予审美教育以鲜明的时代特征、时代内容,是增强其生机与活力的关键。与时俱进、改革创新是审美教育创新性的本质内涵,其实质是现代思想政治教育中审美教育的创新发展与科学发展。在经济全球化、政治多极化、文化多元化的时代背景下,审美教育的创新性集中体现在进一步保持审美教育内容的时代感和现实性,增强审美教育的亲和力,提高教育效果的实效性等方面。在我国,伴随着改革开放的全面深入,社会生活的现状和社会成员的思想发生了复杂而深刻的变化,也给现代思想政治教育带来了很多新情况与新问题。因此,审美教育要注重根据国际国内政治经济形势的变化,结合受教育者特点的变化及时进行丰富和调整。具体而言,既要坚持和维护社会主义主流意识形态的主导地位,又要用宽阔的世界眼光和开放的全球意识,借鉴和吸收人类文明的优秀成果;既要继承传统思想文化的精华,又要体现新形势对社会成员素质的新要求;既要关注时代热点和社会矛盾焦点问

---

① 王滢:《回归自然之境——卢梭自然主义美育思想的内容及其启示》,《武汉理工大学学报》(社会科学版)2014年第5期。

题，从现实中提炼鲜活、优美的教育资源，又要善于运用新的信息传播方式向受教育者传达新信息、传递新观念、传授新知识，培育和践行社会主义核心价值观，使审美教育永葆生机与活力。

第二节　审美教育的理论基础

马克思主义的诞生，为科学建构现代思想政治教育中审美教育的理论体系提供了坚实的理论基础。马克思主义经典作家并没有专门的著作和文章直接论述审美教育，但是，他们在论述无产阶级革命、教育和文艺创作的过程中，对审美教育的一些相关理论问题做了极为深刻的论述。他们所提出的新的世界观和新的教育观，为审美教育的发展奠定了科学的理论基础。

一、马克思主义经典作家关于审美教育的思想

（一）马克思、恩格斯的审美教育思想

马克思、恩格斯在参加和指导无产阶级争取自身解放的运动与实现其阶级使命的进程中，创立了辩证唯物主义和历史唯物主义的世界观和方法论，不仅实现了哲学领域的根本变革，而且对审美教育作了系统的哲学论证。马克思就曾一度对美学问题进行过深入的研究，并曾几次打算撰写关于美育方面的著作，但繁忙的无产阶级革命工作，使他的这一愿望未能实现。但是这并不等于马克思、恩格斯没有系统的审美教育思想，恰恰相反，在其卷帙浩繁的著作、手稿和书信中所表述的审美教育思想，与他们的哲学、政治经济学、科学社会主义一起有机地构成了马克思主义博大精深的科学理论体系。马克思、恩格斯关于审美教育的思想非常丰富，不仅表现在他们所创立的科学世界观之中，还表现在对审美教育的本质、立场、目标、内容、方式等方面的概括和论述之中。

在审美教育的本质方面，在批判将美归结为精神或者物质的观点基础上，马克思认为美是人类社会实践的产物。他认为，整个社会的历史是"人通过人的劳动而诞生的过程"①，而美作为主观与客观、社会性与客观性相互统一的社会关系，是人在社会审美实践的基础上按照"美的规律"所创造出来的，换言之，是人类的"劳动创造了美"。马克思指出，人类的生产与动物的生产的本质差异就在于，动物的生产是片面的，而人的生产是全面的；动物只是按照它所属的那个种的尺度和需要来构造，而人却懂得按照任何一个种的尺度来进行生产，并且懂得怎样处处都把固有的尺度运用于对象；因此，人按照美的规律来构造②。在《自然辩证法》中，恩格斯也同样深刻地揭示了劳动创造了人以及人的审美能力的发展与劳动实践的密切关系。这一思想为审美教育奠定了稳固的基石，作为人类社会劳动的一种具体形式，审美教育也是一种"建造"，也应遵循"美的规律"，即在审美教育实践活动中把理智教育和伦理教育所追求的外在目的升华为人全面发展的目的，这种将外在实用目的向以人自身为目的的转变，实现了合目的性与合规律性的统一③。因此，在审美教育中，不能单纯地强调教育内容的客观外在美或受教育者感受的主观体验美，而应注重在审美实践的基础上，对包括教育主体、教育载体、教育客体、教育介体、教育环体在内的整个审美教育理论体系的科学构建。在遵循"美的规律"的基础上，把科学的真、道德的善、情感的美有机地统一起来，使受教育者能够进行主动、自觉的自我教育。

在审美教育的立场方面，坚持文艺属于人民的基本原则。如何使审美文化能够真正为人民服务，使其真正地成为人民的事业，是马克思主义审美观与其他阶级审美观的根本区别。对此，恩格斯曾明确地提出，"文艺属于人民"的指导思想，并且曾高度肯定德国民间文学作品，因为它可以成为人民认清自己

---

① 王向峰编：《文艺美学辞典》，辽宁大学出版社1987年版，第952页。

② 《马克思恩格斯选集》第1卷，人民出版社2012年版，第57页。

③ 杨杰：《主动性与受动性：美育自由本质的表现》，《西北师范大学学报》（社会科学版）2005年第12期。

的力量、自己的权利和自由，激起人民的勇气，唤起人民爱国之情的重要对象，并认为只有在社会主义社会，在所有的人实行合理分工的条件下，大规模生产才能充分满足全体社会成员富裕的消费和造成充实的储备，并且每个人才能都有充分闲暇时间从历史上遗留下来的文化——科学、艺术、交际方式等——中间承受一切真正有价值的东西。① 这一观点不仅为文艺创作带来巨大的推动力，而且更进一步明确和坚定了审美教育的根本立场。

在审美教育的目标方面，马克思、恩格斯科学地揭示了人的本质，并提出培养全面发展的一代新人的理论。马克思认为："人的本质不是单个人所固有的抽象物，在其现实性上，它是一切社会关系的总和。"②1847 年 10 月，恩格斯在《共产主义原理》中指出，"由整个社会共同经营生产和由此而引起的生产的新发展，也需要完全不同的人，并将创造出这种人来"③。于是，马克思就把包括审美教育在内所有的教育方式提升到人类发展的历史必然性的高度，指出共产主义社会需要培养一种全新的人，无产阶级教育的目标应该是培养出全面发展的一代新人。对此，1866 年马克思在《临时中央委员会就若干问题给代表的指示》一文中曾提出，我们把教育理解为以下三件事：第一，智育。第二，体育，即体育学校和军事训练所教的内容。第三，技术培训。④ 这是否就说明在马克思的教育思想中没有美育观呢？或者在教育中不应该有审美教育呢？一种观点认为要结合当时的历史条件加以分析。因为当时无产阶级在尚未掌握政权的条件下，马克思主义创始人既要为工人阶级争取受教育的权利，又要力求工人及其子女免受资产阶级教育和思想的精神毒害，因此，马克思的这一教育思想是特定社会历史条件下的产物。另一种观点认为，马克思、恩格斯所说的智育，原文是"mental education"，而不是"intelligence education"，被

---

① 马克思、恩格斯：《马克思恩格斯论艺术》，曹葆华等译，中国社会科学出版社 1982 年版，第 401 页。

② 《马克思恩格斯选集》第 1 卷，人民出版社 2012 年版，第 135 页。

③ 《马克思恩格斯选集》第 1 卷，人民出版社 2012 年版，第 307 页。

④ 《马克思恩格斯全集》第 21 卷，人民出版社 2003 年版，第 270 页。

翻译为"心智教育""精神教育"或"智能教育"更为恰当。相比之下，前者更加广泛，含有"心""情感""精神""智能"的意思，所以，应该包括美育和德育在内。① 此外，尽管马克思在对教育思想的表述中没有直接提出"审美教育"这个名词，但事实上，我们应该看到这份马克思起草的《临时中央委员会就若干问题给代表的指示》并不是系统地阐述其教育主张的，而是着重从提高劳动生产力质量这个角度来论述体力与智力的全面发展的。因此，从这个角度上看，也正恰恰体现了马克思、恩格斯关于培养全面发展的一代新人的教育目的。马克思、恩格斯所提出的关于人全面发展的学说，为无产阶级审美教育事业的发展提供了科学指南。

在审美教育的内容方面，马克思主义经典作家极大地拓展了审美教育的领域。首先，他们从无产阶级革命实践和人类生产劳动领域去深刻理解审美教育的科学本质，而不是将其仅仅局限在艺术教育和艺术欣赏的范围。恩格斯曾说："大自然是宏伟壮观的……但是我觉得，历史比起大自然甚至更加宏伟壮观。"② 马克思也曾说过，革命是历史的火车头，而且它在迅速地教导人们。其次，马克思还在实践的基础上提出"人化的自然"和"自然的人化"的理论，从辩证唯物主义的角度奠定了自然美教育的理论基石。在马克思、恩格斯看来，人和动物的本质区别在于人是社会的产物，并具有自由自觉的主观能动性，人类面对现实世界不是消极地接受，而是可以主动地认识和改造现实世界。通过人类的社会实践活动，对对象进行加工改造，使对象成为人的创造物和人的本质力量的确证，进而使整个自然和社会生活的客观存在发生根本变化。从主体的角度而言，这是"人的本质力量的对象化"；从客体的角度来说，这是"人化的自然"。再次，马克思、恩格斯还从社会历史发展的角度，通过考察物质生产和艺术生产的关系，提出许多关于艺术美教育的精辟观点。马克思从主体思维的角度，肯定了艺术掌握世界的方式。艺术是人类所特有的不同

① 张文郁、傅统先：《教育哲学》，山东教育出版社 1986 年版，第 125 页。
② 《马克思恩格斯全集》第 39 卷，人民出版社 1974 年版，第 63 页。

于哲学的、宗教的、精神的掌握世界的一种方式。因为人们能够在社会实践的基础上产生审美感觉，形成美感，所以，以文艺为中心的美感教育在马克思看来就显得十分重要。他认为，艺术对象创造出懂得艺术和能够欣赏美的大众。① 因为，对于没有音乐感的耳朵来说，最美的音乐也毫无意义。最后，马克思、恩格斯在历史唯物主义的基础上提出劳动美育。当生产劳动真正成为解放人的手段的时候，生产劳动就从一种负担变成一种快乐。"在再生产的行为本身中，不但客观条件改变着……而且生产者也改变着，他炼出新的品质，通过生产而发展和改造着自身，造成新的力量和新的观念，造成新的交往方式，新的需要和新的语言。"② 劳动创造了美，美化了自身并创造了整个世界。热爱劳动，甘于奉献既是一种心灵美和行为美，也应成为审美教育基本内容的一个重要组成部分。

在审美教育的方式层面，马克思、恩格斯将审美教育历史地实践在无产阶级身上，通过对大量文艺作品和思想的评析，引导无产阶级在艺术鉴赏中确认和显示自己作为人的尊严和阶级力量，进而实现无产阶级的历史使命。他们认为，审美教育既是人类认识和改造世界的一种必要手段，也是人类在审美实践中获得教育并将其理论成果代代相传的一条基本途径。通过无产阶级艺术感受力的提高，进而引导无产阶级走入创作实践，使他们成为"艺术地把握世界"的主体力量。除传统的娱乐活动、文艺欣赏、音乐、绘画、语文教育、参观各种展览会以外，他们还主张受教育者应该亲自体会群众运动的蓬勃激情，领略蕴藏其中的历史首创精神，在深刻的社会斗争实践中获得更深刻的美感体验和思想洗礼。

总之，马克思、恩格斯关于审美教育的思想十分丰富，这些思想既包含在马克思主义科学理论体系之中，也包含在他们对审美教育的论述中。马克思、恩格斯的审美教育思想为现代思想政治教育中的审美教育提供了理论基础和方法论。

---

① 《马克思恩格斯选集》第 2 卷，人民出版社 1972 年版，第 95 页。
② 《马克思恩格斯全集》第 30 卷，人民出版社 1995 年版，第 487 页。

（二）列宁的审美教育思想

列宁在对资产阶级审美教育思想进行批判的同时，对社会主义社会的审美教育进行了深入的思考，特别是在俄国十月社会主义革命取得胜利后无产阶级取得政权的历史条件下，列宁根据苏维埃社会主义共和国的具体情况，对社会主义审美教育的理论和实践进行了系统的探索，提出了一系列审美教育的基本原则和方法。

1. 明确了审美教育的社会主义思想政治方向

资产阶级的虚伪性在于一方面向受教育者大量灌输充斥着资产阶级偏见的价值观念，另一方面却鼓吹所谓"不要功利主义""为艺术而艺术"等反动言论。对此，列宁在一针见血指出其虚伪性的同时，在 1905 年发表的《党的组织和党的出版物》一文中又指出：社会主义文艺必须由无产阶级政党来领导，文艺是社会主义事业不可分割的重要组成部分。另外，列宁还非常爱护和关怀无产阶级的文艺工作者。他曾在《列·尼·托尔斯泰是俄国革命的镜子》《托尔斯泰和无产阶级斗争》《列·尼·托尔斯泰和现代工人运动》等文章中高度评价并深刻分析了批判现实主义作家托尔斯泰的艺术成就，肯定了这位伟大艺术家的历史地位；他还亲自给高尔基写信，并赞誉其为"无产阶级艺术最杰出的代表"。可见，列宁是在领导社会主义文学和教育事业的实践中，不断明确审美教育的社会主义思想政治方向的。

2. 强调了审美教育应坚持服务群众的基本原则

列宁认为，审美教育必须深深扎根于广大群众之中，坚持从无产阶级的世界观、人生观和价值观出发教育引导人民，应该为千千万万劳动人民服务。"必须学会为他们打算"，"必须经常把工农放在眼前"①。他认为群众的一般文化水平的提高可以奠定一个稳固而健全的基础，能够为艺术、科学和技术的发展提

---

① 列宁：《列宁论文学与艺术》，人民文学出版社 1983 年版，第 435 页。

供强大且取之不竭的力量。① 作为一项群众的事业，审美教育应时刻将满足、提高群众的审美文化需求视为己任，用群众喜闻乐见的文艺形式，教育和引导人民。

3.丰富了审美教育的理论知识和实践锻炼相统一的基本方法

列宁认为，单单学习共产主义理论和审美文化知识是远远不够的，还必须把对马克思主义理论、共产主义知识、科学文化知识的学习同实际生活斗争结合起来，同现实的共产主义建设结合起来，才能更好地完成学习任务。他进一步指出：年轻一代的教育应和生产劳动相结合。没有同时进行教学和教育的生产劳动或是脱离生产劳动的教学和教育，都不能达到现代技术水平和科学知识现状所要求的高度。② 因为在实际生活和现实斗争中，青年获得了共产主义的生活经验和审美实践的经验，才能被培养成真正的共产主义者。③

总之，列宁关于无产阶级在夺取政权以后的社会主义建设进程中如何进行共产主义审美教育的思想是非常丰富的，这些思想为现代思想政治教育中的审美教育提供了理论基础和方法论。

（三）斯大林的审美教育思想

斯大林运用唯物史观精辟地论述了文艺与政治、文艺与教育、文艺与经济的辩证关系，他强调了革命文艺的社会作用，指出文艺的重要任务之一就是正确而全面地认识苏维埃革命和建设过程中所取得的成绩和存在的不足，指出审美教育应该努力担负起正确引导人民特别是教育青年的光荣使命。要"采取有组织地从思想上（以及从其他一切方面）进行诱导的办法来竭力减少灰心者、叫苦者、怀疑者等等的人数"④，不断鼓舞全体苏联人民的斗志和爱国主义热情，使他们具备能够正确区分正义战争和非正义战争的是非判断力，进一步揭

---

① 列宁:《列宁论文学与艺术》，人民文学出版社 1983 年版，第 435 页。

② 《列宁全集》第 2 卷，人民出版社 2013 年版，第 463—464 页。

③ 《列宁选集》第 4 卷，人民出版社 1995 年版，第 294 页。

④ 《斯大林选集》下卷，人民出版社 1979 年版，第 235 页。

露资产阶级和平主义者妄图通过渲染战争恐怖而实现麻痹、欺骗人民群众的政治阴谋。

尽管斯大林在领导苏联文艺的过程中曾出现过忽视人的思想教育规律和审美教育基本规律的失误，但从总体上来看，他对丰富和完善马克思主义审美教育思想作出了重大贡献。因此，他的审美教育思想作为马克思主义文艺遗产的重要组成部分，对苏联和全世界无产阶级的审美教育事业的发展具有重要的指导意义。

二、中共历届领导集体对审美教育的理论贡献

中国共产党的历届领导集体都十分重视审美教育，关心青年一代思想道德素质和审美素质的提高，并把审美教育作为培养中国特色社会主义事业合格建设者和可靠接班人的重要途径，提出了许多关于审美教育的重要思想，在新的历史条件下，既对丰富、完善和发展马克思主义审美教育思想作出了重大的理论贡献，又为现代思想政治教育中的审美教育提供了理论基础和方法论。

（一）新中国成立到党的十一届三中全会审美教育的理论探索

新中国成立之初，经济上百废待兴；政治上着重防止资产阶级思想侵蚀；教育上着力肃清旧体制遗留下来的不符合社会发展的思想。在这种形势下，思想政治教育工作主要结合党的工作任务展开。以毛泽东同志为核心的党的第一代中央领导集体在长期的革命和建设过程中，将马克思列宁主义原理与中国传统审美教育思想及中国革命实践相结合①，汲取和创造性地发展了马克思主义的审美教育思想，初步开创了具有中国特色的马克思主义美育观。

以毛泽东同志为核心的党中央不仅高度重视经济建设，而且注重审美教育

---

① 杨茜：《中国共产党领导核心的先进文化思想研究》，河北大学博士学位论文，2011年。

发展。1951年3月，新中国第一次全国教育工作会议提出："普通中学的宗旨和教育目标是使青年一代在智育、德育、体育、美育各方面获得全面发展，使之成为新民主主义社会自觉的积极的成员。"①1954年2月，周恩来同志在政务会议上提道："我们向社会主义、共产主义社会前进，每个人要在德、智、体、美等方面均衡发展。"②1955年5月，国务院在全国文化教育工作会议中指出："提高中小学教育的质量必须贯彻全面发展的方针，注意学生的智育、德育、体育、美育，同时有步骤地实施基本的生产技术教育。"③1963年7月20日，周恩来同志在北京市高等学校应届毕业生大会上，作了题为《全面发展，做有社会主义觉悟的有文化的劳动者》的报告，他指出："应该学一点革命文艺，增强个人修养，培养共产主义道德和无产阶级战斗精神……这不能仅仅当做一种文化娱乐来看待，因为通过这种活动可以培养我们的革命品质和共产主义道德。文艺修养和一个人的思想感情和道德品质是很有关系的。"④可见，在审美教育目的方面，应着力培养社会主义改造和建设所需人才。

毛泽东的审美教育思想是马克思列宁主义审美教育思想与中国传统审美教育思想及中国革命实践相结合的产物，⑤它主要包括审美教育目的、立场、内容、实施原则等方面。

在审美教育目的方面，毛泽东明确指出文艺从属于政治，文艺应为党在一定历史时期的革命任务服务。作为文化战线上一支必不可少的革命军队，革命文艺应成为团结人民、教育人民、打击并消灭敌人的有力武器。广大文艺工作者应通过文艺作品热情地赞扬人民群众的斗争精神，教育农民和小资产阶级，

① 中央教育科学研究所编：《中华人民共和国教育大事记（1949—1982）》，教育科学出版社1983年版，第38页。

② 何东昌主编：《中华人民共和国重要教育文献（1949—1975）》，海南出版社1998年版，第141—142页。

③ 北京师范大学教育科学研究院：《中小学教育政策法令选编（1949—1966）》，北京师范大学出版社1979年版，第725页。

④ 中央教育科学研究所编：《周恩来教育文选》，教育科学出版社1984年版，第206页。

⑤ 杨茜：《中国共产党领导核心的先进文化思想研究》，河北大学博士学位论文，2011年。

帮助他们摆脱背上的包袱，使他们团结一心，同心同德，努力奋斗并取得不断的进步。在毛泽东文艺思想的指导下，当时的文艺创作和宣传教育活动目标明确，充分发挥了思想动员和鼓舞士气的重要作用，最终实现了团结和教育人民、打击并消灭敌人的教育目的。

在审美教育的立场方面，毛泽东提出了著名的"文艺为人民大众服务"的思想，确立了人民本位的美育价值观，为延安和新中国的美育事业的发展指明了方向。在1942年5月发表的《在延安文艺座谈会上的讲话》的结论部分，毛泽东强调我们的文艺，要为占全人口90%以上的工人、农民、士兵和城市小资产阶级服务，就是最广大的人民大众服务，革命文艺必须站在无产阶级的立场之上，为工农兵而创作，为工农兵所利用的。① 关于"文艺为人民大众服务"的审美教育立场决定了社会主义美育的基本价值取向，毛泽东从当时中国的实际国情出发，坚持了马克思主义文艺属于人民、审美教育必须根植于人民群众的无产阶级立场。

在审美教育的内容方面，以毛泽东同志为核心的党的第一代中央领导集体强调理想美教育、情感美教育和文艺美教育。② 其一，以理想之美育人。毛泽东坚持共产主义理想育人，坚持审美与道德修养的统一，通过言教与身教引导人们树立远大的共产主义理想，鼓励人们在革命和建设中积极投身社会主义和共产主义事业。张思德、焦裕禄、雷锋、王进喜等都是这一时期所树立的模范典型，这些高尚的、纯粹的、有道德的、脱离了低级趣味的、有益于人民的人物产生了巨大的精神感召力，深深打动和感染了一代代的中国人，也更加坚定了人们对实现共产主义理想的信心。其二，以情感之美育人。毛泽东不仅是伟大的军事家、政治家和思想家，而且是卓越的诗人。毛泽东的诗词作品既体现了对祖国大好山川的赞美之情、对亲人、对战友的热爱之情、对革命斗争必胜的乐观之情，也充分地表达了对封建腐朽势力、国内外反动势力和一切敌对势

---

① 《毛泽东选集》第三卷，人民出版社1991年版，第863页。

② 顾昭明：《毛泽东美育思想及特点》，《高校理论战线》2012年第9期。

力的憎恨之情。他将真挚情感通过优美生动的诗词形象地展示出来，不仅端正了人们的思想，而且提升了人们的文艺修养，陶冶了人们的情操，达到了很好的审美教育效果。其三，以文艺之美育人。毛泽东指出必须废止洋八股，必须使教条主义休息，少唱空洞抽象的调头，他鼓励文艺工作者根据实际生活创造出新鲜活泼的、为中国老百姓所喜闻乐见的文艺作品，推动人民群众走向团结和斗争。① 针对当时人民群众的文化水平，毛泽东认为图画宣传最能激励工农群众，因为"画是最通俗的，因之也是最能接近大众的"②。基于这种认识，1926 年 5 月，毛泽东在广州举办农民运动讲习所时专门设置了"革命画"的课程，主张运用革命画这一思想武器进行宣传和教育，启发人民群体的阶级觉悟，发动人民群众勇敢斗争。总之，毛泽东的审美教育思想博大精深，其崇高的理想美、丰富的情感美、生动的文艺美的教育内容借助人民群众喜闻乐见的文艺载体，切实提高了人民群众明辨真假、善恶、美丑的能力，有效地传播了共产主义的理想和信念，极大地调动了人民群众在革命和建设中的积极性。

在审美教育的实施原则方面，毛泽东主张理论与实际相结合、革命的内容与尽可能完美的形式相结合的原则。他曾在《改造我们的学习》一文中深刻剖析了主观主义和教条主义的实质、表现和危害，并向全党提出了坚持马列主义普遍真理与中国革命的具体实际相结合的基本原则。毛泽东曾用"实事求是""有的放矢"等中国古代成语，深刻地阐明了马克思列宁主义学风的实质和表现，提出"没有满腔的热忱，没有眼睛向下的决心，没有求知的渴望，没有放下臭架子，甘当小学生的精神，是一定不能做，也一定做不好的"③。他还用"墙上芦苇""山间竹笋"形象地比喻脱离了中国革命实际，空洞地进行理论研究的人，指出革命文艺家只有坚持将理论和实际相统一，了解工农兵的思想实际，和工农兵大众的思想感情打成一片，才能避免"头重脚轻根底浅"和

---

① 《毛泽东选集》第三卷，人民出版社 1991 年版，第 861 页。
② 刘云：《中央苏区文化艺术史》，百花洲文艺出版社 1998 年版，第 563 页。
③ 《毛泽东选集》第三卷，人民出版社 1991 年版，第 790 页。

"嘴尖皮厚腹中空"的危害。① 只有长期地无条件地全心全意地到工农兵群众中去,在火热的斗争实践中观察、体验、研究、分析一切人和阶级,一切原始的文艺资料,一切生动的生活形式和斗争形式,才能进入创作过程。② 此外,毛泽东同志指出审美教育必须遵循革命的内容和尽可能完美的形式相结合的实施原则。毛泽东从不孤立地谈美或艺术,他始终把美与思想教育联系在一起,力求两者的统一。他认为:艺术家应将为人民创作的革命动机和良好的审美效果统一起来,实现"政治和艺术的统一,内容和形式的统一,革命的政治内容和尽可能完美的艺术形式的统一③"。文艺作品既不是自然形态的粗糙的东西,也不同于哲学讲义,而是作者将对生活的认知、理解、信念寓于形象之中,通过形象激发人民群众的情感,满足人民群众的审美需求,使其在娱乐中接受教育。④

然而,1957 年后我国审美教育的发展进入较为曲折的阶段。1957 年,毛泽东指出:"我们的教育方针,应该使受教育者在德育、智育、体育几方面都得到发展,成为有社会主义觉悟的有文化的劳动者。"⑤ 由于将"五育"调整为"三育",导致一段时间内审美教育思想和建设相对停滞。"文化大革命"十年浩劫时期,教育成为阶级斗争的工具,在林彪、江青等人极"左"思潮的煽动下,无数中外文艺著作、字画、古迹被毁坏,政治牢牢禁锢着人们的思想,大量的文艺创作在这种环境中无法自由地进行,为数众多的教师受到批斗和迫害,"不仅造成科学文化的教育质量惊人下降,而且严重地损害了学校的思想政治教育,败坏了学校纪律,腐蚀了社会主义社会的革命风气"。⑥ 因此,这

---

① 《毛泽东选集》第三卷,人民出版社 1991 年版,第 800 页。
② 冯宪光:《毛泽东与人民美学》,《文艺理论与批评》2003 年第 11 期。
③ 《毛泽东选集》第三卷,人民出版社 1991 年版,第 869 页。
④ 周怡:《民族大众的方向与革命实践的精神——毛泽东美育思想略论》,《济南大学学报》2000 年第 10 期。
⑤ 何东昌主编:《中华人民共和国重要教育文献(1949—1975)》,海南出版社 1998 年版,第725 页。
⑥ 《邓小平文选》第二卷,人民出版社 1994 年版,第 105 页。

一阶段审美教育的理论成果并不丰富。

（二）党的十一届三中全会到十三届四中全会审美教育理论形成

我国进入改革开放初期之后，美育事业的建设重回正轨，以邓小平同志为核心的党的第二代中央领导集体将马克思主义与中国改革开放和社会主义现代化建设实践相结合，解放思想、实事求是地继承和发展了毛泽东思想，对现代思想政治教育中的审美教育思想理论作出重要贡献。1983 年教育部召开专家论证会，确定将思想政治教育学科命名为"思想政治教育学"，专业名为"思想政治教育专业"，并委托武汉大学、复旦大学等高校编写教材并开始招生。1986 年 3 月，《关于第七个五年计划的报告》明确指出，各类学校必须认真贯彻德智体美全面的教育方针，美育被重新列入国家教育方针当中。这一时期审美教育的理论得以重构，具体体现在：

提出培育"四有"新人是包括审美教育在内的社会主义精神文明建设的根本目标。1982 年 7 月，邓小平明确提出了培育"四有"新人的理论。邓小平说："搞社会主义精神文明，主要是使我们的各族人民都成为有理想、讲道德、有文化、守纪律的人民。"①"四有"新人理论从理想、道德、文化、纪律等方面深刻阐释了社会主义公民应当具有的基本素质，它是社会主义精神文明的根本目标，当然也是审美教育的根本目标。

坚持以不断满足人民群众精神文化需求为审美教育的价值取向。邓小平同志根据我国社会主义改革开放所面临的新情况、新特点、新任务，在继承和创新毛泽东审美教育思想的同时，坚持将满足人民群众精神文化需求作为审美教育矢志不渝的价值取向。"我是中国人民的儿子，我深情地爱着我的祖国和人民。""人民是文艺工作者的母亲。一切进步文艺工作者的艺术生命，就在于他们同人民之间的血肉联系……人民需要艺术，艺术更需要人民。"②他鼓励广大

---

① 《邓小平文选》第二卷，人民出版社 1994 年版，第 408 页。
② 《邓小平文选》第二卷，人民出版社 1994 年版，第 211 页。

文艺工作者要多创作出能够振奋人民和青年的革命精神的、推动人民勇敢献身于祖国各个领域的建设和斗争的、具有强大鼓舞力量的作品，塑造并表现出四个现代化建设的创业者的高尚情操和革命理想、创造能力和科学态度、宽阔眼界以及求实精神的崭新面貌。① 他指出，社会主义文艺必须从人民中吸收营养，从人民群众的生活中汲取语言、题材和情节，用群众创造历史的奋发精神来教育和引导人民。

肯定审美教育对团结、教育人民和改造社会所具有的重要作用。邓小平认为社会主义文艺是精神文明的重要组成部分，具有团结、教育人民和改造社会的重要作用。他指出：我国的文艺事业拥有广阔的发展天地。文艺工作对于满足人民群众精神生活的需要，提高整个社会的思想、文化、道德水平，培养社会主义新人方面负有其他部门所不能代替的重要责任。② 1983 年10 月 12 日，邓小平同志在中国共产党第十二届中央委员会第二次全体会议讲话中强调指出：作为灵魂工程师，应当高举马克思主义的、社会主义的旗帜，用自己的文章、作品、教学、讲演、表演，教育和引导人民正确地对待历史，认识现实，坚信社会主义和党的领导，鼓舞人民奋发努力，积极向上……为伟大壮丽的社会主义现代化建设事业而英勇奋斗。③ 他要求和希望文艺工作者在创作过程中应做到精益求精，力戒粗制滥造，不断发掘、赞美并歌颂高尚、美好的东西，勇敢地发掘、剖析、暴露并鞭挞那些丑恶的、低级的东西。

以邓小平同志为核心的党的第二代中央领导集体与时俱进地对审美教育理论的根本目标、价值取向、社会作用等内容进行理论重构，如调整审美教育由"为人民服务"到"为人民服务，为社会主义服务"的价值取向等。这是在新的历史条件下对马克思主义经典作家的审美教育思想和以毛泽东同志为核心的党的第一代中央领导集体审美教育理论的继承与发展，为现代思想政治教育中

---

① 《邓小平论文艺》，人民文学出版社 1989 年版，第 2 页。

② 《邓小平文选》第二卷，人民出版社 1994 年版，第 209 页。

③ 《邓小平文选》第三卷，人民出版社 1993 年版，第 40 页。

的审美教育打下了坚实的理论基础。

（三）党的十三届四中全会到十六大审美教育的理论发展

20 世纪 90 年代以来，随着社会主义市场经济的建立与发展，我国审美教育事业获得前所未有的发展机遇，以江泽民同志为核心的党的第三代中央领导集体将马克思主义美育观与中国改革开放和社会主义现代化建设具体实际相结合，在我国审美教育的培养目标、发展方向、主要任务等方面做出了具体表述，丰富了现代思想政治教育中的审美教育理论体系。1993 年 2 月，中共中央和国务院颁布的《国家教育改革和发展纲要》明确指出："要提高认识，发挥美育在教育教学中的作用，根据各级各类学校的不同情况，开展形式多样的美育活动。"1995 年 11 月，《中国普通高等学校德育大纲》将思想政治教育的目标定为"培养具有健康、高雅的审美情趣和正确的审美观点，具有辨别美、丑的能力，自觉创造美的生活"。[1]2001 年 6 月，李岚清在全国基础教育工作会议上指出："坚决摒弃应试教育的弊端，切实推进素质教育，使青少年在德智体美等方面得到全面发展，健康成长。"[2]可见，这一时期审美教育思想得到重视并重新写入法规文件中，审美教育理论日趋形成。其内容主要包括：

要努力培养和造就德、智、体、美全面发展的社会主义事业建设者和接班人。在 1999 年 6 月 15 日召开的第三次全国教育工作会议上，江泽民同志指出，教育必须以提高国民素质为根本宗旨，[3] 着重培养学生的实践能力和创新精神，努力造就德育、智育、体育、美育等全面发展的社会主义事业建设者和接班人。[4] 江泽民同志的这些论述，是对马克思列宁主义、毛泽东思想、邓小平理论关于素质教育和人的全面发展理论的继承与发展，指明了审美教育的基

---

[1]　《加强和改进大学生思想政治教育重要文献选编(1978—2014)》，知识产权出版社 2015 年版，第 155 页。

[2]　何东昌主编：《中华人民共和国重要教育文献（1949—1975）》，海南出版社 1998 年版，第912 页。

[3]　《江泽民文选》第二卷，人民出版社 2006 年版，第 329—339 页。

[4]　《江泽民文选》第二卷，人民出版社 2006 年版，第 332 页。

本方向。

进一步指明了审美教育的社会主义发展方向。在贯彻"双百"方针的过程中，不同形式、风格、题材、主题的文艺作品竞相出现，呈现了繁荣发展的局面。但也有一些人远离时代，脱离生活，消解价值，躲避崇高，忽视了文艺的教育功能，出现了"私语化""个人化"的不良倾向。针对实践中这些偏离社会主义方向的现象，2001年12月18日，在第七次全国文代会、第六次全国作代会上，江泽民同志严肃指出："文艺是民族精神的火炬，是人民奋进的号角。在培育和弘扬民族精神方面，文艺可以发挥独特的重要作用。"他希望文学艺术工作者牢记人民是文艺工作者的母亲、生活是文艺创作的源泉这个真理，努力创作出能够弘扬民族精神、反映时代精神的作品，用以教育人、鼓舞人、鞭策人，为繁荣祖国文艺的百花园，为培养一代又一代社会主义"四有"新人作出自己的贡献。① 总之，坚持审美教育的社会主义方向是事关社会主义事业前途命运的根本问题。

要以科学的理论武装人，以正确的舆论引导人，以高尚的精神塑造人，以优秀的作品鼓舞人。1996年1月24日，江泽民同志在全国宣传部长会议上着重指出，以科学的理论武装人，以正确的舆论引导人，以高尚的精神塑造人，以优秀的作品鼓舞人是宣传思想工作的主要任务。以科学的理论武装人，是指坚持不懈地学习马克思列宁主义、毛泽东思想和邓小平理论，提高人们运用马克思主义基本原理解决改革开放和现代化建设中各种实际问题的能力；以正确的舆论引导人，是指坚持正确的舆论导向，把握好报社、通讯社、广播电台、电视台、出版社的宣传方向，发挥正确舆论的导向作用，维护党的团结和人民团结；以高尚的精神塑造人，是指用中国共产党崇高的理想和信念、优良传统和作风以及中华民族的优秀文化传统和美德团结和带领广大人民群众共同奋斗；以优秀的作品鼓舞人，是指文艺工作者通过创作一批能够弘扬时代主旋律的、深受人民群众喜爱的优秀文艺作品来示范、鼓舞并教

---

① 《江泽民文选》第三卷，人民出版社2006年版，第401、403、402页。

育人民。① 总之，江泽民同志从理论、舆论、精神、作品等方面提出了新时期宣传思想工作的基本要求与基本任务，对我们开展审美教育工作具有重要的指导意义。

以江泽民同志为核心的党的第三代中央领导集体的审美教育思想，与马克思列宁主义审美教育思想、以毛泽东同志为核心的党的第一代中央领导集体和以邓小平同志为核心的党的第二代中央领导集体的审美教育思想及理论一脉相承，为现代思想政治教育中的审美教育提供了重要的理论基础。

（四）党的十六大到十八大审美教育的理论深化

进入 21 世纪，我国社会主义现代化建设进入全面建设小康社会、加快推进社会主义现代化的新阶段，面临新的形势和新的任务，以胡锦涛同志为总书记的党中央立足社会主义初级阶段基本国情，总结我国发展实践，借鉴国外发展经验，适应新的发展要求，提出了以人为本、全面协调可持续的科学发展观，并对中国化马克思主义审美教育思想进行了理论发展。其主要内容包括：

确立了培养德智体美全面发展的社会主义建设者和接班人的教育目标。2010 年 7 月，胡锦涛在第四次全国教育工作会议上指出：教育工作中的重要着眼点是全面提高国民素质，培养德智体美全面发展的社会主义建设者和接班人。② 其中，应着力提高学生服务国家和服务人民的社会责任感、善于解决问题的实践能力以及勇于探索的创新精神。③ 培养德智体美全面发展的社会主义建设者和接班人的教育目标，是胡锦涛同志在对国际国内政治、经济、文化形势准确分析的基础上提出的人才培养的总体目标，为新时期的审美教育工作指明了方向。

提出要大力推进社会主义核心价值体系建设。在经济体制深刻变革，人民思想观念深刻变化，各种文化相互交融的背景下，党的十六届六中全会明确提

---

① 《江泽民文选》第一卷，人民出版社 2006 年版，第 496—510 页。

② 胡锦涛：《在全国教育工作会议上的讲话》，《人民日报》2010 年 9 月 9 日。

③ 胡锦涛：《论构建社会主义和谐社会》，中央文献出版社 2013 年版，第 115 页。

出要建设以坚持马克思主义指导思想、中国特色社会主义共同理想、以爱国主义为核心的民族精神和以改革创新为核心的时代精神、社会主义荣辱观为基本内容的社会主义核心价值体系。2007 年，胡锦涛同志在"6·25"重要讲话中强调，要大力建设社会主义核心价值体系，巩固全党全国人民团结奋斗的共同思想基础。2010 年在全国教育工作会议上胡锦涛同志再次强调：教育工作的根本要求是育人为本，应不断加强理想信念教育和道德教育，把社会主义核心价值体系融入国民教育全过程，深入推动中国特色社会主义理论体系进教材、进课堂、进头脑，培养德智体美全面发展的社会主义建设者和接班人。[1] 针对网络恶搞、炫富拜金、恶意诽谤、淫秽色情、网络暴力等低俗甚至恶俗的文化现象，胡锦涛同志在中共中央政治局第二十二次集体学习时明确提出，广大文艺工作者和文艺单位应坚持社会主义先进文化前进方向，坚决抵制庸俗、低俗、媚俗之风。[2] 抵制"三俗"之风的传播对于弘扬社会主义主旋律、民族精神和时代精神，倡导并践行社会主义核心价值体系具有重要的促进作用。推进社会主义核心价值体系建设，为新时期的审美教育拓展了新的内容。

重视文艺事业在促进人的全面发展、构建社会主义和谐社会中的重要作用。审美教育以文艺创作和文艺宣传等方式培育受教育者正确审美观，是社会主义教育事业的重要组成部分。胡锦涛同志指出："我国社会主义文艺以昂扬的精神、奔放的激情吸引和感染着亿万人民，对满足人民精神需求、丰富人民精神世界、增强人民精神力量、促进人的全面发展发挥着不可替代的作用。"[3] 实现中华民族伟大复兴，离不开中华文化繁荣兴盛。建设社会主义文化强国，也离不开以建设社会主义核心价值体系为己任的理想信念美教育、价值观念美教育、民族精神美教育和时代精神美教育。

---

[1] 胡锦涛：《在全国教育工作会议上的讲话》，《人民日报》2010 年 9 月 9 日。

[2] 柳斌杰主编：《深入推进文化体制改革 推动社会主义文化大发展大繁荣——胡锦涛在中共中央政治局第二十二次集体学习时的重要讲话精神学习读本》，2010 年 7 月 25 日，见 http://politics.people.com.cn/2010/0725/c1024-20655810.html。

[3] 《十七大以来重要文献选编》下，中央文献出版社 2013 年版，第 616 页。

尊重受教育者的主体地位，改进教育方法。审美教育方法的改进，是实现审美教育目标的客观要求。根据世情、党情、国情出现的新情况、新变化，胡锦涛指出：教育应适应国家和社会发展需要，创新人才培养的模式，认真遵循教育规律和人才成长规律，不断创新教育教学方法，做到因材施教、学思结合、知行统一，才能充分激发学生的学习兴趣，提高他们的求知欲望和创新精神。[①]这些论述为广大审美教育者更新教育理念、尊重受教育者的主体地位、探索审美教育的新方法、深化教育体制改革、提升审美教育水平提供了方法论指导。

（五）党的十八大以来审美教育的理论创新

党的十八大以来，随着我国社会主义事业的飞速发展以及国家治理能力的显著提高，我们党对于新时代思想政治教育的发展现状又有了新的认识。以习近平同志为核心的党的新一代中央领导集体从国家发展的战略全局出发，高度重视美育建设，总结我国新时代审美教育理论与实践经验，与时俱进地提出一系列符合新时代中国特色社会主义审美教育实际的新观点。这一理论创新具有深刻的历史逻辑和实践逻辑，它是我们党在总结过往美育建设经验、结合当下审美教育理论建设实践的基础上提炼的科学理论，它不仅使得马克思主义美育观在新时代的中国拥有了新内涵，而且深刻地体现出了中国共产党理论创新的科学性、价值性、时代性和实践性。具体体现在目标、内容、原则、方针四个方面：

第一，重视审美教育在提高人们的审美和人文素养中的重要作用。随着改革开放和社会主义市场经济的不断发展，文艺曾一度悬置其应有的教育引导功能，仅以人民群众是否喜爱、欢迎、高兴为标准，忽视了对人民群众的教育引导；仅以收视率、票房收入为标准，忽视了人民群众思想道德素质和审美素质的提高。对此，党的十八届三中全会《中共中央关于全面深化改革若干重大问题的决定》明确提出了"坚持立德树人""改进美育教学，提高学生审美和人

---

① 胡锦涛：《论构建社会主义和谐社会》，中央文献出版社 2013 年版，第 191 页。

文素养"的要求，这是在中共中央文件中第一次正式提出审美教育。在中央党校建校 80 周年庆祝大会暨 2013 年春季学期开学典礼上，习近平总书记指出："学诗可以情飞扬、志高昂、人灵秀；学伦理可以知廉耻、懂荣辱、辨是非。"①2018 年 8 月 30 日，习近平总书记在给中央美院老教授的回信中指出，"美术教育是美育的重要组成部分，对塑造美好心灵具有重要作用"，"要坚持立德树人，扎根时代生活，遵循美育特点，弘扬中华美育精神，让祖国青年一代身心都健康成长"②。从博大精深的中国传统文化中汲取精华，有益于人们树立起正确的世界观、人生观和价值观。这体现了习近平总书记对提高人民审美素质及文学鉴赏能力的殷切希望，也体现了他对审美教育社会价值和个体价值的重视。

第二，要积极培育和践行社会主义核心价值观。习近平总书记曾在 2013 年全国宣传思想工作会议上明确指出，要加强社会主义核心价值体系建设，积极培育和践行社会主义核心价值观，全面提高公民道德素质，培育知荣辱、讲正气、作奉献、促和谐的良好风尚。③他强调，大力培育社会主义核心价值观，应着力凸显以下方面的内容：首先，巩固马克思主义在意识形态的指导地位。认真学习马克思主义理论，是我们做好一切工作的看家本领。"忽视了马克思主义所指引的方向，学习就容易陷入盲目状态甚至误入歧途，就容易在错综复杂的形势中无所适从，就难以抵御各种错误思潮。"④换言之，只有学习并坚持马克思主义的历史观和实践观，才能"心明眼亮"，才能在复杂的形势下坚定正确的前进方向。其次，要立足中华优秀传统文化，深入开展中国特色社会主义宣传教育。习近平总书记强调，中华优秀传统文化积淀着中华民族最深沉的

---

① 习近平：《在中央党校建校 80 周年庆祝大会暨 2013 年春季学期开学典礼上的讲话》，《人民日报》2013 年 3 月 3 日。

② 习近平：《做好美育工作弘扬中华美育精神，让祖国青年一代身心都健康成长》，《人民日报》2018 年 8 月 31 日。

③ 《习近平谈治国理政》，外文出版社 2014 年版，第 154 页。

④ 习近平：《在中央党校建校 80 周年庆祝大会暨 2013 年春季学期开学典礼上的讲话》，《人民日报》2013 年 3 月 3 日。

精神追求，是我们最深厚的文化软实力。① 它所蕴含的重民本、讲仁爱、守诚信、崇正义、尚和合、求大同的思想理念以及忠孝节义、理智仁信、和谐包容的文化基因，至今仍具有强大的生命力，是培育、涵养社会主义核心价值观重要的精神源泉。要运用唯物辩证的态度分析对待传统文化，取其精华，去其糟粕。坚持立德树人，弘扬"中华美育精神"，既要继承优秀传统文化所蕴含的中华民族最基本的伦理道德、价值取向和人文关怀，又要立足新的实践，与时俱进地赋予优秀传统文化新的时代内容，引导人们更加全面客观地认识中华优秀传统文化，增强人们对中华优秀传统文化的认同感和归属感。再次，加强理想信念美教育，实现中华民族的伟大复兴。当前，我国正处于发展关键期、改革攻坚期和矛盾凸显期，进一步推进中国特色社会主义事业面临着新的挑战和考验。坚定的理想信念是战胜一切艰难险阻的强大精神支柱和力量源泉，是实现中华民族伟大复兴中国梦的强大精神动力。党的十八大以来，习近平总书记高度重视理想信念教育，多次强调"革命理想高于天"，他还将理想信念形象地比喻成共产党人精神上的"钙"，没有理想信念或是理想信念不坚定，精神上就会"缺钙"，就会得"软骨病"。② 因此，他强调要加强理想信念教育，厚植爱国主义情怀，不仅要在党员干部中开展，而且要面向全社会开展。最后，加强传统美德教育，引领人们以"美"的标准投身道德判断与实践。国无德不兴，人无德不立。在会见张富清、杜富国等全国道德模范时，习近平强调，深入开展学习宣传道德模范活动，弘扬真善美，激励人民群众崇德向善、见贤思齐，鼓励全社会明德惟馨、积善成德，为实现中华民族伟大复兴的中国梦凝聚起强大的精神力量和有力的道德支撑。③ 总之，积极培育和践行社会主义核心价值观，为推进新时代审美教育内容创新提供了方法论指导。

第三，强调必须坚持党性与人民性相结合的基本原则。2013 年 8 月 20 日召开的全国宣传思想工作会议上，习近平总书记强调：党性和人民性从来都是

---

① 《习近平谈治国理政》，外文出版社 2014 年版，第 155 页。

② 《习近平谈治国理政》，外文出版社 2014 年版，第 15 页。

③ 《习近平谈治国理政》，外文出版社 2014 年版，第 158 页。

一致的，统一的。既要坚持党性，又要坚持人民性；既要保持与党中央高度一致，坚决维护党中央的权威，及时宣传党的理论、路线方针政策以及中央重大工作部署，又要坚持以民为本，把实现好、维护好、发展好最广大人民根本利益作为出发点和落脚点。习近平同志的讲话就生动地体现了这一原则，例如他曾引用清代郑板桥《竹石》中的一句古语"千磨万击还坚劲，任尔东西南北风"，来表达对社会主义道路、理论和制度的自信；引用东汉荀悦《申鉴·政体》"善禁者，先禁其身而后人"的古语，要求各级领导干部带头遵纪守法，带头改进作风，率先垂范；用"老虎""苍蝇"一起打的比喻，传递我党反腐败的信心以及对腐败问题"零容忍"的态度；等等。这些讲话不仅洋溢着爱国、忠诚、清廉、奉献的伟大精神，体现了崇高的党性原则，而且紧贴现实、通俗易懂，深受人们喜爱，充分发挥了教育、引导人民群众的重要作用，也体现着人民性原则。在审美教育中坚持党性与人民性相结合的基本原则，就是既要旗帜鲜明地坚持党性原则，又要坚持以人为本的原则，把服务群众与引导群众相结合，从而为现代政治教育中的审美教育提供了基本的原则遵循。

第四，指出必须遵循以团结稳定鼓劲、正面宣传为主的方针。面对复杂多变的国际国内形势，习近平总书记明确指出：宣传工作应坚持正面宣传为主的方针，应坚持巩固壮大主流思想舆论，弘扬主旋律，传播正能量，激发全社会团结奋进的强大力量，把握好时、度、效。[①] 坚持以团结稳定鼓劲、正面宣传为主的方针，倡导与弘扬社会主义核心价值观，也是促进新时期审美教育发展，提升人们的思想道德素质和审美素质，实现中华民族伟大复兴的中国梦的重要指南。

在新的国际国内形势下，以习近平同志为核心的党中央总揽实现中华民族伟大复兴的战略全局，高屋建瓴地认识到审美教育工作的重要性，不但思想上对审美教育工作有了新的认知(如把社会主义核心价值观纳入审美教育全过程，进一步坚定审美教育的民族性、人民性、时代性，等等)，而且在实践层面上

---

① 《习近平谈治国理政》，外文出版社 2014 年版，第 155 页。

从全社会、全民发展的高度，切实加快推动美育工作的发展。2015 年，国务院办公厅印发《关于全面加强和改进学校美育工作的意见》，明确当前美育仍是整个教育事业的薄弱环节，要补齐美育短板，改进审美教育教学，切实提高增强教育工作者立德树人的使命感和责任感。党的十九大确立了习近平新时代中国特色社会主义思想，其中包含的审美教育观点是习近平新时代中国特色社会主义思想的组成部分。它不仅丰富了中国化的马克思主义审美教育理论，而且为新时代我国审美教育理论与实践提供了基本遵循，更为实现中国梦提供了又一重要的理论保障。

第三章　现代思想政治教育中审美
教育的基本内容

在探讨和阐述了现代思想政治教育中审美教育的含义、基本特征、主要功能和思想理论基础之后，本章主要研究和论述现代思想政治教育中审美教育的基本内容：社会美教育、自然美教育、艺术美教育。①

第一节　社会美教育

"社会美"最早是由中国美学家蔡仪根据我国社会的现实情况创造的美学范畴，是中国美学对世界美学的一个重要贡献。1947 年，蔡仪在其著作《新美学》一书中明确提出，"在客观存在的事物中，要承认除自然美外还有社会美"，"社会美是客观现实的美的重要部分"，"我们认为社会美主要就是人的美以及人密切相关的事物的美"②。他认为"善便是一种美，即社会美"③。蔡仪的社会美理论强调居于主导地位的人的行为价值，体现了中国美学对现实社会生活的关注，具有一定的合理性和创新性。然而，他将美的观念的产生建立在唯

---

① 注：黄德志曾在《美学读本》中依照美的形态（种类），将其分为三类：社会美、自然美、艺术美。根据美学中关于美的存在形式分类的基本理论以及现代思想政治教育中审美教育的特点，本章将审美教育的基本内容分为社会美教育、自然美教育和艺术美教育三个主要方面。

② 蔡仪：《新美学》（改写本），中国社会科学出版社 1985 年版，第 286 页。

③ 蔡仪：《美学论著初编》，上海文艺出版社 1982 年版，第 238 页。

物主义反映论基础上，"否定了实践的观点，也就在根本上否定了美与真的现代结合形式，使在美的现象层面论证美与真的统一问题失去了深层的依托"①。与蔡仪的社会美理论不同，李泽厚从主体实践的角度理解美与人的关系，他指出社会实践是社会美的真正来源，"社会美以真作为善的内容，即实践活动的美的本质在于它的规律性的内容"。相较之下，如果说蔡仪是从美与善的关系出发来论述社会美的话，那么，李泽厚则侧重对美与真的关系讨论，更注重社会美的实践性。但他们的观点都对本书定义审美教育中"社会美"的概念具有一定的借鉴意义。

　　根据马克思主义的基本观点，人类社会生活的本质是实践。就现代思想政治教育中的审美教育而言，社会美同样离不开人的实践劳动，它是"以社会的人和物的具体行为或形象呈现着人的本质和本质力量的胜利状态的感性显现"②，突出地表现为反映时代精神的人和事的美。众所周知，人营造社会关系主要通过行为，因而，人的美首先就是人的行为之美。事的美主要体现在人们通过参与社会实践活动所营造出的社会关系和社会环境之美。加强社会美教育，就从大力宣传模范人物先进事迹、深入开展群众性精神文明创建活动两个方面入手，全面弘扬社会主义新时期人的美和事的美。一方面，模范人物的先进事迹体现着爱国主义、集体主义、社会主义精神，深刻地反映了历史进步的必然趋势和广大人民群众的根本愿望。通过学习模范人物的先进事迹，人们可以更深刻地认识社会美的本质和社会主义新人的美，从而更加坚信，美必将战胜丑，正义、光明和进步必将战胜邪恶、黑暗和落后，激励自己更加自觉地抵制丑、清除丑，为建设中国特色社会主义的美好未来而不懈努力。另一方面，群众性精神文明创建活动是人民群众移风易俗、改造社会的伟大创造，集中展现了人民群众的主体地位以及党的群众路线工作方法，它能够通过吸引广大人民群众广泛参与规模宏大的具有建设性意义的精神文明建设活动，使人们树立

---

① 邹华：《20世纪中国美学研究》，复旦大学出版社2003年版，第233—234页。

② 曹利华：《美学基本理论》，首都师范大学出版社1992年版，第142页。

文明意识，养成文明习惯，提升公民文明素质，倡导社会文明新风。因此，社会美教育，主要包括模范人物先进事迹的宣传教育和群众性精神文明创建活动的宣传教育两个方面。

进行社会美教育是公民健康审美情趣培养的重要内容，是引导人们树立正确的审美价值观的迫切需要。2010 年，西南师范大学赵伶俐教授的科研团队在全国范围内开展了一项对中国公民审美素质现状的调查，调查设计包括审美常识、审美意识、审美价值观、审美行为活动这四个主要方面，调查范围分为 7 个片区、31 个省（自治区、直辖市），62 个城市，每个省份约 60 个调查单位或调查点，共计 1860 个调查点，33480 个调查对象。调查对象分为 11 大类群体① 和 31 类小群体，按省份、城市（发达和欠发达地区）和基本调查单位三级地区进行分层抽样。调查队建立了调查记录和报告制，问卷统一编号，经过清除无效废卷后，共收回有效调查问卷 32504 份。采用人文社会科学统计软件包（SPSS12.0）对数据进行统计分析。在《中国公民审美素质总报告》中，赵伶俐教授指出，审美价值观是审美观念的一个重要的二级构成因素，它主导着主体的审美取向，包括审美趣味、审美判断和审美理想三个层次。② 关于审美价值观的调查主要通过询问被调查者在闲暇喜欢做什么事情来进行。所做的调查数据如下表 3—1。

表 3—1 中国公民审美情趣与闲暇价值观各项间相关系数③

	健身运动	阅读	旅游	喝酒行令	看电视	卡拉 OK	赌钱	打牌棋类	艺术欣赏	工作挣钱
自然美	0.078**	0.005	0.053**	−0.078**	0.064**	−0.072**	−0.059**	−0.078**	−0.003	−0.032**
社会美	−0.009	−0.01	−0.045**	0.045*	0.006	0.016**	0.026**	0.043**	−0.074**	0.049**
艺术美	−0.032**	0.018**	0.052**	−0.052**	0.023**	0.030**	−0.050**	−0.038**	0.111**	−0.076**
科学美	0.23**	0.017**	−0.020**	0.018**	−0.046**	−0.015**	0.020**	−0.008	−0.006	0.021**
不明确	−0.075**	−0.066**	−0.064**	0.102**	0.012*	0.043**	0.100	0.096**	0.096**	0.068**

① 调查对象的 11 大类分别是：农民、工人、企业管理者、商人、公务员、教师、学生、文体卫生工作者、第三部门、科技人员、其他。
② 赵伶俐、汪宏：《中国公民审美心理实证研究》，北京大学出版社 2010 年版，第 69 页。
③ 赵伶俐、汪宏：《中国公民审美心理实证研究》，北京大学出版社 2010 年版，第 69 页。

在被调查的 32504 个公民中，81%的人注重对自然美的欣赏，54%的人注重对艺术美的欣赏，35%的人注重对社会美的欣赏，22%的人注重对科学美的欣赏，8%的人审美趣味不明确。这表明注重对自然美、艺术美的人比较多，注重对社会美欣赏的人较少，这说明公民在审美情趣方面存在发展的不平衡性。且单因素反差分析结果表明，不同群体在审美情趣的某些方面也存在显著差异。其中，在社会美方面，农民显著高于其他群体（P<0.05）；而在自然美方面，公务员、教师、企管人员、商业人员却又显著高于学生、农民、第三部门人员、科技人员和其他人员（P<0.05）。究其原因，赵伶俐教授分析："这可能是由于人们没有真正理解社会美的真正含义，缺乏对社会美情趣的培养造成的。"[1] 以至于学生的审美发展"在一定程度上畸形退化"，尤其是"在当前物质功利主义、享乐主义盛行之下，在一些商业活动中包含的丑怪现象的冲击下，在社会庸俗、低俗的审美趣味的侵蚀之下，我们的学生深受其害，审美趣味正在被大环境庸俗化、低俗化"[2]。学生们容易缺乏审美理想和健康的审美观，审美价值判断的标准模糊，以新奇、时尚、怪异、荒诞、洋气为美，追求搞笑、粗浅的感官享受和物质刺激。最后不仅造成理性规范和道德意志的缺失，而且造成生活理想的迷失，精神空虚，甚至生命力的衰竭。对此，赵伶俐教授强烈呼吁应重视社会美的教育，深化人们对社会美的理解以及对心灵美、行为美、语言美、真理美的情趣的培养。[3]

加强社会美教育，讴歌新时期的新人新事新风尚，传播真、善、美的社会正能量，对于引导人们自觉树立正确的审美观念，明辨种种假、恶、丑的不良社会现象，培养高尚的审美情趣，具有重要的现实意义。

---

①　赵伶俐、汪宏：《中国公民审美心理实证研究》，北京大学出版社 2010 年版，第 70 页。

②　张正江：《新中国美育发展研究》，人民出版社 2014 年版，第 190 页。

③　赵伶俐、汪宏：《中国公民审美心理实证研究》，北京大学出版社 2010 年版，第 125 页。

一、模范人物先进事迹的宣传教育

模范人物是在我国革命、建设、改革的火热实践中涌现出的先进典型，他们的先进事迹和优秀品质，赢得了社会的尊重和赞誉，成为广大社会主义劳动者的学习楷模。模范人物先进事迹的宣传教育，是指在社会美教育中，通过模范代表、英雄人物先进事迹的宣讲，激发人们的情感共鸣，使人们在审美教育活动中感悟崇高精神、升华人生境界，从而有效提升受教育者思想道德素质和审美素质的教育实践活动。

在新时代加强模范人物先进事迹的宣传教育是十分必要的。道德模范先进事迹的宣传教育是培养马克思主义审美观，划清美丑界线，培养全面发展的社会主义新人的现实需求和有效举措。新时代的审美教育应注重发挥模范人物的榜样作用，广泛开展以道德楷模为先进典型的宣传教育活动，将他们的感人事迹、先进思想和高尚精神变成全社会的精神财富。根据公民基本道德规范的要求和道德建设的实际，模范人物的先进事迹集中表现在他们追求真理、见义勇为、诚实守信、助人为乐、敬业奉献、孝老爱亲等六个方面，这些社会美的行为体现着模范人物崇高的精神，为全社会树立了学习的楷模。对模范人物先进事迹进行宣传教育，旨在通过这些常人善举，弘扬社会主义核心价值观，引导人们见贤思齐，塑造美的心灵。

（一）追求真理——探究至真之美

真理，是人们对客观事物及其规律的正确反映，属于标志主观与客观相符合的哲学范畴。人们追求真理的过程并不是一帆风顺的，认识的无限性与反复性决定了这一过程是永无止境的。与时俱进、开拓创新，在实践中不断认识和发现真理、检验并发展真理是人们的不懈追求和永恒使命。例如，"中国卫星之父"孙家栋、"中国核潜艇之父"黄旭华、"时代楷模"黄大年就是勇于攀登真理高峰的典范。

2020 年 7 月 31 日，在北斗三号全球卫星导航系统开通仪式上，首任北斗卫星导航系统总设计师孙家栋院士出席并见证了这一激动人心的时刻。作为中国人造卫星技术和深空探测技术的开创者之一，孙家栋亲历、见证、参加、领导了中国航天的全部过程。为了研发我国首颗人造卫星，1967年，中央决定组建中国空间技术研究院，孙家栋临危受命，重组卫星研究队伍。他克服重重困难，带领团队夜以继日地刻苦钻研，成功主持研发我国首颗"东方红一号"人造卫星、第一颗返回式遥感卫星……并将中国的卫星发射推向了国际市场。从学习飞机制造到研制导弹武器再到开创卫星事业，孙家栋将个人理想同祖国命运紧密联系在一起，以"祖国需要，我就去做"的报国之志义无反顾地投身中国的航天事业，矢志不渝地将航天事业作为报效祖国的舞台。他用毕生的心血为中国突破卫星基本技术、卫星返回技术、地球静止轨道卫星发射和定点技术、导航卫星组网技术和深空探测基本技术等作出了重大贡献；为创建和发展中国人造卫星总体技术、卫星航天工程管理技术和深空探测技术作出了系统的、创造性的成就和贡献。

　　"中国核潜艇之父"黄旭华，是中国第一代核动力潜艇研制创始人之一。1958年，我国批准核潜艇工程立项。起初主要依靠苏联提供部分技术资料，但随后由于中苏关系恶化，苏联中断了对我国若干项目的技术援助，中国的核潜艇研制工作一度陷入困境。为了独立自主地研制中国的核潜艇，新婚不久的黄旭华告别妻子来到试验基地，隐姓埋名，他带领设计人员摆脱国外技术的重重封锁，研制出阻力更小的水滴形潜艇，解决了核潜艇的操纵性问题。1970年，黄旭华主持设计的中国第一艘核潜艇"长征一号"正式列入海军战斗序列。1988年，中国核潜艇水下发射运载火箭实验成功，黄旭华及其科研团队为国防事业、为我国核潜艇事业的发展作出了重要贡献。不仅使中国成为继美、苏、英、法之后的世界上第五个拥有核潜艇的国家，而且成为世界上第五个拥有第二次核报复力量的国家。2019年黄旭华被授予"国家最高科学技术奖""共和国勋章"。可以说，黄旭华同志对真理孜孜以求的探索过程与他的报国生涯是一脉相承的，是对"至真之美"的不懈追求，也是对爱国精神的生动诠释。

　　黄大年同志是享誉世界的地球物理学家。2009年，他毅然放弃英国的优厚待遇，满怀一腔爱国热情返回祖国，出任吉林大学地球探测科学与技术学院教授。8 年时间，他带领团队夜以继日、刻苦钻研，在航空地球物理领域顽强攻关，取得了一系列重大科技成果，填补了多项国内技术空白；他不计个人得失，甘为人梯，忘我工作，为了国家事业奋斗至生命最后一息。回顾黄大年同志 58 岁的生命历程，始终澎湃着"至诚报国"的赤子情怀，他崇高的品格始终激荡着人心，为我们砥砺奋进、振兴中华提供了宝贵精神力量。2017 年 5 月 25 日，中共中央总书记习近平同志对黄大年同志先进事迹作出重要指示："我们要以黄大年同志为榜样，学习他心有大我、至诚报国的爱国情怀，学习他教书育人、敢为人先的敬业精神，学习他淡泊名利、甘于奉献的高尚情操，把爱国之情、报国之志融入祖国改革发展的伟大事业之中、融入人民创造历史的伟大奋斗之中。"[1]对黄大年同志先进事迹的宣传教育，能够激励和感召人们以更加饱满的热情投入中国科技创新和社会主义现代化建设，对我国社会主义事业的发展具有重要的促进作用。

除此之外，在追求真理的道路上所涌现的模范人物还包括：我国 500 米口径球面射电望远镜（FAST）工程首席科学家兼总工程师南仁东、扎根大地的人民科学家钟扬、"中国近代力学之父"钱伟长、科学先驱师昌绪等。他们都是探究"至真之美"的优秀代表，这些模范人物不仅在不同的科研领域取得了举世瞩目的成就，而且都热爱祖国，自觉捍卫着国家的尊严，展现出中华民族的铮铮傲骨，值得人们赞颂和学习。

（二）见义勇为——传承至善之美

见义勇为是指为保护国家、集体利益或者他人的人身、财产安全，勇敢地与正在发生的违法犯罪作斗争或者抢险救灾的行为。它分为两种类型：第一类是抢险救灾的行为；第二类是同犯罪分子作斗争的行为。[2]弘扬社会正气，倡

---

① 《习近平对黄大年同志先进事迹作出重要指示》，《人民日报》2017 年 5 月 26 日。

② 《百科词典》，2014 年 7 月，见 http://baike.baidu.com/view/138303.html。

导见义勇为，宣传英雄人物和英雄事迹，其内在精神核心是传承"至善之美"，彰显人间大爱。这些见义勇为的模范能够在关键时刻临危不惧，挺身而出，勇于维护国家、集体利益和群众的生命财产安全，在社会上产生重大影响。自2008年起，在中央文明委关于全国道德模范评选活动中，就专门分设"全国见义勇为道德模范"的奖项，为人们树立了学习的榜样。例如，四川森林消防员、"排雷战士"杜富国等。

"青山忠诚的卫士，危难的永恒对手，投身一场大火，长眠在木里河两岸，你们没有走远，看那凉山上的秋叶，今年红得分外惹眼。"这是"感动中国2019年度人物"的颁奖词，它所称赞的是一个光荣的群体。2019年3月30日，四川凉山木里县突发森林火灾，四川森林消防总队凉山支队西昌大队组织消防队员开赴一线展开扑救。消防队员每人负重30余斤，连续徒步行军8个小时，在海拔3700余米的地方与森林大火展开了激烈的搏斗。3月31日下午，消防员将明火扑灭以后，继续向山谷两个烟点迂回接近，不幸遭遇林火爆燃，巨大的火球瞬间吞噬了年轻的他们，27名森林消防指战员和3名当地扑火人员全部牺牲，最小的只有18岁。生为勇士，逝亦国殇。四川森林消防员勇于赴汤蹈火、无私无畏的英雄事迹被新闻媒体报道以后，人们无不痛心疾首，自发地参加缅怀、哀悼等纪念活动。四川森林消防员的壮举，生动展现了"奋不顾身殉国家之急"的爱国情怀，体现出"愿拼热血卫吾华"的凛然正气。为了追思英烈，传承精神，2019年10月，应急管理部和四川省人民政府评估认定27名森林消防员为烈士和一等功绩；评估认定3名当地受害者为烈士。

"你退后，让我来！"这是陆军某扫雷排爆大队战士杜富国的一句"口头禅"。入伍以来，杜富国同志始终把忠诚和信仰刻在心中，他常说，"扫除一颗雷，就护住百姓一份安全"。他主动请缨征战雷场，据统计，三年间杜富国进出雷场1000余次，累计作业300余天，搬运扫雷爆破筒15吨以上，在14个雷场累计排除地雷和爆炸物2400余枚，处置各类险情20多起。2018年10月11日，杜富国带领战友在云南省麻栗坡县老山西侧坝子村执行扫雷任务的过程中，发现一枚加重手榴弹，他立即让同组战友艾岩退后，独自上前查明情况。突然，一声巨响，手榴弹爆炸了，杜富国下意识地向艾岩方向侧身，挡住了爆炸后的冲击波和弹片。战友艾岩得救了，他自己却被炸掉双手，双眼的眼球也被摘除。杜富国的先进事迹在全社会引起了热烈的反响。广大干部群众认为，杜富国是红色老区培养出的优秀儿女，是新时代一名英雄的战士。大义之举源自美丽心灵，杜富国的英雄事迹是其敢于担当的进取精神、直面磨难的刚毅品格、忠诚坚定的理想信念、为民奉献的家国情怀的生动写照。2019年5月，中宣部授予杜富国"时代楷模"称号。

这些见义勇为模范人物的感人事迹体现了人间至善之美，对于这些事迹的宣传和报道有助于人们见贤思齐，提高自身的思想道德素质，也有助于全社会形成弘扬正气、树立新风的良好氛围。

（三）诚实守信——弘扬至诚之美

"诚"即诚恳真实，主要指主体真诚的内在道德品质；"信"即信用信任，主要指主体内诚的外化与显现。相对而言，"诚"多指"内诚于心"，"信"则侧重于"外信于人"。诚信，是指诚实无欺，讲求信用。数千年来，中华民族重承诺，守信用，逐渐形成独具特色且内涵丰富的诚信观。

诚信是人所必备的优良品格，是最基本的为人之道，更是立身处世之本。通过模范人物诚信事迹的宣传教育，感召并激励人们加强自身修养，弘扬中华民族诚实守信的传统美德，是社会美教育的一项重要内容。在古代，二国时期蜀汉名将关羽"夜读春秋""土山三约"的典故早已家喻户晓，千古流传，在关羽身上体现出来的忠义诚信的品质，成为中华民族心仪向往和追求的典范。在当代，模范人物的诚信事迹层出不穷、大量涌现，如"诚信医者"宋兆普、"北疆草原卫士"阿迪雅（蒙古族）、被人们称为"诚信油条哥"的刘洪安、以子债父还而远近闻名的"诚信老爹"吴恒忠、常年在天山脚下为战友守墓的退伍军人陈俊贵，等等。他们的先进事迹被广为传颂，其精神崇高而伟大，体现了人类社会的"至诚之美"，值得人们崇仰和学习。

"诚信医者"宋兆普是河南省汝州市金庚康复医院院长，行医40年来，他信守行医准则，救死扶伤，从不为病人开列昂贵的无用药品，也不让病人多花冤枉钱。曾义务救助贫苦残疾患者 4000 余人，义务救治脑瘫患儿 3000 余人，曾先后 4 次赴新疆联合当地医疗组织救治脑瘫患儿 1400 余人，以崇高的医德和精湛的医术回报社会，曾入选 2018 年"感动中国十大人物"。

阿迪雅是内蒙古自治区包头市达茂旗满都拉镇的一名牧民。1984 年，阿迪雅退伍回到家乡后，他和妻子就开始一边放牧，一边当起中蒙边境上的"义务守边员"。他曾说："我在部队受过教育，又是一名党员，生在这片大草原上，有责任、有义务来守护。"为了坚守诺言，他和妻子不畏艰苦，至今已经坚守了 36 年。他累计巡边近 100000 公里，协助边境派出所破获偷盗牲畜、越境偷猎、皮毛走私等涉边案件 10 余起，参加军警民联合巡防 100 多次。此外，阿迪雅还在家建起了"红色蒙古包"，定期组织附近的党员进行学习，讲解党的惠民惠牧政策。在阿雅迪的感召下，在国外留学 6 年的大儿子和在上海工作多年的小儿子都回到草原，与父母一起共同守护着祖国的北疆，在 4 公里长的边境线上践行着重如泰山的诺言。

刘洪安是保定市高开区一家早点铺的店主，他坚持使用一级大豆色拉油炸油条，而且每天一换。在他店铺的招牌上，醒目地写着"安全用油，杜绝复炸""己所不欲，勿施于人"的标语。他还特意提供鉴别复炸油的方法和"验油勺"，供顾客随时检验。刘洪安的做法受到广大食客的一致认同，他因此被许多人亲切地称为"诚信油条哥"，他的诚信行为在保定市也引发了一股做良心餐饮的热潮。

在重庆市潼南区花岩镇龙怀村有一位"诚信老爹"吴恒忠，面对突如其来的丧子之痛，他主动扛下儿子 19 万元的债务，并上门向债主承诺："人死账不能了，请你们放心，我一定想办法把儿子欠的债还清，绝不赖账。"由于还要照顾家里残疾的妻子和年幼的孙子，吴恒忠无法外出打工，他将山上的荒地都开垦出来，一个人耕种 52 亩田地，节衣缩食，只要有一点积蓄，他就拿去还债。10 年来，吴恒忠靠自己勤劳的双手为儿子还债 15 万元，自己却因长期过度劳累落下一身的病，但他仍在实现自己的诺言。"今生不欠来生账，子债父还道德高。诚信老爹吴恒忠，信义无价美名扬。"这是当地百姓对吴恒忠的由衷赞叹。

在暴风雪围困的危急时刻，班长郑林书舍己救人，将最后一个馒头留给了陈俊贵，嘱咐陈俊贵勇敢地活下去，并拜托他看望自己的父母。由于相处的时间太短，陈俊贵并不知道班长父母的姓名和家庭地址。为了完成班长的临终嘱托，1985年冬天，陈俊贵举家搬至新疆天山脚下，在大山里开荒种地，过着几近原始的生活。20年里，陈俊贵一直多方寻找班长的父母，功夫不负有心人，在一名老战友来新疆扫墓的时候，陈俊贵打听到了班长家乡的地址。当得知班长父母都已去世时，他跪在班长父母坟前向他们保证说：今生今世都将守在郑林书坟前，让他永不寂寞！陈俊贵以实际行动践行承诺，目前，他已将班长和副班长的遗骨移到新扩建的解放军烈士陵园，并依旧默默地为战友们守墓。2013年陈俊贵荣获"全国优秀复员退伍军人""全国诚实守信模范""新疆维吾尔自治区道德模范"等荣誉称号。

至诚之美美在心灵、美在语言，更美在行动。它将人性的光辉贯穿于平常事中，点滴温暖融入社会里。只有诚实守信的人才能够真正赢得人们的信任和尊重。失去诚信，人将会丧失信誉，人与人之间便会产生隔阂，正如莎士比亚所说：失去了诚信，就等同毁灭自己。因此，只有以诚信为本，引导人们做诚信人，办诚信事，反对隐瞒欺骗，杜绝虚假仿冒，提倡诚信风尚，呼唤诚信，寻找诚信，才能真正在全社会形成良好的诚信氛围。

（四）助人为乐——传递和谐之美

助人为乐是指怀着道德义务感，主动给他人以帮助，并引以为乐的一种道德情感和道德行为。赠人玫瑰，手留余香。作为一种社会公德，助人为乐是一种良好的品质表现，更是人们推崇的行为规范。

加强模范人物助人为乐的先进事迹的宣传教育，倡导乐于助人、互帮互助的奉献精神，有利于构建"和谐美"的社会氛围。20世纪50年代，助人为乐的社会主义新风尚广为发扬，雷锋同志就是其中一个光辉的典范。他曾把平时的积蓄无私地捐给抚顺市人民公社和辽阳灾区人民；主动帮助外出老人；帮助丢失火车票的大嫂补票；利用闲暇时间义务担当校外辅导员；等等。这些看似平凡的小事却体现出了雷锋精神的真谛，即全心全意为人民服务。雷锋同志因公殉职以后，他的先进事迹、箴言广为传颂，他的伟大精神感动和教育了千千万万群众，极大地促进了人们道德水平的提高和良好社会风尚的形成。在雷锋精神的感召下，越来越多"雷锋式"的模范人物脱颖而出，他们用实际行动传递着爱心，用真情温暖着社会，集中展现了模范人物的时代风貌和崇高品格。比如，第七届"全国助人为乐模范"马旭、"最美奋斗者"龚全珍等。

2018年，武汉一位退休老兵向家乡木兰县教育局捐款一千万元，引起广泛的关注。捐款者是86岁的大校马旭和其丈夫颜学庸，他们至今生活简朴，住在一个不起眼的小院里。马旭14岁当兵，曾与战斗英雄黄继光在同一个师，先后参加辽沈战役、抗美援朝，其间多次立功受奖。抗美援朝回来以后，她被保送到第一军医大学学医。1957年被分配到15军45师，成为一名野战军医。她也是新中国第一名女空降兵、跳伞次数最多的女兵，是实施空降年龄最大的女兵。为了攻克避免伞兵着陆时的损伤，1983年4月，马旭和爱人查阅大量资料，研制出了"充气护踝"，有效降低了跳伞着陆时的冲击力。1989年，他们获得中国空降兵历史上第一个国家专利。马旭从医几十年来，积累了丰富的经验。古稀之年的她把毕生的学医经验总结出来，为祖国和人民留下了诸多珍贵文献。尽管少小离家，戎马一生，但马旭始终热爱着家乡。2018年，她和丈夫将几十年的积蓄倾囊捐献，用于发展家乡的教育事业。她曾说："和我那些牺牲在战场上的战友相比，我能活着就是无比的幸福。人的一生是有限的，而为祖国作贡献是无限的，只要生命不息，就得奋斗不止。"在崇高精神的指引下，马旭的一生勇往直前，无所畏惧。为祖国，为人民无私奉献。她的行为无言，却给人无穷的力量。

歌手韩磊曾在2014年马年春晚上演唱歌曲《老阿姨》，作品原型取自"全国道德模范"龚全珍。龚全珍老人是开国将军甘祖昌的夫人，她曾毅然放弃优越的都市生活，陪伴丈夫来到偏僻的山村，兢兢业业地教书育人，积极地扶贫济困，倡导社会新风尚。生活并不富裕的她，曾向凫村捐赠 1000 本爱国主义书籍以及 2400 元的《激励永远》教育光盘，先后捐款十万多元资助贫困学生。汶川、玉树地震发生后，她在女儿的搀扶下，亲手向县委组织部交纳了 3600元特殊党费。2011 年 11 月，江西省莲花县琴亭镇在社区建立了龚全珍工作室，聘请她做辅导员，老人欣然接受。截至目前，龚全珍工作室共开展革命传统和理想信念教育活动 50 余场，参与居民思想辅导 40 余次，老人用实际行动践行了"联系群众、一心为公、无私奉献、艰苦奋斗"的崇高精神。龚全珍被评为"第四届全国助人为乐模范"，入选"2014 年感动中国十大人物"、2019 年"最美奋斗者"，曾受到中共中央总书记习近平同志的亲切接见。

（五）敬业奉献——折射崇高之美

敬业奉献是社会主义公民道德建设的基本要求，也是社会主义职业道德崇高精神的体现。"敬业"就是用一种虔诚、认真、严肃、遵从的态度来对待自己的职业活动和本职工作，表现着一个人勤奋工作、恪尽职守、热爱本职、精益求精的道德情操。敬业不是单纯外在的、强制性的要求，而是一个人对自己本职工作的尽职尽责和人生价值诉求的自觉把握。"奉献"是指恭敬地付出、贡献，表现着一个人对他人、对社会、对国家、对民族不计报酬地付出和贡献的崇高精神。敬业和奉献紧密相连，敬业等优良职业道德品质是奉献产生的基础，奉献是社会主义职业道德的最高境界，也是社会主义公民做人的最高境界。敬业奉献精神体现了人生价值的崇高性，是中华民族传统美德与当今时代精神的完美结合。弘扬敬业奉献精神不仅关系到社会主义市场经济的健康有序发展，关系到"我为人人，人人为我"的良好社会道德风尚的形成，而且关系到每个从业者的职业理想和人生价值的实现。因此，它是新时期社会主义精神文明建设重要的切入点。

在我们社会中，像"时代楷模"黄文秀、"抗疫英雄"钟南山、"人民英雄"张定宇等同志，之所以赢得了社会的尊重和赞誉，正是因为他们在各自的工作岗位上默默地为社会作出了无私的奉献。

黄文秀，生前系广西壮族自治区百色市委宣传部理论科副科长，派驻乐业县新化镇百坭村党组织第一书记。2016 年北京师范大学硕士研究生毕业后，黄文秀主动放弃大城市的工作机会，毅然加入广西选调生队伍，回到家乡，奋战在脱贫攻坚的第一线。她带领村干部群众积极筹措资金，硬化百坭村 1.5 公里通屯路，安装了 47 盏路灯，修建了 4 个蓄水池，有效地解决了百坭村交通困难问题，逐步改善了群众生产生活条件。她大力发展杉木、八角、砂糖橘等特色种植产业，千方百计拓宽群众增收渠道。2018 年，仅砂糖橘就销售了 40000 多斤，销售额 22 万元。同时，她还通过组织开展村规民约吟诵、文明家庭评比等精神文化活动，激发群众的脱贫内生动力。在黄文秀同志的带领下，百坭村贫困发生率从 22.88% 降至 2.71%，418 人顺利脱贫，百坭村获得了 2018 年度百色市"乡风文明"红旗村荣誉称号。因惦记百坭村的防汛抗洪工作和群众安危，2019 年 6 月 16 日，黄文秀在看望做完手术不久的父亲后，冒雨连夜返回工作岗位，途中不幸遭遇山洪，年仅 30 岁。黄文秀同志牺牲以后，中共中央总书记习近平同志对她的先进事迹作出重要指示，号召广大党员干部和青年以黄文秀同志为榜样，牢记初心使命，立足本职岗位，作出更大的贡献。2019 年 7 月 1 日，中共中央宣传部追授黄文秀同志"时代楷模"光荣称号。

危难之中显身手，疫情面前勇担当。2020 年 1 月，湖北武汉遭遇新型冠状病毒的侵袭，病毒来势汹汹，广大群众的生命安全遭到严重威胁。在这场没有硝烟的抗疫斗争中，中国工程院院士、我国呼吸病学的顶尖级专家，84 岁的钟南山不计个人安危，挂帅出征。他以自己精深的专业素养，一边告诫人们"新冠病毒有人传人的危险，没有特殊情况，千万别去武汉"！一边毅然"逆行"奔赴武汉疫情第一线，担任专家组组长，指导医治及防护工作。在抗疫最紧要的关头，钟南山院士夜以继日地工作，带领白衣天使们不辞辛苦，攻坚克难，为战胜新冠肺炎疫情作出重要贡献，为全国医疗界战胜疫情增添了信心和力量。17 年前，在抗击"非典"最严峻的时刻，67 岁的钟南山同样奋战在前线。"把重症病人都送到我这里来！"作为医者，他以妙手仁心挽救生命，以科学家实事求是的严谨态度应对灾难，为中国最后取得抗击非典的胜利立下了卓著功勋。钟南山院士一次次"最美逆行"的身影，充分体现了他高尚的医德、坚定的学术勇气，他敬业奉献的崇高精神激励着青年一代不懈奋斗。2020 年 8 月，经全国人大常委会表决通过，决定授予钟南山院士"共和国勋章"。

在这场新冠病毒阻击战中，武汉金银潭医院院长张定宇同志"舍小我、顾大我"的感人事迹同样赢得社会各界人士广泛赞誉，被授予"人民英雄"国家荣誉称号。作为一名"渐冻症"患者，张定宇同志在自己身患绝症、妻子感染新冠病毒的情况下，带领全院 600 名医护人员，夜以继日地连续奋战 30 多天。他曾说："我必须跑得更快，才能跑赢时间，把重要的事情做完；我必须跑得更快，才能从病毒手里抢回更多病人"。作为一名共产党员，张定宇同志面对疫情忠诚履职、身先士卒的精神，关键时刻恪尽职守的责任担当、舍身忘我、无私奉献的爱民情怀值得大力弘扬。

（六）孝老爱亲——彰显人性之美

孝道自古便是中华民族重要的道德规范，也是中华民族重要的文化心理和精神基因。孝老爱亲，顾名思义，是指孝敬老人，爱护亲人。老吾老以及人之老，幼吾幼以及人之幼。孝老爱亲的思想已成为社会主义核心价值观的重要源泉。提倡孝老爱亲，培养人们的孝心与爱心，不仅能够培养人们尊敬师长、孝敬父母、敬老助老的优良品质，而且有助于促进家庭与社会的和谐，有助于社会主义核心价值观深入人心。

古有二十四孝的故事流传至今，今有众多孝老爱亲的典范有口皆碑。全国道德模范刘培、刘洋、张许氏、廖月娥就是其中的典型代表。在湖北省襄阳市一家汽配厂工作的刘盛均在作业时不慎被高温蒸汽烧伤，全身 96% 的皮肤被烧伤，生命危在旦夕，医生提出如果能在直系亲属身上取皮方能使刘盛均尽快脱离危险。尽管知道大面积去皮存在很大风险，但是刘培和刘洋兄弟俩都试图说服对方用自己的皮肤去挽救父亲，为此他俩多次"争吵"，甚至"打架"。为了保护弟弟，哥哥刘培趁弟弟上班，用自己头部和背部的皮肤移植到父亲的腹部和四肢，及时地使父亲的病情得到控制。得知消息后，弟弟刘洋失声痛哭，他毅然变卖新房，并将所剩 20 余万元全部用于治疗，于同年 8 月也接受了取皮手术。古有卧冰求鲤，今有割皮救父。80 后刘培和刘洋兄弟的孝行难能可贵，值得敬佩，他们用实际行动告诉人们，孝老爱亲的美德依然深深地植根在年轻人的心中。

安徽省亳州市谯城区西关社区居民张许氏，是一个连名字都没有的 97 岁老人，她没有坚实的臂膀，却四十年如一日地为瘫痪儿子许全意延续生命。每天晚上，老人都要起身好几次，看看儿子热不热、冷不冷，有没有尿床。儿子的头发、胡子多年来一直都是张许氏亲自修剪的。如今，老人已是白发苍苍，腰弯背驼，但她仍坚持在家里亲自照顾儿子。病床上的许全意虽然瘦弱，但身上干干净净，没有一点褥疮，双目有神，虽不能言语，但完全没有久病之人的那种木讷，能够用眼神和母亲交流。张许氏用自己的行动无私地书写着人世间最伟大的母爱，被评为第四届"全国道德模范"。

另一位孝老爱亲模范廖月娥的事迹同样让人感动。30 多年来，她先后将多位孤寡老人、残疾老人接到家中赡养。五保户老人廖兴红被廖月娥夫妇接到家中以后，像亲人一样被悉心照顾，愉快地度过了晚年。1986 年 5 月，廖月娥将瘫痪在床多年的农村村民任国华接到家中，给他洗衣做饭，收拾房间，添衣置被。任国华患有脚病，腿脚经常流脓水，气味难闻，但廖月娥从不嫌弃他，每天都给他洗脚。廖月娥还请人专门为任国华做了一个坐式木桶，每次大便就由廖月娥背上背下，从不嫌脏怕累，直到身患重病的任国华去世，整整在廖月娥家中生活了 16 年。之后，廖月娥又先后将瘫痪在床的周桂三老人、75 岁的孤寡老人胡毅群老人、无儿无女且左手有残疾的盛小洋老人接到家中仔细照顾，用一颗爱心去关照别人，去温暖孤独者的心灵，赢得了人们的称赞。

二、群众性精神文明创建活动的宣传教育

群众性精神文明创建活动是指全体社会成员广泛参与的规模宏大的具有建

设性意义的精神文明建设活动。① 它是加强社会主义精神文明建设的一个重要载体，是人民群众的主体地位以及党的群众路线工作方法在精神文明建设中的具体体现。作为社会美教育的一项重要内容，群众性精神文明创建活动的宣传教育是指人们通过广泛参与规模宏大的具有建设性意义的精神文明建设活动，树立文明意识，养成文明习惯，提升公民文明素质，倡导文明新风的教育实践活动。它是将社会主义精神文明建设理论转化为人民群众社会实践的有效载体，是吸引广大人民群众广泛参与精神文明建设、造就"四有"社会主义公民的重要途径。

群众性精神文明创建活动是人民群众移风易俗、改造社会的伟大创造。② 党的十一届三中全会以后，随着工作重心的战略转移，我们党提出了社会主义精神文明建设的概念，明确指出精神文明建设也是我国社会主义现代化建设的一个重要目标。尤其是经过十年浩劫以后，人们非常迫切地要求整顿社会秩序和社会风气，消除"脏乱差"，改善人际关系，营造安定祥和的政治局面。为此，1981 年 2 月，全国总工会、全国妇联、共青团中央等九个部门和团体联合发出倡议，在全国开展"五讲四美"活动，即以讲文明、讲礼貌、讲道德、讲秩序、讲卫生和心灵美、行为美、语言美、环境美为主要内容的文明礼貌活动。中宣部等五部委联合发出《关于开展文明礼貌活动的通知》，确定每年三月为"全民文明礼貌月"。党中央对"五讲四美"活动给予了充分肯定，决定把"五讲四美"活动推广到全党全民中去，提出以卫生清洁为突破口，重点搞好环境卫生、提高服务质量、整顿公共秩序，力求全面解决"脏乱差"等社会问题。而且还增加"三热爱"活动，把"五讲四美"和"三热爱"统一起来，开展全民文明礼貌月活动。这一活动激发了人民群众移风易俗、改造社会、改变风气的热情，全国各地的党政军民和广大学生纷纷走上街头，打扫卫生，宣传文明礼貌，维护交通秩序，开展学雷锋、树新风、送温暖活动，显著地改善

---

① 郑培民：《论群众性精神文明创建活动》，《湖南社会科学》1997 年第 3 期。

② 戴舟：《深入开展群众性精神文明创建活动》，《理论前沿》1996 年第 9 期。

和提高了城乡环境面貌和人们的精神面貌。与此同时，"五讲四美三热爱"活动的广泛开展，也催生了新颖多样的共建和自建精神文明活动形式，如创建文明村镇、评选文明农户的活动、军民共建精神文明的活动等。党的十三届四中全会以后，群众性精神文明创建活动步入全面深入发展的新阶段。1996年10月，党的十四届六中全会《关于加强社会主义精神文明建设若干重要问题的决议》指出，要深入持久地开展群众性精神文明创建活动，使群众在参与中受到教育，在实践中得到提高。① 之后，各地创建文明城市、文明村镇、文明行业活动蓬勃开展，文化科技卫生"三下乡"、"十星级文明农户"、"四进社区"、百城万店无假货、创建文明窗口、规范化服务、创建文明风景旅游区、志愿者等形式多样的群众性精神文明创建活动呈现出蓬勃生机。党的十六大以来，群众性精神文明创建活动的领域不断拓展，内容也日益丰富，创建活动逐步走上科学化、制度化、规范化的轨道，全社会的文明程度大幅提高。一大批具有典型示范性的全国文明城市、文明村镇、文明单位相继涌现，充分展示了广大精神文明建设工作者的良好精神风貌，集中反映了全国精神文明创建工作所取得的丰硕成果。群众性精神文明创建活动兴起与发展的历程充分证明，这一活动是广大人民群众在中国共产党的领导下，移风易俗、改造社会的伟大创造。

公民文明素质的养成，离不开群众性精神文明创建活动的宣传教育。公民的文明素质主要包括公民的思想道德素质、科学文化素质、审美素质和健康素质，它是社会的文明程度与人的综合素质的集中反映。群众性精神文明创建活动的宣传教育以理想信念美教育为核心，以满足人们的精神文化需求为目标，以创设优美的客观环境为基础，以传播社会风尚美、人文环境美和生态自然美为重点，广泛开展以"五讲四美三热爱"为主要内容的文明礼貌教育活动、讲文明讲卫生讲科学树新风活动以及全民健身运动，极大地促进了人们思想道德素质、科学文化素质、审美素质和健康素质的全面提升。

按照创建活动形式的不同，群众性精神文明创建活动的宣传教育主要包括

---

① 　中央文明办编：《群众性精神文明创建活动概论》，学习出版社2007年版，第29页。

以下四个方面的具体内容：

（一）开展创建文明城市活动，提高市民素质和城市文明程度

城市是一定区域政治、经济、文化的中心，是现代生产方式、生活方式和现代文明的发源地和扩散地。开展精神文明城市创建活动，是提高市民素质和城市文明程度的有效途径。

近年来，伴随着我国城市建设和发展速度的不断加快，城市面貌也发生了历史性的深刻变化，它一方面为社会的文明进步创造了新的平台、提供了新的机遇，另一方面也对市民素质和城市文明程度提出了新的更高要求。然而在现实生活中，我们仍能看到一些不文明的行为，如随意践踏公共草坪、城市雕塑被人涂鸦、旅游景点留名、随意吐痰、大声喧哗、公交车上无人让座等。这些都说明城市的发展要求市民素质和城市文明程度的提高，而市民素质和城市文明程度的提高则更需要文明意识的普及教育和文明习惯的养成教育。

创建文明城市活动寓教育于活动之中，它以提高城市文明程度为目标，以创建文明单位、文明小区和文明市民活动为载体，加强市民素质教育，改善城市环境面貌，提高市民的生活质量。具体内容包括：

一是开展公民道德教育实践活动。《公民道德建设实施纲要》明确规定了社会主义道德规范的基本内容和要求。以"八荣八耻"为核心的社会主义荣辱观，为社会主义公民树立起了一个新的道德标尺。公民思想道德教育以实践活动为载体，吸引群众普遍参与，使人民群众在参与中得到提高。例如，开展创建文明单位、文明家庭、文明社区、文明楼院活动；开展"送温暖""手拉手""春蕾计划""扶残助残"等公益活动；开展以重要事件、重要纪念日、节庆日、纪念日为契机的学习宣传活动；开展以"遵德守礼，争当文明市民"为主题的文明礼仪教育活动；等等。这些活动通过丰富思想内涵，强化道德要求，使每个公民在参与道德建设的过程中，精神生活得到充实，思想感情得到熏陶，道德境界得到升华。

二是开展环保教育活动，增强环保节约的意识。开展环保教育活动，普及

生态文明知识，增强人们环保和节约的意识，培养并树立生态文明的观念，不仅事关人民群众的切身利益和中华民族的生存发展，而且对建设资源节约型、环境友好型社会具有重要的现实意义。大力开展"全民节约、共同行动"的节约资源活动，广泛开展创建节约型企业、机关、单位活动，推进节能、节水、节地、节材和资源综合利用、循环利用。精心组织净化绿化美化环境活动，深入推进爱国卫生运动，广泛开展义务植树活动和治污减霾活动，积极推进"卫生城市""园林城市""环境保护模范城市"的建设，创建优美城市环境，不断提高市民的人居环境质量。

三是开展"四进社区"活动，普及科学、文化、法律知识。"四进社区"活动是创建文明城市的有效途径，是新形势下党的群众工作的具体体现。2002年1月，中央文明办联合多部委共同发出《关于开展科教、文体、法律、卫生"四进社区"活动的通知》，随后，"四进社区"活动在全国全面展开。该活动包括以下内容：其一，科教进社区。围绕"讲科学生活、建文明社区"的主题，组织有关方面专家、学者、科普工作者和科普志愿者在社区与居民共同举办科普咨询、科普读书、科普报告、科普讲演、科普讲座、科普培训、科普竞赛等各种活动，引导社区居民破除愚昧思想和落后习俗，增强科学意识和鉴别能力，让科学思想在社区广泛传播。其二，文体进社区。充分利用社区各类文体活动中心、艺术馆、影剧院、文化室、图书室、体育场等公共设施，经常组织丰富多彩的社区文体活动，促使社区文化的蓬勃发展。其三，法律进社区。积极推动"三官两员"进社区并与社区建立长期指导服务的制度，广泛开展法律咨询、法律援助、普法宣传展览等活动，引导社区居民增强遵纪守法意识、安全防范意识，及时化解社区居民的日常矛盾，维护社会稳定。其四，卫生进社区。动员各级各类医疗卫生机构、医护卫生人员和志愿者走进社区，普及科学的保健知识，为社区居民定期进行健康检查、常见病治疗和健康咨询活动，提高居民健康水平。"四进社区"活动开展以来，科学、健康、文明的生活观念已逐渐深入人心，友爱平等的社会风尚和邻里互助的人际关系正在悄然形成。

（二）开展创建文明村镇活动，提高农民素质和农村现代文明程度

创建文明村镇活动，是广大农民群众在提高物质生活水平的同时追求高尚精神文化生活的生动实践，是加强农村精神文明建设的重要载体。伴随着农村经济社会的快速发展，创建文明村镇活动在提高农民素质和农村现代文明程度方面发挥了十分重要的作用。其主要内容有：

第一，加强思想教育、农业技术教育和法制宣传教育，培养新型农民。农民群众是社会主义新农村建设的主体，农村各项事业的发展，离不开农民整体素质的提高和自身发展能力的增强。更离不开贴近农民群众实际的思想教育、农业技术教育和法制宣传教育。其一，加强思想教育。开展中国特色社会主义共同理想信念教育、国情与形势政策教育，宣传普及中国特色社会主义理论体系内容，推动当代中国马克思主义大众化，引导广大农村干部群众深刻领会党的理论创新成果包含的新思想、新观点、新论断，充分认识科学发展、社会和谐与自身利益的内在联系，进一步增强坚持走中国特色社会主义道路的自觉性和坚定性。通过组织各级领导干部带头讲党课、作形势报告，邀请相关专家深入农村基层宣讲，利用新闻媒体加大正面宣传的力度，让广大农村干部群众全面理解党和国家的路线、方针和政策，充分感受祖国日新月异的变化，准确把握我国发展的阶段性特征，树立爱国主义、集体主义、社会主义思想，牢固树立正确的世界观、人生观和价值观，自觉把个人的理想融入全体人民的共同理想之中，把个人的奋斗融入建设社会主义新农村的实践之中。其二，开展农业技术教育。通过开展形式多样的农业科技培训及致富信息服务，加大农业科技知识和实用技术培训、农民创业培训、劳动力转移培训力度，引导农民增强与建设新农村主体地位相适应的思想观念，提高农民科技致富能力、自主发展能力和市场竞争能力。其三，开展法制宣传教育。以普及农村经济活动和社会生活中的常用法律为重点，深入推进农村普法工作，引导农民增强法律观念、提高法律素质，自觉学法、懂法、用法、守法，通过合法途径和程序表达利益诉求、维护合法权益，在农村形成遵纪守法、安定和谐的良好氛围。

第二，加强道德风尚美教育，培育农村文明新风尚。风尚美是在一定的社会历史条件下形成和兴盛的关于道德风气、风俗习惯和交际礼仪的美。① 培育农村文明新风尚，是新农村建设的重要内容。通过开展"道德评议""共铸诚信""送温暖献爱心"等各具特色的道德实践活动，加强社会公德、职业道德、家庭美德、个人品德教育，遵行符合传统美德和时代精神的道德规范和行为规范，有利于引导农民群众树立社会主义荣辱观，营造邻里团结、家庭和睦、诚信友爱、扶贫济困的社会氛围。除此之外，大力开展"讲文明、讲卫生、讲科学、树新风"活动，传播文明礼仪和卫生健康知识，倡导健康文明的生活方式，帮助农民群众划清文明与愚昧、科学与迷信的界线，除旧布新，移风易俗，自觉抵制"黄赌毒"、封建迷信、宗族势力等的影响，铲除社会丑恶现象赖以存在和蔓延的土壤，让好风俗、好传统、好习惯在农村不断发扬光大，推动农村文明新风尚逐渐形成。

第三，加强生态文明宣传教育，创建整洁、优美的村镇环境。环境面貌最直观地反映着农村的文明程度。加强生态文明宣传教育，创建整洁、优美的村镇环境，实现人与自然和谐相处，是社会主义新农村建设的题中应有之义。通过开展"乡村清洁工程"、创建"绿色家庭""生态庭院"活动、节约资源和环境保护等活动，大力整治农村公共环境，改善家庭环境，建设良好的生态环境。通过实施"创绿色家园、建富裕新村""生态家园富民计划"行动，实现垃圾、粪便、秸秆等的资源化利用，推广太阳能、风能、沼气等清洁能源，大力发展农村循环经济，引导农民培育生态观念、养成卫生习惯，从而创建优美的村镇环境。

第四，加强先进文化教育，建设农村新文化。反映时代潮流、符合农村进步要求的新文化，是社会主义新农村的鲜明特征和重要保证。以健康向上的先进文化占领农村阵地，加强农民群众的文化教育，要重点开展形式多样的群众文化活动和文化惠民活动，创作出更多能反映农民主体地位和生活实际的深受

---

① 仇春霖主编:《大学美育》，高等教育出版社 2005 年版，第 230 页。

群众喜爱的精神文化产品，不断地满足农民群众日益增长的精神文化需求。例如，"三下乡""心连心""艺术进万家""送欢乐下基层"等活动，"民间艺术之乡""名村名寨""特色艺术之乡""民间工艺大师评选"活动，花会灯会的读书征文活动、农闲体育比赛、节庆庙会的文艺演出活动，等等。这些活动从农民群众生产生活的实际出发，形式多姿多彩、内容积极健康、风格清新质朴，具有浓厚的乡土气息，极大地充实并活跃了农民群众的文化生活。此外，农村新文化建设离不开农村公共文化服务体系的不断完善。通过对公共文化资源的合理调整与优化，对乡镇文化站、农村中小学的图书馆和电子阅览室功能的扩展，对"农村电影放映工程""农村基层文化建设工程""广播电视村村通工程""电视进万家和万村书库工程""文化信息资源共享工程"的深入实施，切实保障农民群众的基本书化权益，提高农民群众的文化水平和审美能力。

(三) 开展创建文明行业活动，提高从业人员职业道德素质和行业文明程度

创建文明行业活动，是促进各行各业健康发展的有力抓手，是加强行业精神文明建设的重要载体。它有利于密切党和政府同人民群众关系，有利于提高行业文明程度，也有利于促进行业自身的发展。创建文明行业活动的主要内容有：

1. 开展职业道德教育，提高从业人员的职业道德素质

职业道德是指从业人员在职业活动中应当遵循的具有职业特征的道德要求和行为规范。开展职业道德教育，提高从业人员的职业道德素质，是创建文明行业的重要内容和基础性工作。搞好职业道德教育，就必须把提高从业人员职业道德素质放在首位，根据行业特点，针对突出问题，制定和规范不同岗位的职业道德的基本内容，进行职业道德的基本理论、原则、规范的教育，培养从业人员爱岗敬业、诚实守信、办事公道、服务群众、奉献社会的职业道德，养成良好的职业习惯，树立起各具特色的行业新风。通过各种形式的职业道德教育活动的广泛开展，引导职工在职业行为中自觉履行职业道德要求，摒弃不文明行为，塑造良好的职业形象。例如，1995 年 12 月，中宣部、国内贸易部在

全国组织开展的"百城万店无假货"活动。2003年9月，中央文明办会同全国整顿和规范市场经济秩序领导小组办公室、国家工商总局、国家税务总局、国家质检总局联合开展的"共铸诚信"宣传教育活动，都坚持以弘扬诚实守信为宗旨，在引导人们树立诚信为本、操守为重、守信光荣、失信可耻的信用意识和道德观念方面均取得了显著的教育效果。

2.培育以人为本的经营服务理念，提高服务技能和服务水平

服务群众、奉献社会，是坚持以人为本的具体体现，也是坚持社会主义职业道德的必然要求。在社会主义市场经济的条件下，创建文明行业活动要紧紧围绕服务群众、奉献社会这个宗旨，努力培育以人为本的经营服务理念。引导从业人员时刻把服务对象的需求放在首位，改善服务态度和服务环境。开展学习型企业、学习型班组活动，以岗位练兵、劳动竞赛、技能培训等多种形式，激励职工岗位成才、自学成才，不断提高从业人员的服务技能和服务水平。

3.开展优质规范服务活动，完善行业管理

开展优质规范服务活动是创建文明行业活动的基本内容，它需要以完善工作制度，规范操作流程，健全管理机制作保证。只有实现行业生产、服务和管理的科学化、制度化和规范化，才能不断提高行业的服务水平和文明程度，有效解决群众最关心、最直接、最现实的利益问题，真正树立起各具特色的行业新风。例如，邮电系统就将"人民邮电为人民"的宗旨化为具体的服务规范，从每一个岗位、每一个"窗口"、每一个工种抓起，开展全行业规范服务达标活动，改善服务态度，提高服务质量，从而取得了良好的经济效益和社会效益。实践证明，开展优质规范服务活动是一个融思想教育、规范行为、强化监督、完善管理为一体的系统工程，对于增强从业人员职业素质，促进行业健康发展，具有十分重要的作用。

（四）开展主题创建活动，提高公民文明素质和社会文明程度

在群众性精神文明创建活动发展历程中，围绕党和国家一个时期的中心工作，形成了许多各具特色的主题创建活动。这些形式多样的主题创建活动是群

众性精神文明创建活动的重要组成部分，对提高公民文明素质和社会文明程度起到了十分重要的作用。开展的主题创建活动有：

1.开展"迎奥运、讲文明、树新风"活动

为迎接 2008 年北京奥运会和残奥会的成功举办，营造喜庆热烈的奥运会氛围，展示我国人民期盼奥运、参与奥运、奉献奥运的良好精神面貌，2006年 2 月，中央文明委、北京奥组委在全国部署开展了"迎奥运、讲文明、树新风"活动。活动围绕"讲文明、树新风"这一主题，深入开展文明礼仪教育，加强生活礼仪、社交礼仪、职业礼仪、赛场礼仪和涉外礼仪等礼仪常识的宣传教育，倡导爱国、敬业、诚信、友善等道德规范，积极培育良好社会风尚。扎实推进文明服务，做好奥运志愿者招募和培训等工作，引导广大群众以志愿服务的形式关注、支持和参与奥运，形成"我参与、我奉献、我快乐"的新风尚，不断提高服务水平。切实加强社会管理，建立健全各类公共场所的文明行为守则，集中整治社会治安、市容秩序、交通秩序管理等方面存在的突出问题，努力创造良好的公共秩序。按照"绿色奥运"的要求，整治环境卫生，改善城乡居民生产生活环境。通过组织开展"迎奥运、讲文明、树新风"活动，不仅为奥运会的成功举办创造优良的社会人文环境，而且充分调动起广大人民群众参与精神文明建设的热情，使公民的文明素质和社会文明程度得到了全面的提升。

2.开展城乡社会志愿服务活动

城乡社会志愿服务活动，是指社会组织和个人利用自身的时间、资金、技能等资源，自愿为公共事务、公益事业和城乡居民提供无偿帮助和服务的行为。[①] 作为现代社会文明进步的产物之一，社会志愿服务是人民群众参与精神文明建设的有效途径，是群众性精神文明创建活动的重要组成部分。2006 年10 月党的十六届六中全会中通过的《中共中央关于构建社会主义和谐社会若干重大问题的决定》指出，要以相互关爱，服务社会为主题，深入开展城乡社会志愿服务活动。通过精心设计活动计划、广泛发动群众参与、建立健全科学

---

① 中央文明办编：《群众性精神文明创建活动概论》，学习出版社 2007 年版，第 175 页。

规范的工作机制，使奉献、友爱、互助、进步的志愿服务精神深入人心，逐渐形成男女平等、尊老爱幼、扶贫济困、扶弱助残、礼让宽容的人际关系以及"我为人人，人人为我"的社会氛围。

3.推动学雷锋活动常态化

2011年10月，党的十七届六中全会作出《关于深化文化体制改革、推动社会主义文化大发展大繁荣若干重大问题的决定》的重要决策，要求广大干部群众深入开展学雷锋活动，采取措施推动学习活动常态化。推动学雷锋活动常态化，包括建立学雷锋活动的长效机制，教育人们深刻认识和把握雷锋精神的时代内涵和时代价值，广泛动员人们参与学雷锋实践活动等内容。以学雷锋活动为载体，目的在于自觉学习并践行雷锋精神，引导人们树立热爱党、热爱祖国、热爱社会主义的崇高理想和坚定信念，弘扬雷锋服务人民、助人为乐的奉献精神，倡导干一行爱一行、专一行精一行的敬业精神，锐意进取、自强不息的创新精神和艰苦奋斗、勤俭节约的创业精神，加强社会主义荣辱观教育，建设社会主义核心价值体系。通过在青少年中广泛开展"弘扬雷锋精神、做全面发展一代新人"为主题的教育实践活动，将雷锋精神融入校园文化建设，使雷锋崇高精神进入教材、进入课堂、进入学生头脑；开展以"践行雷锋精神、办人民满意教育"为主题的教育实践活动，动员广大教职员工积极参与学雷锋活动；开展"学雷锋为民服务周"活动，推进大学生志愿服务西部计划，建立学雷锋志愿服务活动基地，不断增强学雷锋活动的覆盖面、渗透力和持久力。例如，河南师范大学自1992年起开展"弘扬雷锋精神，青春点亮行动"活动，每月评出发生在身边的10件好人好事，至今已评出好人好事近2650件，这些爱心事迹温暖着广大师生的心灵，鼓舞着更多的人学雷锋，做好事。

第二节　自然美教育

作为美的现象形态之一，自然美是相对于社会美、艺术美的一种审美现象形态。但在规范自然美的本质特性过程中，因学派不同，观点不同，存在的分歧也较为明显。根据马克思主义实践的观点，本书中所指的"自然美"既不是自然物的自然属性，也不是人的主观意识产物，而是产生于自然与人类社会实践的历史联系之中，是"自然物中体现的人的本质力量或一定的社会意义"①。自然美是自然属性和社会属性的统一体，是自然性与社会性的统一。其中，自然物的自然属性（包括形式美）是构成自然美的物质基础，当自然属性在人的社会历史活动中与人发生了实际关联，能够体现出人的本质力量并能满足人审美要求的客观意义时，自然美的社会属性便产生了，因此，自然美的社会属性是自然美形成的决定因素。作为一种客观存在，这两种属性的有机统一映射到人的头脑之中，便会使人产生愉悦的审美情感。我国现代著名教育家、艺术家丰子恺就曾高度评价"自然美"，他认为，自然不仅是美和艺术的源泉，更是"人生的源泉"。因此，培养受教育者对自然美的"真实的爱护心"才是"美的教育的第一要务"②。本章中的"自然美教育"，是指在审美教育中通过受教育者对"自然物中体现的人的本质力量或一定的社会意义"的体验，培养积极的审美情感，提高实际生活中发现和创造美的审美能力，塑造和完善健全人格的思想教育。它主要包括自然风光美教育和人文景观美教育两个方面。

审美教育中的自然美教育具有功利性、比德性、多面性的特点。首先，自然美教育具有功利性的特点。与社会美教育的伦理性不同，自然美教育的功利性主要体现在自然对人的现实功能性，即自然的价值属性在人的物质和精神方面所具备的有用性、有利性、有益性。③就单个自然物来讲，凡是能给人带来平安、满足、幸福的，一般就评价为好的、美的；就自然环境而言，凡是能给人们带来灾祸、损害、痛苦的，一般就评价为恶的、丑的，反之，亦被评价为好的、美的。显然，这种明确的好恶与美丑的判断正体现了人对自然"功利性的善"的肯定和追求。"人一般都是用所有者的眼光去看自然，他觉得大地上

① 王世德主编：《美学辞典》，知识出版社 1986 年版，第 40 页。
② 仇春霖主编：《大学美育》，高等教育出版社 2005 年版，第 185 页。
③ 陈望衡：《审美伦理学引论》，武汉大学出版社 2007 年版，第 71 页。

的美的东西总是与人生的幸福和快乐相连的。"① 从一定意义上讲，这种"眼光去看自然"反映了人们从美的角度对于自身存在和价值、个体与自然、个体与社会的关系的现实思考，而所谓"大地上的美的东西总是与人生的幸福和快乐相连"则正反映了一种追求，即一种自然物的美的形式特征与人类社会的生活意义以及主体的思想情感和谐相统一的审美渴求。其次，自然美教育具有比德性的特点。作为一种中国传统的审美思维方式，"比德"是指人们将自身的某种道德观念通过比喻和象征寄托到自然物之上，使主体的思想受到启迪，道德境界得以提升的方式和方法。对此，车尔尼雪夫斯基曾深刻地指出：只有当构成自然界的美的东西能"使我们想起人来"，或者"能预示人格"，而且只有作为人的一种"暗示"，它才具有了美的意义。② 自然美的教育过程，实际上就是引导人们把自然物的美的形式特征与自己的生活实践、道德修养、思想情感相结合，不断进行感悟、理解、践行的过程。例如在《秦风·小戎》中，"言念君子，温其如玉"就将温润的美玉比喻为君子的温和、宽厚的高贵品德，并且认为，玉石莹润光泽、硬实光滑、碎不可复、瑕适并见的特点正巧妙地暗合与象征了君子"仁、知、义、行、勇、情"的道德品质。在《论语·子罕》中孔子曾说："岁寒，然后知松柏之后凋也。"他将酷寒、烈风、暴雪等极端恶劣的天气下依旧傲然挺立、郁郁葱葱的松柏与具有崇高气节的君子相比喻和称颂。此外，人们还经常用蒲公英象征延安人民敢为人先、不畏艰苦的革命干劲，用梅、兰、竹、菊的自然禀性比喻人清高、傲岸、廉洁的高尚品德，等等，这些论述都充分体现了自然美教育所独具的比德性的特点。最后，自然美教育具有多面性的特点。由于自然物的属性是多方面的，而它又可以和人类生活构成各种不同的联系，会使人产生不同的联想，同样一种自然事物从不同的角度切入，也会带来不同的教育效果。因此，自然美教育呈现出明显的多面性特点。以竹子为例，宋代文同曾根据其内里虚空的生长特点，将其描写为"心

---

① ［俄］车尔尼雪夫斯基：《生活与美学》，周扬译，人民文学出版社 1959 年版，第 10 页。
② ［俄］车尔尼雪夫斯基：《生活与美学》，周扬译，人民文学出版社 1959 年版，第 10 页。

虚异众草，节劲逾凡木"，以讴歌君子虚怀若谷、可折不可弯的道德品质；清代郑燮却从竹子枝、干、叶的结构特点，将其描述为"一节复一节，千枝攒万叶。我自不开花，免撩风雨蝶"，以赞颂竹子的不媚不谀、朴实无华的精神品质；而竹诗则是从竹子的生存环境的角度，将其描写为"咬定青山不放松，立根原在破岩中。千磨万击还坚劲，任尔东西南北风"，充分赞扬了竹子坚韧、坚强、坚定的精神。这些不同审美视域下对竹子的描写，给人带来了不同层次的精神启发，充分说明了自然美教育多面性的特点。

自然美是自然物中体现的"人的本质力量或一定的社会意义"，这对于科学地理解自然美教育的含义与内容而言，具有重要的意义。长期以来，由于学界对于自然美含义的界定不一，导致了人们对于自然美教育的理解和认识也存在一定的差异。显然，将自然美教育仅仅理解为关于自然物中自然属性美的教育，或将其定义为人对自然产生的主观意识美的教育，这些观点都是有失偏颇的。现代思想政治教育中的审美教育归根结底是审美观的教育，如何通过自然美教育进一步提高人们的思想道德素质和审美素质，进一步协调人与自然的和谐共生关系，是审美教育亟须解决的关键问题。基于上述考虑，我们应从自然性与社会性相统一、客观与主观相统一的辩证观点出发来理解和把握自然美教育的内容，具体而言，它包括自然风光美教育和人文景观美教育两个方面。

一、自然风光美教育

自然风光美教育是指通过对纯粹自然中各种景物和现象的审美体验，培养受教育者对自然美的感知力、想象力、创造力的思想教育。自然风光美教育，按照不同的标准，可以划分成不同的类型。按自然风光美教育的风格不同，可以分为雄伟之美的教育、秀丽之美的教育、奇特之美的教育。其一，雄伟之美的教育。雄伟之美的教育是指关于自然景物高大厚重、雄浑坚实、伟岸磅礴的气势美的体验教育。从自然景物的形式特征看，雄伟能给人一种无限大的感觉。例如在"五岳之首"的泰山极顶上发出的"会当凌绝顶，一览众山小"的感叹、对塞北草原"天苍苍，野茫茫，风吹草低见牛羊"的动情描写都体现了人们对自然雄壮之美的折服与赞叹。其二，秀丽之美的教育。相比雄伟的阳刚之美，秀丽为阴柔之美。秀丽之美的教育是指关于自然景物清新怡人的柔和美的体验教育。欣赏秀丽的自然景色，犹如人行画中，大自然幽静和谐之美往往会给人带来赏心悦目、舒畅欢快的美的感受。如"三潭印月"中皓月中天的诗情画意之美、杭州胜景"柳浪闻莺"的幽静之美、"蛾首峨眉"的云鬟凝翠、鬓黛遥妆的灵秀之美等，都属于秀丽之美的教育范畴。其三，奇特之美的教育。奇特是超乎寻常的美，也是最有魅力的美。大自然中存在许多奇特的景象，它们的存在一般有违均衡、对称、和谐等基本的形式规律，显得离奇怪异、变幻莫测，经得起欣赏者反复玩味。例如素有"生平奇览""有奇若此""步步生奇"美名的黄山，其美就在于"奇"，奇松、奇石、奇云、奇峰交相辉映，身处其间如隔世仙境，令人赞美称绝。

二、人文景观美教育

自然美与人类生活的联系，不仅表现在人们欣赏自然物时达到的情感契合一致，更重要的是表现在自然界之所以有美的产生和发展，归根结底是人类社会实践的结果。因此，自然美除了自然风光美教育之外，还应包括人文景观美教育。人文景观美教育是指历史形成的、与人的社会性活动有关的景物中所蕴藏的美的教育，它主要包括历史古迹景观美的教育、文学艺术景观美的教育两个方面。

（一）历史古迹景观美的教育

历史古迹景观美是指人类社会历史发展过程中形成的，由人们所创设的活动遗址、遗迹、遗物及遗风等景物、景点所包含的美的要素和美的精神。历史古迹景观美的教育就是以这些美的内容为载体，并通过精神感化的方式对受教育者进行的一种有目的、有计划的思想教育活动。具体来说，历史古迹景观美的教育主要包括历史文化遗址教育、名人故居和活动遗址教育、革命遗址和革命纪念地教育等几个方面。首先，历史文化遗址教育。马克思主义的实践观认为，人在自然面前具有主体性，能够以自然物为物质基础，在社会实践过程中实现目的性和规律性的能动统一，使自然成为"人化了的自然"。对此，马克思曾明确地指出，人周围感性的世界绝不是"某种开天辟地以来就直接存在的、始终如一的东西，而是工业和社会状况的产物……是世世代代活动的结果"。①换言之，自然环境不是永恒不变的东西，它是不断发生变化的，而且它的这种变化一方面受到自然规律的支配，另一方面更要受到人力的作用和影响。于是，在人主观能动的创造活动之中，自然物被打上了人的意志的烙印，于是形成了"人化的自然"。例如，闻名于世的杭州西湖就体现了人的智慧之美。据史料记载，唐朝的白居易在任杭州刺史时，曾第一次用人工浚湖，在湖上修筑长堤。宋朝的苏轼出任杭州知州时，也曾派人筑堤蓄水。至南宋时，杭州西湖的十景就已经初步形成。在明清两代几经疏浚，新中国成立以后大规模地修整、美化的基础上，世人才得以欣赏到美轮美奂的西湖胜景。再例如，闻名遐迩的"世界第八大奇迹"红旗渠更是充分体现了劳动人民的勤劳创造之美。20世纪60年代，林州人民在极其艰难的条件下，靠着自力更生、艰苦创业的精神，克服重重困难，在太行山的绝壁悬崖、险滩峡谷中修建了著名的引漳入林工程，被世人称为"人工天河"。这是人类"改造自然、利用自然"史无前例的一项杰作，是新中国成立后林州人民勤劳和智慧的结晶，它不仅是一笔巨大的物质财富，而且成为我国著名的历史文化遗址之一，因此它也是一笔巨大的精神财富。红旗渠所体现出的林州人民"自力更生、艰苦创业、团结协作、无私奉献"的优良传统美德和感人精神，不仅得到了党和国家领导人的充分肯定与赞扬，而且感召着一代代的青年人以更加饱满的热情积极地投身于社会主义现代化建设。其次，名人故居和活动遗址教育。通过名人故居和活动遗址进行思想政治教育是审美教育的一条重要途径。众所周知，名人往往是在一定历史

———————

① 《马克思恩格斯选集》第1卷，人民出版社2012年版，第155页。

环境下为社会进步和人类发展作出过突出贡献或者其行为对历史产生过重要影响的人物，因此，他们的言行举止以及高尚品德大都具有普遍的影响力和社会公信力。客观而言，人们对名人的崇拜和向往之情往往是抽象的，但如果能够结合形象的建筑、陈设、物品等事物，就能够使这种抽象的情感转化为具体的形象感悟，不仅使受教育者更真实、更具体地了解名人的思想和行为，而且有助于引导人们感悟并践行崇高的精神。如宋庆龄故居、紫金山天文台、上海多伦路、青岛小鱼山名人街等，都可以成为开展这方面教育的景物和景点。最后，革命遗址和革命纪念地教育。革命遗址和革命纪念地教育主要是指为纪念祖国解放和新中国成立伟大进程中的革命历史和革命先烈而开展的爱国主义思想教育。通过参观革命遗址和红色革命根据地，不仅有助于受教育者了解中国共产党带领全国人民不屈不挠地捍卫人民利益、争取人民解放，并最终走向胜利的光荣历史，而且有利于他们在思想上进一步坚定党的领导，拥护和支持党的各项决议、方针和政策，从而在实际行动中能自觉维护祖国和人民的根本利益。

（二）文学艺术景观美的教育

文学艺术景观美是一种以自然美为基本素材并与自然景观融为一体的文艺创作和存在形式，它具有广泛的群众性和强烈的感染力。文学艺术景观美教育是通过游记、楹联题刻、神话传说等文艺形式，引导受教育者获得美的精神感悟，提升其审美水平和思想境界的教育活动。文学艺术景观美的教育主要包括名人游记教育、楹联题刻教育、神话传说教育等几个方面。首先，名人游记教育。游记是一种以记录个人游踪，描写优美的自然风光，借以抒发主体情感的文艺创作形式，一件优秀的游记作品，绝不以单纯模山范水、风花雪月的文字取胜，而是在抒发情怀时偏重倾吐主体在面对宇宙自然时所产生的哲理性的思索和感悟，所体现出的人生哲理和思想境界之美。名人游记教育，正是通过赏析优秀的游记作品，陶冶个人情操，提高审美能力和审美境界的思想教育活动。以曹操的《步出夏门行·观沧海》为例，这是曹操在征乌桓胜利后班师途中登临碣石山时所作的，全诗借吞吐日月、波涛汹涌的大海以及雄伟壮丽的祖国山川的描绘，生动地表现了曹操奋发进取、立志统一国家的伟大抱负和壮阔胸襟，同时诗人豪迈乐观的进取精神也能使人的心灵为之振奋和鼓舞。此外，毛泽东的《沁园春·雪》也是一首经典的风景诗词，曾被南社盟主、独步词坛的柳亚子曾评价为"千古绝唱"。这首《沁园春·雪》创作于红军长征到达陕北后，当时的中国正处于日寇紧逼，国民党政府节节退让的国难当头之际，但毛泽东笔下的北国冬天却没有一丝枯寂、凄凉的意味，相反字里行间却处处洋溢出"静如处子动英豪"的豪迈气势。"山舞银蛇、原驰蜡象""欲与天公试比高"不仅精妙地刻画出自然山河的排山倒海之势，而且彰显了中华民族不可征服的革命豪情和爱国主义精神；"俱往矣，数风流人物，还看今朝"更集中凸显了毛泽东和中国工农红军脚踏着祖国大地，肩负着历史使命，为中华民族再铸辉煌的坚定信念。在这种气吞山河、"情景交融"的诗词意境之中，相信每个人都能体会到振奋人心的革命乐观主义精神，获得奋勇向前的精神动力。其次，楹联题刻教育。楹联是我国特有的一种体制短小、文字精练、雅俗共赏的传统文学形式，一般是由两行对仗成文的汉字符号序列所组成的独立文本。在楹联众多的种类之中，就有专为某一名胜古迹撰写、镌刻的楹联，被称为名胜联。例如在杭州冷泉亭边就有名联："泉自几时冷起，峰从何处飞来"；山海关更有奇联"山山海海山海关，雄关镇山海；日日月月日月潭，秀潭映日月"；清代的林则徐也曾提笔写下："海纳百川，有容乃大；壁立千仞，无欲则刚"的千古名联；等等。这些名联往往短小精悍，微言大义，不仅形象地捕捉到了客观事物的特征，而且深刻地道明了事物内在的精神实质，让人能在欣赏自然美景的同时，更直观地受到思想的启迪和教育。最后，神话传说教育。在中华大地雄伟秀丽的山山水水中，流传着无数优美的神话传说。这些神话中有不少都是以自然山水为"素材"创作而成的，它们或者是以山水为认识对象而产生的、用以解释山水形态及其附着物由来的神话故事；或者是以山水为改造对象而产生的、用以反映和歌颂我国人民征服自然、改造自然、同自然困难与灾害作斗争的英勇精神；或者是将自然山水拟人化，绘声绘色地讲述神话人物、神话故事，从而增强自然山水的人文趣味性。因此，作为自然山水直接或间接派生出的神话传说教育，与名人游记教育和楹联题刻教育一样，是文学艺术景观美教育的重要组成部分。对此，袁珂曾这样评价：神话之美不仅在于奇伟瑰丽的形式本身，更在于可贵的征服自然、改造世界的雄心壮志和豪迈气概。那些以征服和改造自然为主要内容的神话传说，在与特定的自然山水景观相结合的时候，不但能使人们充分领略山水淳朴自然的意境之美，更能从中领略到崇高的精神美、品质美和意志美。古蜀险道，深涧愁猿，而"五丁力士开山"的神话传说却为这雄奇险峻的山水涂上了"地崩山摧壮士死，然后天梯石栈相勾连"的悲壮色彩，使人从眼前之景中感受到五丁力士那不畏险阻的献身精神。而这种精神也正是我国古代劳动人民为打开秦蜀交通的献身精神，它与太白一样崇高、剑门一样宏伟，值得后人崇敬和学习。

总之，自然风光美教育和人文景观美教育构成自然美教育的主要内容。自然风光美教育为人文景观美教育奠定现实基础，人文景观美教育又是自然风光美教育的精神升华与飞跃，两者相辅相成、密切联系、不可偏废。

第三节　艺术美教育

艺术美是指艺术作品的美。[①] 它源自现实生活，又高于现实生活，是艺术家审美心理物态化的结晶。马克思曾讲："艺术对象创造出懂得艺术和具有审美能力的大众，——任何其他产品也都是这样。因此，生产不仅为主体生产对象，而且也为对象生产主体。"[②] 换言之，美的艺术作品不仅包括指导人们创作出美的"艺术对象"，更在于"创造出懂得艺术和能够欣赏美"的审美主体。艺术美教育是指人们通过鉴赏艺术作品，体会艺术家的审美理想和精神品格，培养受教育者积极的审美情感，提高其在实际生活中发现和创造美的审美能

---

① 王向峰：《文艺美学辞典》，辽宁大学出版社 1987 年版，第 99 页。
② 《马克思恩格斯全集》第 30 卷，人民出版社 1995 年版，第 33 页。

力，进而塑造和完善健全人格的思想教育。依据美学中审美范畴的相关理论以及现代思想政治教育中审美教育的基本特点，艺术美教育可主要分为崇高与优美教育、悲剧美与喜剧美教育两个方面。

审美教育中的艺术美教育具有理想性、形象性、情感性的特点。首先，艺术美教育具有鲜明的理想性。理想性是指在艺术美教育中所体现出的道德教育"善"和认知教育"真"相统一的特点。具体而言，它既是人们的一种审美教育活动，又是人们的一种道德教育活动和认识活动；既包含有道德活动的积极成果"善"的内容，又包含有认识活动的积极成果"真"的因素，是真与善的统一，是符合历史必然性的理想要求。相比社会美教育，它更多地注重艺术形式的审美价值；相比自然美教育，它又显得更加强烈、纯粹，能够集中地体现出创作主体的审美认识和审美理想。如在欣赏梵高著名油画作品《向日葵》的时候，既要引导受教育者通过分析画面，体会逼真的向日葵所展现的"真"；又要使其理解艺术家对生命主体的尊重和关爱的创作旨义，领略精神层面的"善"。对于艺术美教育而言，"真"与"善"的统一才是真正的艺术境界之美，也是艺术美教育的理想之美。因此，理想性是艺术美教育的一个显著特点。其次，艺术美教育具有生动的形象性。形象性是指艺术美教育载体和内容所具有的可感、鲜明、具体的程度，即艺术形象的直观性、典型性、真实性。作为审美教育的重要内容之一，艺术美教育与社会美教育和自然美教育的重要区别就在于它以具体、形象的感性美的形式显现其深刻丰富的内容。黑格尔曾认为，"艺术的形式就是诉诸感官的形象"①，它让人们看到、听到、感受到，从而在审美体验的过程中领悟到作品的深刻意蕴。如欣赏俄国著名画家列宾的油画《伏尔加河的纤夫》，就是通过对十一名纤夫不同的姿态、表情、年龄以及每个人不同的个性和命运的形象刻画，生动、鲜明地描绘出一群衣着褴褛的纤夫拖着货船沉重前行的劳动场面，能够让人对这些典型的人物的命运，以及由他们折射出的千千万万劳动人民的悲惨命运产生真切的同情，更能直观地体会到作

_____

① ［德］黑格尔：《美学》第 1 卷，商务印书馆 2013 年版，第 40 页。

品深刻而丰富的社会人生的本质内容。当然，艺术形象的真实性并不拘泥于现存事物的原始记录，而是对日常形象和题材经过"似真性"的再加工，所创造出的真实可信的审美境界。例如，伟大文学家托尔斯泰的《战争与和平》《复活》《安娜·卡列尼娜》等作品就反映出了历史的真实性，列宁还曾经赞誉其为"俄国革命的镜子"，并指出真正伟大的艺术家一定能够在自己的作品中反映出革命的某些本质的方面。① 最后，艺术美教育具有丰富的情感性。情感性是指在艺术欣赏过程中受教育者所表现出来的强烈而真挚的情感体验的特点。这里的"情感"，不是某一个人孤立的情感，而是符合社会发展方向的、为广大人民群众所理解的、为谋求人类幸福所必需的情感。对此，法国著名雕塑家罗丹认为，艺术本身就是情感；托尔斯泰也认为艺术的本质就在于表达情感，而且指出，如果"作者所体验过的情感感染了观众或听众，这就是艺术"②。可见，真挚而强烈的情感是艺术元最重要的源泉。再如南宋爱国诗人陆游曾有一首著名的诗词《示儿》："死去元知万事空，但悲不见九州同。王师北定中原日，家祭无忘告乃翁。"言简意赅的诗句中，诗人临死都不忘国家的统一，这种质朴、真诚、深沉的爱国情绪至今仍会使人热血沸腾、心潮澎湃。相反，如果艺术美教育中没有情感的灌输，没有强烈的爱憎体验，那么无疑将会导致整个教育的失败。所以，情感性是艺术美教育的一个突出特点。

由于艺术美是一种反映形态的美，是由人类根据自己对社会现实的审美认识和审美理想创作完成的，作为第二性的美，属于社会意识范畴，它是主客观的统一，是真善美与知情意的统一，是内容的理想美与形式的构成美的和谐统一，集中体现了人类求真向善的本质力量和艺术家的创造精神与创造能力。作为一种物态化的形式，它充分展现了人对美的思辨力、想象力和创造力。艺术美教育通过寓教于乐、动人怡情，使受教育者在灵魂震撼中得到美的享受和教益。下面，我们着重对崇高与优美教育、悲剧美与喜剧美教育进行解析。

---

① 《列宁选集》第 2 卷，人民出版社 1995 年版，第 241 页。

② [俄] 列夫·托尔斯泰：《艺术论》，张昕畅译，中国人民大学出版社 2005 年版，第 49、47 页。

一、崇高与优美教育

崇高和优美属于美的基本形态范畴，崇高教育和优美教育同样也是两种不同类型的艺术美教育。它们能够给人带来不同的审美感受和精神体验，比如，狂风暴雨能给人以强大和无限力量的感觉；而风和日丽却能使人获得内心的愉悦闲适的审美体验。

（一）崇高教育

崇高教育是指在艺术美教育中，通过赏析艺术作品，教育者引导受教育者领悟和学习其中蕴藏的人类永恒的生命力和实践主体的巨大力量，以及英雄模范人物在剧烈的阶级斗争和社会主义现代化建设中所表现出来的高尚的道德品质。崇高是与卑鄙或丑恶完全对立的概念，它是指在审美实践中，审美主体与审美客体处于相冲突的状态，且在此冲突中审美主体被审美客体暂时性地压倒，经由尖锐的矛盾斗争，最后实现主客体的统一，从而显示出实践主体巨大力量所体现的美。[1] 即在客观现实中以巨大而有力的形式表现出来的某种事物的美及其丰富而充实的内容，既是一种以力量和气势取胜的庄严和宏伟的美，又是一种显示主体实践斗争的具有强烈伦理道德作用的伟大的美。崇高之美以不和谐为其基本特征，它更多地诉诸人的理智，通过理智的思考与情感的激荡使人获得审美感受。[2] 就其内在本质而言，崇高教育是一种关于以欣赏"巨大而有力"的动人心魄的美的内容，灌输"美和善"的思想教育。

艺术美教育中的崇高是社会现实生活中崇高事物最集中的反映，但它并不等于现实生活，而是经过艺术家提炼、加工、升华之后的结果，往往以具体典型的崇高形象为主要的表现方式。所以，崇高教育主要包括崇高的形象和崇高的精神两个方面的内容。其一，分析作品中的崇高形象及行为的内容。众所周

---

[1]　王向峰主编：《文艺美学辞典》，辽宁大学出版社 1987 年版，第 126 页。

[2]　胡连元主编：《美学概论》，高等教育出版社 1988 年版，第 134 页。

知，成功的艺术作品离不开典型形象的成功塑造，有效提升作品的艺术魅力更离不开作品形象的分析与刻画。在审美教育的过程中，只有逼真的作品形象和内容才能够引起受教育者的兴趣，一味进行空洞乏味的理论灌输只会使教育丧失吸引力和生命力。美学家蒋孔阳也曾认为：艺术的美是离不开形象的，而形象又无法脱离具体的感性的美的形式。他还论证说：如果一个艺术形象在形式上有缺陷的话，那它肯定不能成为美的艺术形象。[①] 例如，高尔基的诗歌《海燕》中那只在暴风雨即将来临前的海面上自由翱翔的"海燕"形象、人民英雄纪念碑基座上辛亥革命武装起义浮雕中前赴后继的"战士"形象、毛泽东诗词《卜算子·咏梅》中"已是悬崖百丈冰，犹有花枝俏。俏也不争春，只把春来报"的"梅花"的形象等，都属于典型的崇高形象。这些形象既是对现实生活中的美和崇高的颂扬与肯定，也是对现实生活中的丑恶和恐怖事物的批判与否定。对此，毛泽东同志指出：真、善、美的东西总是在同假、恶、丑的东西相比较而存在的，相斗争而发展的。因此，这就更需要在教育中加以明确地辨析崇高与渺小、美与丑、善与恶的形象和内容，通过"一览众山小"的对比进而领略"凌绝顶"的崇高境。其二，分析作品蕴含的崇高的精神境界和伟大的精神力量。追求崇高的精神境界是艺术作品的灵魂，更是崇高教育的着力点和价值旨归。试想，如果没有高度伦理学的基础，便没有也不可能有任何真正意义上的崇高，正是因为崇高的精神与人民群众的根本利益和社会发展的客观规律相一致，所以才具有强大的感染力和巨大的教育作用。可以说，崇高的精神境界也是真、善、美相统一的至高境界。在艺术作品中，崇高的美主要体现在作品所表现的具有崇高感的内容之中。具体来讲，一方面通过描绘寄寓作者豪迈壮怀、奔放激情的自然景观，表达作者在雄伟壮阔的自然景观中对生命和历史的体味和感悟，例如刘海粟的黄山奇景的画作，波澜壮阔，伟岸奇观。这里的自然景观已不是现实中客观对象的简单再现，而是被主体化了的客体，凝聚着人类认识自然、把握自然的伟大能力和生生不息的强大生命力。另一方面，

[①]　蒋孔阳：《美和美的创造》，江苏人民出版社 1982 年版，第 60 页。

通过集中呈现人类追求美好理想的艰辛奋斗历程和伟大精神，表现人们正义必将战胜邪恶的必胜信念。例如，贝多芬的《英雄交响曲》、陈毅元帅的诗篇《梅岭三章》、南京雨花台烈士群雕塑等，无不浓缩地呈现了尖锐的社会冲突和阶级斗争，以及在冲突和斗争中人们永不屈服厄运的坚定信念和战胜困难与邪恶势力的豪迈信心，洋溢出强烈的英雄主义光芒，充分展现了无产阶级和人民群众伟大的精神力量。总之，在崇高教育的两个方面中，分析作品的崇高形象及行为内容是基础，分析作品蕴含的崇高的精神境界和伟大的精神力量是目的，两者辩证统一、互为补充、缺一不可。

崇高教育的特点在于它更多地诉诸人们的理智，人们通过理智的思考与情感的激发而在内心产生强烈的崇高感，它具体表现为紧张感、崇敬感和奋发感。首先，紧张感是指人的生理、心理上的剧烈震撼，以及情感上的复杂交织：畏惧和喜悦、痛苦和愉快、自卑和自豪的碰撞、交融。荷迦斯曾说："巨大的、无定形的岩石本身具有一种惹人喜欢的惊惧"，"当大量的美的形态呈现在眼前时，心中的快乐就增加了，而惊惧则缓和下来变成了崇敬"[①]。需要强调的是，崇高不等同于恐怖，因为崇高与美、善有着内在的逻辑联系，而恐怖则与丑、恶有着内在的逻辑联系；恐怖与美、善是决然对立的东西，所以我们不能将崇高感与恐怖感混同在一起。其次，崇敬感是指人们在情感上唤起了自己对人类使命和生存目的的终极关怀与尊崇，对人类主体力量的尊重和对崇高的精神境界的追求，以及对实现人生理想和宏伟抱负的强烈愿望。康德认为，崇高引起的感觉先是畏惧，后是愉快，而这种崇高的愉快"不只是含着积极的快乐，更多的是惊叹或者崇敬"[②]。最后，奋发感是人在崇高感中产生的一种鞭策与激励的情绪。在社会和个人的发展过程中，作为个体的人的存在总是有限的，需要不断地勉励自己、超越自我，在克服自身缺点，战胜自我的过程中，使个体的人生价值达到真正的"不朽"与永生。

---

① 古典文艺理论译丛编辑委员会编：《古典文艺理论译丛》第 3 辑，人民文学出版社 1963 年版，第 33 页。

② ［德］康德：《判断力批判》上卷，邓晓芒译，人民出版社 2002 年版，第 83 页。

（二）优美教育

优美教育是指在艺术美教育中，通过欣赏艺术作品，使受教育者感悟宁静温馨、怡情悦性的自然意境美，以及纯净和谐、广博悦心的人生境界美的思想教育活动。优美，又称为阴柔之美、秀美、典雅美，它既体现了审美主体与审美客体在矛盾冲突和对立中处于相对平衡的状态，又体现了人与自然、人与社会、人与人之间和谐相融、共生共存的关系以及人们对于这种和谐关系的肯定性情感。与崇高之美不同，这种以和谐为特征的偏于静态的美的事物和现象直接诉诸人的感觉，能够使人获得轻松愉悦、心旷神怡的审美感受，而且作为一种世界上最普遍、最容易被接受的审美状态，优美是人们平和、自然、坦荡、热爱自由、富于创造性等本质力量的生动确证。[①]

在内容上，优美教育主要包括自然意境美的教育和人生境界美的教育两个方面，体现了现实客体对象的客观发展规律和人的社会实践活动之间相互肯定的关系。其一，自然意境美的教育。自然意境之美是指审美主体与审美对象在瞬间照面时而生成的一种和谐圆融的审美形态。大自然风和日丽、平湖秋月、柳浪闻莺、瑞雪初霁的现实美景不仅能够使人忘怀陶醉，而且其中寄托的意象世界更能够起到怡情悦性的审美教化效用。例如，在我国，月亮是一个颇具民族特色的优美意象，古往今来无数文人骚客都曾通过月亮圆缺来寄托内心期盼生活圆满的情思。李白的《静夜思》中"举头望明月，低头思故乡"的诗句寄托的是思念故乡之情；张九龄的《望月怀远》中"海上生明月，天涯共此时。情人怨遥夜，竟夕起相思"的诗句寄托的是思念恋人之情；苏轼的《水调歌头·明月几时有》中"人有悲欢离合，月有阴晴圆缺，此事古难全。但愿人长久，千里共婵娟"的诗句所寄托的则是期盼圆满之情；等等。当然，团圆美满并非一种现实之中普遍存在的实然状态，而是艺术家所追慕的一种应然的审美理想。其二，人生境界美的教育。人生境界美是一种关联人的爱，由广博的爱

---

① 李逸津：《美学导论》，中国文史出版社 2013 年版，第 117 页。

升华成为真正的"人"的审美境界。人生境界美的教育实际上是一种爱的教育，即引导受教育者学会关爱，学会体谅，学会付出和奉献的思想教育。李斯托维尔曾认为，爱具有一种"奇异的创造性的力量"，它可以把人"神圣化、理想化"。在他看来，优美的韵致有助于人们"心灵的纯净与和谐"，并认为"爱"可以驱使人们永恒向前，去实现人类高尚的命运，并能将人性的美从人类粗野世俗的自然天性中拯救出来，它不仅有利于实现人们精神上的满足，而且有利于人们真挚情感的沉淀。因为爱，主体的心灵能够得到滋润，主体自身的存在价值得以彰显，人际关系得以日益融洽，人生的境界得以显著提升。总之，优美教育所传播和展现的是一种主体和客体之间契合协调的平衡关系，这种和谐意味着人类对自身历史实践活动的自信与肯定，它能够使人的身心处于一种自由、舒畅、宁静的境界，从而获得积极健康的心理调适和精神陶冶。

优美教育的特点在于直接诉诸感觉，并通过优美的形象引发受教育者内心产生明显的愉悦感，具体表现为松弛感、爱恋感和和谐感。首先，松弛感是指在优美教育之中受教育者心理和生理上不会产生激荡不安与强烈紧张的感觉，它只会使人全身心地松弛愉快，让人获得一种温馨、宁静、恬淡的感觉。对此，英国十八世纪著名政治家博克曾在《论崇高与美》一文中说道："没有一个长久保持同一个样子的东西能够是美的，也没有一个突然发生变化的东西能够是美的；因为两者都与令人愉快的松弛舒畅相对立，而松弛舒畅却是美所特有的效果。"[1] 其次，爱恋感是指主体对审美对象的亲近，对象引起了主体的喜爱，这是一种无功利的、不带占有欲的无私的爱。"爱"是在对一个美的事物进行审美观照时心理所感觉到的那种满意，它在一定程度上并不等同于"欲念和性欲"。康德认为，优美不在于事物的存在，鉴赏判断的过程是审美的，是"凭借想象力（或者想象力和悟性相结合）连系于主体和它的快感和不快感"，所以并不包含和欲望能力相关的利害关系。[2] 而优美教育能够使受教育者摆脱

---

[1]　北京大学哲学系美学教研室编：《西方美学家论美和美感》，商务印书馆 1982 年版，第 122 页。

[2]　北京大学哲学系美学教研室编：《西方美学家论美和美感》，商务印书馆 1982 年版，第 151 页。

狭隘、低级的欲念的藩篱，引起人们内心真挚无私的"爱"或类似的某种情感。对此，车尔尼雪夫斯基也指出，优美感的一个主要特征是"温柔的喜悦"①，这种"温柔的喜悦"一方面来自优美对象合规律性的形式，另一方面也是因为优美能够使人心情舒畅、精神愉悦、合乎于人们生活的目的。最后，和谐感是指受教育者在审美欣赏中由于内心诸多因素的和谐统一而形成的悠然自得、适情顺应的情感状态。由于优美对象在运动形式上表现为轻盈、舒缓、柔和，在结构上表现为和谐、平滑，因而能使人产生一种宁静、平和、温柔的感觉。英国哲学家夏夫兹博里曾认为，凡是优美的事物都是和谐且比例适度的，而这种和谐的优美正是真、善、美的统一，因此它能引起人们情感上的愉悦。②

由于崇高和优美都是关于美与善的教育，因此，崇高教育和优美教育内容的实质也势必集中体现着真、善、美精神的高度统一。换言之，如果说崇高教育体现了主客体在矛盾冲突状态下美与善统一的话，那么优美教育则体现了主客体在和谐平静状态下美与善的统一。③总之，崇高教育与优美教育是辩证统一的，两者互为补充、缺一不可。

二、悲剧美与喜剧美教育

悲剧和喜剧属于不同形态的美的范畴，悲剧美教育和喜剧美教育同样也是两种不同类型的艺术美教育。悲剧美教育能够使人化悲痛为力量，给人以真理的启示，使人们的精神境界得到升华，道德水平得到提高，从而增强人们生活的勇气以及战胜困难的信心；喜剧美教育则主要通过滑稽、幽默、讽刺等艺术形式嘲笑和否定丑的事物，间接地肯定美的事物，它不仅能够起到揭露弊端、抑恶扬善、改善社会风气的积极作用，而且可以改善人们的恶劣心境，培养乐

---

① 北京大学哲学系美学教研室编：《西方美学家论美和美感》，商务印书馆1982年版，第94页。
② ［俄］车尔尼雪夫斯基：《车尔尼雪夫斯基论文学》，辛未艾译，上海译文出版社1978年版，第73页。
③ 李逸津：《美学导论》，中国文史出版社2013年版，第130页。

观主义精神。

(一) 悲剧美教育

悲剧美教育是指在艺术美教育中，通过赏析具有悲剧性矛盾冲突的艺术作品，教育者激发受教育者产生悲痛、哀怜、同情以至愤慨的审美情感，引导其学习和把握革命阶级必将战胜反动阶级、新生力量必将战胜反动势力的社会历史发展的客观规律和必然趋势。悲剧美又称悲剧性，是崇高的基本形态，即一种崇高的美。具体来讲，它是指在具有必然性的社会冲突中，顺应历史必然要求或具有肯定素质的社会力量和个人遭到不应有的、必然的失败或毁灭，从而激起人们悲痛、哀怜、同情以至愤慨的审美对象。[①] 作为审美范畴的悲剧美的概念与作为戏剧种类之一的悲剧概念是不尽相同的：作为戏剧种类之一的悲剧不仅有悲剧性的矛盾冲突，而且还具备特定的戏剧艺术形式；但作为审美范畴的悲剧美主要涉及矛盾冲突的悲剧性质，并不一定拘泥于戏剧艺术的特定形态，它可以广泛地存在于历史和现实的社会生活中的某些特定对象身上或者一切人类创造的艺术作品形态之中。此外，悲剧美亦不同于"悲伤"，因为"悲伤"的情绪具有明显的现实功利性，它不会产生审美愉悦感，而悲剧美则能够令人以审美的眼光面对对象，产生具有超越意义的独特的审美满足感和审美快感。对此，恩格斯在评论拉萨尔的剧本《济金根》时曾从辩证唯物主义和历史唯物主义出发，深刻地阐释了悲剧的本质：悲剧是"历史的必然要求与这个要求实际上不可能实现之间的悲剧性的冲突"[②]。其中所谓"历史的必然要求"，是指那些体现历史发展的客观规律的人的合理要求、理想以及在实践中所体现的人的优秀品质等内容。"这个要求实际上不可能实现"则是指在一定历史条件下，上述的人的合理要求、理想未能得到满足和实现的状况，而这两方面的矛盾与冲突正是悲剧美的本质之所在。

---

① 李逸津：《美学导论》，中国文史出版社 2013 年版，第 127 页。

② 《马克思恩格斯选集》第 4 卷，人民出版社 2012 年版，第 443 页。

悲剧美教育主要包括以下内容：其一，关于具有革命性的正义力量的悲剧美教育。马克思、恩格斯认为，悲剧可以反映一般题材的内容，而革命性的悲剧更能反映出历史转折关头阶级矛盾的激烈冲突，所以具有更大的教育作用。一切伟大的历史事变和人物第一次往往是以悲剧的形式而出现的。[①] 例如，人们在欣赏小说《红岩》时，面对革命先烈为了民族的解放和人类的理想，不惜以坚贞不屈的意志忍受酷刑，大义凛然地笑迎牺牲的情节，绝不仅仅只是感到沉痛和哀伤，而是能够从中感受到正义力量所展现的崇高品质和精神力量，进而在内心迸发出对英雄的崇敬赞美和向往之情。这种教育的基调正是悲壮慷慨和激昂向上的乐观主义的悲剧美的情感体验，它是历史发展进程中英雄的悲剧，是恶对善、丑对美的暂时胜利，是新生的正义力量在承担历史使命并为正义理想而奋斗的过程中，由于自身力量尚显薄弱或社会历史条件的局限而导致的暂时挫折和失败，也是新生力量必将战胜腐朽力量的悲壮前奏。其二，关于具有进步性的新生力量的悲剧美教育。新生的社会力量虽然代表了历史发展的必然趋势，但它尚未明确意识到历史的必然要求和自身的历史使命，在与恶的社会力量抗争中仍处于自发的、个人的状态，这种教育展现了进步性的新生力量的悲剧美与占主导地位的非正义的社会力量的不和谐状态，并由于力量悬殊和新生力量自身的软弱性而导致的失败结局。例如，在小说《红楼梦》中，贾宝玉的悲剧就属于具有进步性的新生力量的悲剧美，对封建社会所倡导的主流价值观，贾宝玉内心产生了怀疑以至反抗，但是他却没有也不可能彻底摈弃封建社会的价值观，于是不可避免地导致悲剧的结局。这种令人同情、惋惜的悲剧美能够起到发人深省、意味深长的教育作用。其三，关于旧事物、旧制度自身的悲剧美教育。在特定的社会历史阶段，一些原本具有进步性的社会力量在历史发展的进程中逐渐转化为与社会历史发展的必然趋势相背离的反动势力，由于其与社会历史发展的必然趋势背道而驰而遭到广大人民群众的强烈反抗，最终不可避免地导致失败的命运，这同样是一种悲剧美。马克思曾指出，"当

---

① 《马克思恩格斯选集》第1卷，人民出版社1995年版，第584页。

旧制度还是有史以来就存在的世界权力，自由反而是个人突然产生的想法的时候……当旧制度作为现存的世界制度同新生的世界进行斗争的时候，旧制度犯的是世界历史性的错误，而不是个人的错误。因而旧制度的灭亡也是悲剧性的"[①]。拉萨尔《济金根》中的济金根、茅盾《子夜》中的吴荪甫、《林家铺子》中的林老板都可称为这一类悲剧美的典范。对此，马克思曾认为，济金根的覆灭是因为他作为骑士和垂死阶级的代表起来反对现存制度是一种"反对现存制度的新形式"[②]。其四，关于被压迫、被凌辱的弱者的悲剧美教育。这些悲剧的主要角色既不是新生力量的代表，也不是反动势力的代表，而是生活中善良、平凡的小人物，他们的不幸与苦难反映了这些社会阶层的成员摆脱困境的愿望，但由于这些社会阶层的成员不是先进社会生产力的代表，没有也不可能形成自觉的革命意识和行为，最终被强大的反动阶级、反动势力所吞噬。例如，关汉卿《窦娥冤》中窦娥的悲剧、鲁迅《祝福》中祥林嫂的悲剧、《阿Q正传》中阿Q的悲剧都体现了这一特点。在腐朽黑暗的封建制度下，他们连过上正常人生活这一基本的愿望都无法实现，并最终在苦难中走向毁灭。这种平凡的小人物的悲剧将愤怒蕴含在平静之中，不仅使人们同情怜悯小人物的命运，而且具有深沉和强烈的感染力。总之，这四个方面的悲剧美教育都是特定历史阶段和社会阶级矛盾、阶级斗争的反映，它们从不同侧面，以不同方式揭示了革命阶级必将战胜反动阶级、新生力量必将战胜反动势力的社会历史发展的客观规律和必然趋势，因而具有独特的审美教育意义。

由于悲剧美是现实社会中悲剧的能动反映，它显示着主体的认识与情感相统一的理性力量，这种鲜明的伦理态度有利于人们在道德判断和实践意志方面进行深刻的审美体验，因而悲剧美的教育效果是颇为明显的。悲剧美教育尽管使人们感到十分悲痛，但是却更能够使人们从悲剧中产生巨大的精神力量，从而领悟到悲剧所蕴含的永恒而巨大的精神价值。另外，悲剧美教育能够使受教

---

① 《马克思恩格斯选集》第1卷，人民出版社2012年版，第5页。
② 《马克思恩格斯选集》第4卷，人民出版社2012年版，第436页。

育者正视社会现实，使其能在悲壮的情感中获得奋发进取的巨大勇气和力量，不断追求崇高，唾弃丑恶，从而实现自己心灵的净化和升华。

（二）喜剧美教育

喜剧美教育是指在艺术美教育中，通过滑稽、幽默、讽刺等艺术形式嘲笑和否定丑的事物，进而颂扬和肯定美的事物。喜剧美也称作喜剧性，它既与戏剧类型中的"喜剧"不同，又和人们日常情绪中"欢喜"的情绪相异。具体而言，喜剧美是指在矛盾冲突中让假恶丑的事物或有缺陷的事物暴露出自身的空虚、矛盾或荒谬无理，使人在笑声中嘲弄、讽刺和否定假恶丑的事物和现象。马克思曾从社会历史实践的角度对喜剧美的本质作了考察，他在批判地吸收前人研究成果的基础上，深刻地指出喜剧美是新生力量与反动势力矛盾冲突的产物，是新生力量在取得胜利后对反动势力的嘲笑和否定。他说："历史是认真的，经过许多阶段才把陈旧的形态送进坟墓。会经历很多的阶段。世界历史形态的最后一个阶段是它的喜剧……历史竟有这样的进程！就是为了人类能够愉快地同自己的过去诀别。"[①] 这一观点闪烁着智慧的光芒，为我们认识并开展喜剧美教育提供了科学的理论指导。

喜剧美教育主要包括否定性的喜剧美教育和肯定性的喜剧美教育两个方面。一方面，否定性的喜剧美教育。否定性的喜剧美教育表现为人们对陈旧的生活方式、即将灭亡的腐朽的社会制度以及丑的事物的嘲笑和否定。历史辩证法表明，任何事物都有其产生、发展和灭亡的过程，在新旧事物及其代表的社会力量相互抗衡的过程中，旧事物及其代表的社会力量在无法与新事物及其代表的社会力量相抗衡的时候，旧事物终将不可避免地成为新事物嘲弄和讽刺的对象。否定性的喜剧美教育能够使受教育者在审美愉悦中自觉主动实现对丑恶事物的理智批判与否定。例如，莫里哀的喜剧《伪君子》中答而丢斯所做的每一件事都构成对其道貌岸然言论的反面注脚，人物一边自我粉饰一边却又自剥

---

① 《马克思恩格斯全集》第 3 卷，人民出版社 2002 年版，第 203—204 页。

画皮，破绽百出，肮脏的灵魂和伪君子虚伪的嘴脸构成了绝妙的喜剧美，使人们在嘲笑主人公拙劣行径的同时，自觉地在理智上完成了对丑恶现象的鞭挞和嘲弄。另一方面，肯定性的喜剧美教育。马克思曾指出："黑格尔在某个地方说过：一切巨大的世界历史事变和人物，可以说都出现两次，他忘记补充一点：第一次是作为悲剧出现，第二次是作为喜剧出现。"① 从这个意义上理解，共产主义的实现就是人民群众在创造历史的过程中对一切旧世界的最彻底的胜利，是无产阶级革命取得全世界胜利的伟大时代，是人类最大的幸福和最崇高的美，因此，加强共产主义的理想信念教育就属于一种肯定性的喜剧美教育。总之，喜剧美教育既要加强人们对陈旧的生活方式和坏的行为习惯的讽刺和批判，又要积极地引导人们对崭新的生活方式和良好行为习惯的赞美和颂扬。要把肯定性的喜剧美教育和否定性的喜剧美教育有机地结合起来，不可顾此失彼或以偏概全。

喜剧美教育的形式丰富多样，包括"讽刺""幽默""滑稽""诙谐""揶揄""荒诞""趣剧""闹剧"等，其中大都蕴含着深刻的社会内容和人生意义，它不仅能够揭示历史发展的必然趋势，反映社会生活中的矛盾，还能够通过诙谐的语言引人发笑，起到揭露弊端，抑恶扬善，改善人的悲观恶劣心境，培养受教育者的乐观主义精神，扭转社会不良风气的重要作用。例如，某高校话剧社的学生以学雷锋活动为题材创作的情景剧，主题鲜明，语言诙谐生动且极具内涵，发人深省。

以下是剧本片段：

女：你听说没有，刚才好像洛河滩又有人落水了！

男：关咱什么事，每年这时候洛河的冤魂多了去了，所以咱们还是珍爱生命，远离是非之地！

女：（撒娇地）亲爱的，如果我和你妈同时掉水里，你先救谁？

男：谁近先救谁！

① 《马克思恩格斯选集》第1卷，人民出版社1995年版，第584页。

女：那要是我离你远呢，你舍得⋯⋯

记者：（抱怨地）这么热的天，非派我来大街上做采访，真是的！

摄像师：哎呀，早干完早收工啦，大小姐！

记者：观众朋友们，今天是 3 月 5 日学雷锋日，我们特地来到了老城十字街，那现在让我们随机采访一名路人。您好，我们是电视台的，我们在做一期特别报道《寻找雷锋》，想采访一下您，看你这么年轻，应该还是大学生吧？

男：嗯⋯⋯

记者：那您知道今天是什么日子吗？

男：（迟疑地，女戳他一下）小声道：学雷锋日。

记者：对了，那您知道什么是雷锋精神吗？（不待回应就抢话）对，就是助人为乐无私奉献。那请问您今天做了什么好事情来纪念这个特殊的日子呢？

男：（尴尬地）呃，还没有机会呢，呵⋯⋯

记者：瞧，那边有献血车。

男：我有小三阳。

女：（拉男到一边）不是吧，你怎么没告诉我你小三阳呀？！

男：嘘，骗他的，这年头医生都不献血凭什么要我献呀？

记者：（眉飞色舞地）观众朋友们，今天我们随机采访了 10 个人，9 个都说自己有小三阳，站在我身旁的这位大学生也没有向我们展现他应有的精神风貌。

男（急了，撸起袖子就要去献血）

（记者面向摄像机"ok，有噱头了，摄像刘剩下的带子足够了"）

记者：观众朋友，在今天这个特殊的日子里，在我们高度和谐的现实生活中，竟发生了一起骇人的大学生报复社会事件，现在我们来采访当事人。（对着男生）请问你为什么在明知自己有小三阳的情况下还坚持去献血？你的动机是什么？

男：（气急败坏地）你怎么颠倒黑白，你这是污蔑！

女：我们可得罪不起媒体，何况刚才……

记者：（对着镜头）显然当事人不能自圆其说，选择了沉默。希望以后社会上能多些雷锋少一些这样心理变态的人。收工！离去……

女：哎呀，你还没回答我问题呢？

（男苦着脸望着对方离开的背影）

男：什么呀？

女：就刚才那个，要是我离你远怎么办？

男：我会……

（电话突然响起）

男：喂，什么？我马上回去！

女：（焦急地）怎么了？

男：你先回去吧，我妈掉水里了！！

男：妈，您休息会儿吧，等一会记者就来了。

（一旁老大爷不作声静坐在沙发上，男在舞台上踱来踱去）

男：喂，是《和谐社会》栏目组吗？我这有条重要的新闻，75岁老人勇救落水老人。

（此时门铃响了，男开门）

男：怎么又是你?!

记者者：噢，是我。如果你今天提供的素材好的话我就考虑把你刚才参与制造的新闻 pass 掉。

男：没问题，包您满意！

记者：那么我想先见一下当事人。

男：我妈在卧室休息，这是……

（记者看到老大爷）

记者：怎么又是你?!

（男与记者对视）

男：怎么回事？

男：事情是这样的，今天这位大爷在洛河滩救了我妈，之后我深表感激并说改日一定登门道谢，可谁知道他一定要我们叫媒体来宣传报道，你说哪有这样的人，沽名钓誉。

记者：唉，你是不知道，他之前也救过十几个落水的人，我们已经采访过他，可后来他整天跑到政府闹着申报"见义勇为"称号要求表彰，还缠着我们采访他。可这事儿，早就没有新闻价值了呀！我还是先走吧！

男：别呀，我这请神容易送神难，叫我拿他怎么办啊？

记者：要不你出点血，（做数钱动作）我们再报道一遍也未尝不可，只是这种鸡肋新闻，你总得给点好处吧。

男：凭什么呀？怎么你们媒体道德都到哪儿去了，怎么会有你这种无良记者，造假新闻还，还敢勒索！

记者：你好意思讲道德?！献个血不愿意就算了还撒谎，恐怕雷锋是谁你都不知道吧，大学生！

男：哼，什么时代了，做雷锋不成反而要受到牵连，不说别的，要是看到老人摔倒你扶么，你敢扶么？

老人：好啦！别说了，你们都过来！

记者：老人家，政府已经给你解释清楚了，你的行为不符合相关政策规定。这么说吧，2000年之新颁布的条例已经不把"抢险救灾救人"的行为包含在内了。再说学雷锋做好事都是不留名的，你又何必非得主动申请见义勇为奖？

老人：那陈光标做了善事，不也在高调宣扬吗?！

老人：现在这么高调不是为了奖金，是希望有更多的人见义勇为，在社会上形成良好的风气。你们说我都七老八十了，还图个称号，有什么用？我更不是为了什么钱，我是退役军人，参加过抗战，参加过抗美援朝，现在每月收入加起来好几千，你说我还缺钱吗？

记者：那你？

老人：你们小同志，不了解我们，不知道我们这代人的想法，我经历的历史塑造了我的世界观，我的世界观指导了我的行为。让我寒心的是，在场那么多比我年龄小的人，还有些像你们俩这样的小年轻，可他们谁都没去救。我只是想把自己的事情宣传一下，教育一下旁观的人，感染更多的人，只是没想到引来这么多人的误解。

老人：像今天这种情况，你们的爸妈落水了你要不要救，你的爷爷奶奶摔倒了你扶不扶？你的亲人需要输血你献不献？

记者：如果你申报见义勇为不成功，以后有人向你求助，你还会再伸出援手吗？

老人：肯定的！

男：（扭头对记者）真是废话……

记者：（立刻拨打电话）喂，摄像刘，你怎么还没到，赶快带上盘新带子，我们好好做期报道就叫……你好，雷锋！

这部名曰《你好，雷锋！》的剧本取材真实、典型，写作风格精辟入微，尖锐泼辣，同时结合讽刺揶揄的语言和夸张的表现手法，嘲讽、鞭挞了社会上的一些人事不关己高高挂起的冷漠态度以及新闻媒体报道中出现的不良现象，将人物形象刻画得入木三分，充分地展示了喜剧美教育的艺术魅力。从内容上看，这部剧本以学雷锋活动为题材，在无偿献血、落水救人的故事情节中，将男子和记者的思想言行与见义勇为却被误解的老红军进行鲜明对比，生动地描述了两人思想观念的可喜转变。既加强了人们对狭隘个人主义的讽刺和批判，又积极引导着人们对助人为乐、无私奉献精神的赞美和颂扬。因此，它所展现的美应该属于肯定性的喜剧美。这个剧本经由同学们的形象表演，生动地诠释了新时期弘扬雷锋精神的主题，把生活化的并带有教育意义的美的作品展示在人们面前，其良好的教育效果是不言而喻的。

从整体来看，无论是悲剧美教育或是喜剧美教育，其本质都是抑恶扬善，都是以培养受教育者形成正确的审美观为目的，以培育社会主义"四有"新人为教育目标。两者密切联系，相辅相成，不可偏废。

第四章　现代思想政治教育中审美教育的原则与方法

在现代思想政治教育中加强审美教育，既需要根据受教育者的实际情况选择有针对性的内容，又必须遵循一些基本原则，不断探索新的方法。

第一节　审美教育的原则

审美教育必须遵循以下四条基本原则：

一、主体性原则

主体性原则是指在现代思想政治教育中审美教育的过程中，必须充分发挥教育者与受教育者的主体性，从而培养和开发受教育者的能动性、自主性和创造性的普遍要求。主体性原则是由现代思想政治教育中的审美教育指向性与非功利性相统一的基本特征决定的。马克思主义认为，人是认识世界和改造世界的主体力量，在现代思想政治教育中加强审美教育，就必须充分调动和实现教育者和受教育者的能动性、自主性和创造性。能动性是指作为认识主体的人在教育实践活动中所表现出来的自觉努力、积极主动、高度选择的特性。它可以自觉地调动起人潜在的生理和心理能量，并促使自身为实现一定的目标而不断努力；自主性是指人类不仅能够自主地反映客观世界和主观世界，而且还可以自主地改造客观世界和主观世界。具体体现在人可以自主认知、自主选择、自主思维、自主控制、自主完善等方面;创造性是指人能够在反映世界和自身的基础上创造精神产品,是人的主观能动性的突出表现,是人对现实的超越。[①]坚持主体性原则主要包括发挥教育者和受教育者的主体性两方面的基本内容。

遵循主体性原则的基本逻辑要求有以下两点:

(一)尊重教育者的主体地位,发挥教育者的主导作用

承认教育者的主体地位,需要明确教育者在教学中所具有的能动性、自主性和创造性。即教育者能够在根据一定的社会要求与教育客体的实际情况,设定教育目标,明确教育任务,确定教育内容,选择恰当的教育方式引导受教育者参与实践教学。例如,可以通过疏导教育弄清受教育者的真实思想,实现引导的目的;可以通过激励教育激发受教育者的参与热情和学习积极性;可以通过言传身教,引导受教育者转变思想,树立正确的世界观、人生观、价值观,使教育内容入耳入脑,取得良好的教育效果。因此,在现代思想政治教育的审美教育中,教育者要引导受教育者树立正确的审美观点,加强自身审美修养,牢牢把握以人为本的教育导向,坚持正面教育的基本原则,以社会主义核心价值体系为指引,以社会美教育、自然美教育和艺术美教育为基本内容,弘扬社会主义主旋律,传播社会正能量。

(二)尊重受教育者的主体地位,并始终把培养和开发受教育者的能动性、自主性和创造性作为审美教育的核心任务和目标

首先,要承认受教育者的主体地位,以平等的态度对待受教育者,并将受教育者的身心健康和全面发展作为审美教育的出发点和目的。其次,要深刻地认识到受教育者是审美教育的主体因素,即要尊重其能动、检验和促进的作用:能够主动配合教育者实施审美教育计划,完成教育任务;能以自己的特长

---

① 徐志远:《现代思想政治教育学范畴研究》,人民出版社 2009 年版,第 184 页。

影响教育者，帮助教育者提高思想素质和审美能力素质；能够根据自己的世界观和价值观准则有选择、有鉴别地接受教育者施加的影响；并能够将自己的思想行为自觉地转化为实际行为；能够通过审美实践检验审美教育的效果；能够主动地关心和接受教育，促进审美教育整体水平的提高，并对审美教育活动起到积极的促进作用；等等。再次，要把开发和培养受教育者的主体性作为核心任务并落到实处，着力激发受教者的能动性、自主性和创造性，强调受教育者独立自主地开展审美实践，开发和培养他们的审美情感、审美观点、审美能力以及审美情趣，帮助他们建立良好的内心道德环境，并养成合乎社会规范的审美行为习惯。第四，要不断创新审美教育的方式与方法，增强教育的感染性和吸引力。具体而言，可以尝试变单纯欣赏为双向交流，变脱离实际的理论灌输为生动活泼的情感互动，变封闭式的教育为开放式的教育，变审美教育的教条化、程式化为具体的社会化和生活化，等等。最后，要积极提倡和探寻审美教育实践环节的新途径。例如，可以采用情景模拟、情感体验、互动交流、咨询辅导等方式，创设优美的审美教育环境，有效地激发受教育者自觉接受审美教育影响的需要和动机，及时反馈审美教育效果，充分发挥受教育者的主体作用。

二、整体性原则

整体性原则是指在现代思想政治教育中审美教育的过程中，必须从整体出发考察审美教育的运动发展过程，反对那种孤立片面、教条僵化的观点与做法的普遍要求，即在审美教育中坚持真、善、美相统一的核心价值尺度的同时，又要注重对受教育者认知、意志、情感、行为等方面进行综合的、动态的培养和教育。整体性原则是由现代思想政治教育中的审美教育独立性与渗透性相统一的基本特征决定的。作为一种社会实践方式，思想政治教育中的审美教育是一种欣赏美、理解美、创造美的社会活动，也是"求真""从善""尚美"相互作用的实践活动。其中，教育内容的科学性和真理性符合客观事物和社会发展的一般规律的"真"具有认知的价值，能够培养受教育者的"认知"能力；具有实用的价值的"善"可以培养受教育者在道德领域辨别好坏的"意志"能力；引导受教育者追求理想的人生境界符合教育目标崇高性的"美"具有审美价值，可以作用于受教育者的"情感"层面，能够激发受教育者的情感判断力。在审美教育中，坚持整体性的原则，必须克服以往将教育和人的思想发展视为孤立的、互不联系的、僵死不动的事物的"主客二分"的知性思维模式，应从普遍联系和全面发展的观点出发，坚持真、善、美的统一，注重对受教育者认知、意志、情感、行为等方面进行综合的、系统的、动态的培养和教育。

坚持整体性原则的基本逻辑要求就是：

（一）以美怡情

情是指个体的内心情感，是情感领域里判断爱与憎的尺度。以美怡情，是强调教育者应注重创设和美化审美教育环境，不断加强对受教育者审美情感进行陶冶的基本要求。审美教育活动的开展是真实具体的，并总是通过美的事物和美的环境，调动和激发受教育者的审美情感，所以，营造赏心悦目的审美教育环境对于受教育者良性审美体验的获得具有非常重要的意义。"我再三再四地说过，只有有形的物质的东西才能引起孩子们的兴趣。"① 只有以感性理解做基础，理性理解才得以形成。换言之，受教育者只有通过身临其境的情感体验使内心情感受到强烈的震撼，才能自由自觉地接受审美教育。因此，审美教育者要重视教育环境的创设与优化，使受教育者在熏陶中自觉接受教育，树立正确的审美观念，逐步提高审美素质。

（二）以美启真

真是指客观事物内在的规律性，是认知领域里衡量是与非的尺度，具有认知的价值。以美启真，是指教育者通过寓教于乐的方式不断激发受教育者的学

---

① ［法］卢梭:《爱弥儿》，李平沤译，商务印书馆 2001 年版，第 233 页。

习兴趣，引导受教育者理解美的内容，掌握创造美的客观规律和社会发展的基本规律的基本要求。它是审美教育得以有效实施的重要因素，也是体现审美教育实效性的重要环节。以美启真要注意两个方面：一方面，要注重审美教育内容的科学性。审美教育内容的科学性离不开前期的整体设计，要在明确和端正教育目标的同时，根据受教育者的实际接受能力安排和制定符合客观规律的审美教育内容，并结合社会发展的具体情况不断地更新和完善审美教育内容，以确保审美教育内容的科学性和时代性。另一方面，要强调审美教育方法的趣味性。生动有趣的审美教育方法往往能够有效地调动受教育者"求真"的兴趣，顺利完成教育任务，实现教育目标。

（三）以美储善

善是指人类在社会实践活动中追求的功利目的，是道德领域里辨别好与坏的尺度，具有实用的伦理价值。以美储善，是指教育者通过具体的事物和生动的形象唤醒和激发受教育者潜在道德良知的基本要求。对此，孔子曾提出"里仁为美"，即将"仁"视为最高的审美原则，认为只有和有仁德的人在一起，从自身、从自己的家庭、从调整和改善人与人的关系做起，不断侵染仁义道德的精神和风格，逐步建立起和谐、美好的人类社会，才是美的；康德也曾在《判断力批判》中提出"美是道德的象征"；等等。"美"可以将教育内容的"真"与内心意志的"善"有机结合起来，进而引导受教育者树立正确的审美理想和审美价值观念。此外，自然规律的"真"、道德本性的"善"、朴素真挚的"情"，又共同促进了受教育者"身心协调"之"美"的最终实现，总之，以美怡情、以美启真、以美储善三个基本要求之间是辩证统一的，三者密切联系、不可分割。

三、实践性原则

实践性原则是指在现代思想政治教育中审美教育的过程中，必须把整个教育过程建立在审美教育实践的基础上，实事求是地遵循审美教育及个体身心发展的客观规律性，以使受教育者获得真理性认识的普遍要求。实践性原则是由现代思想政治教育中的审美教育思想性与艺术性相统一的基本特征决定的。审美教育实践是现代思想政治教育中审美教育研究的基础，是受教育者树立正确审美观的决定性条件。根据马克思主义的观点，人的思想观点并不是先验地存在于主体之中，而是"自然界在人的认识中的反映"①。因此，美是人们在社会审美实践的基础上按照"美的规律"所创造出来的，换言之，是人类的"劳动创造了美"。在审美教育中，不能片面地强调教育内容的客观外在美或受教育者感受的主观体验美，而应注意在审美实践的基础上，把"美的规律"贯彻并实施于审美教育目标的制定、审美教育过程的展开以及审美教育效果的检验等具体环节，使受教育者能够主动进行自我教育，实现美感教育与理智教育的和谐统一。

贯彻实践性原则，要注意下列问题：

（一）审美教育的目标制定要实事求是地反映受教育者的客观现实需求

在审美教育中，教育目标的制定是非常关键的一环，它不仅是教学评价的依据，而且自始至终发挥导向、凝聚、纠偏和激励作用。美国著名教育心理学家加涅曾说："教学目标是预期的学习结果。"②审美教育目标能够成为我们把握"美的规律"的思想和行为准绳，恰恰在于它是人们在审美教育实践基础上总结提炼出来的，是客观规律的正确反映；同时，还在于它是一定的生产关系、社会关系和历史关系的产物，是受教育者在社会实践基础上的现实审美诉求。教育者只有在实践的基础上构建起审美能力、过程与方法、审美情感与观念的三维目标，才能明确不同阶段的具体任务，才能有的放矢地开展审美教育。其中，审美能力的培养是基础目标，包括了解、理解、应用

---

① 《列宁全集》第 55 卷，人民出版社 1990 年版，第 153 页。

② ［美］加涅：《教学设计原理》，王小明等译，华东师范大学出版社 2007 年版，第 36 页。

三种水平；审美教育过程与方法、审美观念的培养属于体验性的目标，包括经历、反映、领悟三种水平。"培养社会的人的一切属性，并且把他作为具有尽可能丰富的属性和联系的人。因而具有尽可能广泛需要的人生产出来——把他作为尽可能完整的和全面的社会产品生产出来（因为要多方面享受，他就必须有享受的能力，因此他必须是具有高度文明的人）"①，"在共产主义社会里，没有单纯的画家，只有把绘画作为自己多种活动中的一项活动的人们"②。这段论述表明，马克思实际上是把促进人的全面发展看作是包括审美教育在内的所有教育的价值旨归，认为共产主义社会"需要完全不同的人，并将创造出这种人来"③，而无产阶级教育的目标就应该是培养出全面发展的一代新人。因此，在制定审美教育的目标时，审美教育者应以培养全面发展的社会主义新人为基本导向，不但需要考虑受教育者审美能力的基本条件和实际需求，而且还要实事求是地反映受教育者的情感态度和审美观点的现实诉求。

（二）在审美教育过程中，教育者要在实践的基础上，遵循审美教育的客观规律和受教育者的身心发展规律

一方面，教育者要遵循审美教育的客观规律。审美教育的客观规律是审美教育过程中诸要素之间的本质联系及其矛盾运动的必然趋势，它具有不以人的主观意志为转移的客观内容。在审美教育实践中，更应该遵循真善美的辩证统一规律、美的内容和美的形式的辩证统一规律、心灵美、语言美和行为美辩证统一规律，真实、全面地反映和揭示审美教育各种现象之间所固有的内在矛盾及其发展的必然趋势，从而实现审美教育合目的性与合规律性的辩证统一。另一方面，教育者要遵循受教育者的身心发展规律。受教育者的身心发展规律主要包括人的心理发展规律、品德发展规律和认知发展规律等。首先，应遵循人

---

① 《马克思恩格斯全集》第 30 卷，人民出版社 1995 年版，第 389 页。
② 《马克思恩格斯全集》第 3 卷，人民出版社 1960 年版，第 460 页。
③ 《马克思恩格斯选集》第 1 卷，人民出版社 1995 年版，第 242 页。

的心理发展规律。人的心理发展规律，是指个体从出生到死亡心理发展中所体现出的顺序性和阶段性、稳定性和可变性、共同性和差异性等规律。人的心理发展整体上经历着一个由低级到高级、由量变到质变的连续不断的发展过程，而且每个个体、每个阶段由于年龄层次、认知水平、个性特长等因素又都呈现出具体的特征，因此，审美教育应该因人而异，因材施教。其次，应遵循个体品德发展规律。个体品德发展规律，是指个体随着年龄的推移，其品德发生和发展的运动变化过程所体现的一般规律。人的品德的形成和发展是品德内容、形式和能力辩证统一的形成发展的过程。这一过程是主客体相互作用的产物，是其内部矛盾运动的必然趋势，更是主体在活动和交往的实践基础上自我不断建构的结果。个人品德的形成和发展过程，是在一定外界环境决定性的影响条件下内在的品德认识、品德情感、品德意志和品德行为等心理要素辩证运动、均衡发展的过程，是一个从不自觉到自觉的渐进过程，并在整体上呈现出明显的阶段性和连续性的特点。历史上黑格尔曾片面地将道德进步的实质归结为绝对观念的发展变化，对此，马克思主义曾从唯物主义历史观出发，精辟地指出道德的本质，即道德起源于人类最初的生产活动和社会生活的客观需要，是一种经济关系、生产方式所决定的、并能反映社会存在的社会意识形态。并且人类社会、经济关系和生产方式都是按照客观规律发展变化的，所以人的品德也必然是有规律可循的。科尔伯格也认为，个体的品德不仅是发展的，而且各个阶段都具有明显的本质区别。分析个体不同阶段的品德发展特征并遵循个体品德发展规律，对提高现代思想政治教育中审美教育的实效性是大有裨益的。此外，应遵循个体认知发展规律。认知发展规律是指个体在认识事物的过程中通过感知、记忆和思维等活动所呈现出的规律。它主要包括以下三个方面：人的认识过程是一个由感觉到知觉、表象再到思维活动的过程，即一个从简单、具体到复杂、抽象的发展过程；人的认知活动是一个从不自觉的、无意识的状态到自觉的、有意识状态的发展过程；人的认知活动是一个从混沌到明晰、从笼统到分化的发展过程。因此，教育者应当遵循个体心理发展规律、品德发展规律和认知发展规律，既要注意个体心理、品德、认知发展的阶段性和层次性，选择适合受教育者身心发展的教育内容和教育方法，也要考虑个体心理、品德、认知发展的连续性和渐进性，注重教学内容之间的联系，因材施教，循序渐进，由浅入深，切实增强审美教育的效果。

（三）审美教育的效果及内容要经过现实生活中审美实践的检验

实践是检验真理的唯一标准，审美教育实践总是具体的、历史的，人们在实践中获得审美教育的认识和经验也总是具体的、历史的。"没有年轻一代的教育和生产劳动的结合，未来社会的理想是不能想象的；无论是脱离生产劳动的教学和教育，或者没有同时进行教学和教育的生产劳动，都不能达到现代技术水平和科学知识现状所要求的高度。"[1] 只有在审美实践中，人们才能培养和树立科学的审美观点，"青年男女才能培养成真正的共产主义者"[2]。除此之外，随着社会历史条件的不断变更和审美教育实践的发展，必定会使审美教育的内容体系得到全面的检验、修正和充实。

四、开放性原则

开放性原则是指在现代思想政治教育中审美教育的过程中，必须充分认识并正确把握它与社会环境系统之间相互联系、相互作用的辩证关系。它主要包括两层意思：一是审美教育作为现代思想政治教育的一个重要内容，它与思想政治教育以及整个社会环境系统之间保持着紧密联系，必须始终保持其对外部环境的开放性，注意吸收外部信息，并不断在育人理念、方式上做出相应调整，为受教育者提供更为广阔的学习和交流空间；二是强调审美教育的育人模式不是一个封闭的、固化的教育模式，它以人思想道德素质和审美素质的培养与提高为主要任务，并将随着时代的进步而不断地创新发展。开放性原则是由

---

① 《列宁全集》第 2 卷，人民出版社 1984 年版，第 461 页。

② 《列宁选集》第 4 卷，人民出版社 1995 年版，第 294 页。

现代思想政治教育中的审美教育先进性与时代性相统一的基本特征决定的，现代思想政治教育中的审美教育理论体系既然被称之为体系，必然具有体系固有的开放性。唯物辩证法认为，运动是一切物质形态的存在方式，是物质固有的根本属性。在认识论上，主张真理具有相对性，人的认识具有能动性和无限性，在审美教育的理论体系上则表现为开放性。审美教育理论体系的开放性表现为：通过审美教育者与社会环境系统进行物质、能量和信息的交换，其一，可以不断形成审美教育的新内容，以丰富和完善其理论体系；其二，能够不断创新审美教育的新形式，以激发和凸显其强大的活力；其三，可以不断改进审美教育的新方法，以增强其感染力和鼓舞力。

遵循开放性原则，要注意以下几点：

（一）坚持多样性和包容性

多样性是指审美教育的过程中，尊重受教育者审美需求的多元性，反对单一、教条、刻板的教育模式，主张采用灵活多变的教育内容与形式，鼓励并尝试综合运用多种教育方法，充分调动和激发受教育者多种感官的共同参与，不断探索因材施教、因人施教的审美教育新途径。现代思想政治教育学认为，教育者和受教育者是同在的主体间的存在方式，受教育者不再是被驯服的工具，而是活生生的人，是与教育者一样有思想、有灵魂、有需求的真实存在的主体，这就要求教育者应打破僵化思维的束缚，突破传统经验的视野，尊重受教育者的主体地位。此外，自从我国改革开放以来，国外的各种思潮和文化大量涌入。极大地开拓了人们的视野，科学技术的迅猛发展更加速了全球性信息的一体化趋势，文化上的界限和既定的认知思维模式被逐渐打破。人们的审美需求和思想价值取向的多元化趋势，客观上要求教育者必须遵循多样性原则。实践证明，传统刻板教条的审美教育无法满足受教育者实际的审美需求，已经逐渐丧失了生命力，审美教育的发展之路必定是一条"面向现代化、面向世界、面向未来"的开放轨迹。因此，教育者只有遵循审美教育的多样化原则，设身处地、换位分析受教育者的实际审美需求，不断开拓和创新审美教育的途径和方法，才能真正实现人的思想道德素质和审美素质的全面提高。

包容性原则是指审美教育过程中，应尊重、承认和接纳受教育者的审美能力、审美趣味、思想水平的差异性，遵循兼收并蓄和求同存异的基本理念。坚持包容性原则具体体现在两个方面：一是以社会主义核心价值观为引领，以审美教育目标的实现为价值旨归，吸收和借鉴人类文明发展进程中的一切优秀成果。二是在审美教育的实践过程中，应坚持辩证唯物主义的思维方法，要尊重、承认和接纳受教育者的审美能力、审美趣味、思想水平的差异性，更要坚持以教育目标的实现为基本导向，有目的、有计划地开展审美教育。蔡元培先生"兼容并包"的大学理念，是近代中国办学理念的典范，彰显了大学的开放精神。目前，我国是一个多元价值观并存的社会，倘若无视个体存在的客观差异，或仅采用行政命令、强行硬灌的简单粗暴的方式，不仅违背了审美教育的基本规律，而且将会导致整个审美教育的失败，因此，这就要求教育者必须以包容的心态对待受教育者，不断增强受教育者对教育者的信赖感。

（二）坚持时代性和创新性

时代性原则是指审美教育必须随着时代的进步而不断吸收现代科学发展的新成果，使审美教育体现时代内容、反映时代特色、把握时代脉搏。众所周知，审美教育随着时代的发展而不断地调整和丰富着自己的教育内容，更新着教育的形式与方法，以最大限度地满足人民群众的包括审美需求在内的精神文化生活需求。在科技急速发展的现代社会，新事物、新思想、新科技层出不穷，这就需要审美教育者立足现实，以当今时代的实际特点和现代人生活和思想的实际需求为根本出发点、落脚点，把握新形势，发现新问题，研究新内容，总结新规律。

创新性原则是指在研究审美教育的过程中，必须具有敢于破旧立新，推陈出新，追求首创和最佳的精神，具有独创性、新颖性和开拓性的教育理念。在生产实践中探索和追求创新是人的一个根本特征，审美教育理念由保守型向创新型的转变，是社会实践和历史发展的产物。江泽民指出，"创新是一个民族进步的灵魂，是一个国家兴旺发达的不竭动力"①。胡锦涛同志曾在致中国青年群英会的信中指出，希望广大青年成为"理想远大、信念坚定的一代，品德高尚、意志顽强的一代，视野开阔、知识丰富的一代，开拓进取、艰苦创业的一代"②。作为教育根本目标的战略指导思想，这反映了中国共产党领导集体坚持实现人的全面发展与社会和谐发展的有机统一，不仅是对马克思人的全面发展理论的进一步深化和创新，而且体现了新时期我党执政理念的又一次重大的飞跃。③ 此外，新科技革命的兴起，新方法论的发展，新兴交叉学科的多元化发展，迫使审美教育必须选择创新发展之路。传统的审美教育模式主要是以教师传授知识为重要途径，但随着大众传媒时代的到来，互联网正在促使这种传统的教育模式发生根本性的变化。这些都充分表明，教育者只凭借已有的审美经验材料进行教育已经远远不够了，还必须善于发现和利用人类文明的积极成果搜集和整理审美教育资源；传统的面对面的教育方式也已经远远不够了，必须发挥网络、大众传媒等多种现代信息资源优势，开辟网络审美教育新阵地。以网络美育为例，作为一种新的信息传播媒介和新的文化传播与整合的载体，网络以其独特的全球性、开放性、互动性、自由性悄然地改变着人们的思想观念与行为方式。在这个开放的网络平台上，人们精神生活的各个侧面都能够显现出来，各种审美倾向、意识形态、价值判断、话语体系在不断地交织和碰撞着。人们在畅享网络带来的种种便利的同时，网络恶搞、网络色情、网络暴力等娱乐化、庸俗化的不良倾向也在日益加剧。对此，现代思想政治教育中的审美教育在继承和发扬优良传统的基础上，必须在观念、内容、方式、形式、队伍等方面进行大胆的创新和改进，如何有效利用网络平台，发挥庞大的网络资

---

① 江泽民：《全面建设小康社会，开创中国特色社会主义事业新局面》，人民出版社 2002 年版，第 12 页。

② 胡锦涛：《致中国青年群英会的信》，《中国教育报》2007 年第 5 期。

③ 吴德刚：《关于马克思人的全面发展学说的再认识》，《教育研究》2008 年第 4 期。

源优势，不断增强审美教育的针对性、实效性和主动性，是当前审美教育亟待研究和解决的一个重要问题。比如，审美教育者善于利用网络传播社会主义核心价值观；要适应网络时代的需要不断改进教育的方式和方法，提高审美教育的效果和水平；要利用互联网新技术，为审美教育开辟新空间和新渠道，大力弘扬时代主旋律，传播社会正能量，占领新阵地；要加强网络道德建设，促进网上自律和他律的有效结合，努力营造绿色健康的网络文化氛围。我们要遵循时代性和创新性的原则，必须实事求是地弘扬时代精神，把握时代脉搏，及时充实网络时代审美教育鲜活具体的新内容、新形式和新方法，使之更科学、更完善。

第二节　审美教育的方法

审美教育的方法是审美教育基本原则的具体运用，是现代思想政治教育中审美教育理论体系的重要组成部分。审美教育目标的实现、效果的好坏，都离不开科学方法的正确运用。因此，正确把握审美教育的基本方法，对于完整地理解审美教育的基本原则，不断提高从事审美教育工作的能力和水平，具有十分重要的意义。随着思想政治教育方法论研究的不断深入，我们发现教育方法之间的横向联系是非常普遍的一种联系方式，研究者们在思想政治教育方法论横向结构的建构方面进行了诸多尝试，目前学界认同最高的还是郑永廷在《思想政治教育方法论》中所提出的一种以思想政治教育运行过程建构起来的横向结构模式。在此基础上，我们主张审美教育的方法也应以马克思主义认识论为指导，以审美教育运行过程为主线来分析研究审美教育，即遵循人们"认识——实践——再认识——再实践"这一基本的认识规律、活动规律，按照审美教育实践从感知对象入手，继而组织开展审美教育活动，经过情感共鸣、总结提高之后再进入新一轮的审美教育实践。本节将主要从以下几个方面研究和论述现代思想政治教育中审美教育的基本方法：即思想政治教育客体的审美感知法、思想政治教育内容的审美传授法、思想政治教育环境的审美熏陶法、思想政治教育主客体的情感共鸣法、思想政治教育效果的审美评价法。

一、思想政治教育客体的审美感知法

思想政治教育客体的审美感知法，是指在审美教育实践活动中，教育者引导受教育者通过感官认识和把握审美对象的基本方法。认识审美对象是进行审美教育活动的首要条件。只有了解受教育者的审美需求和审美思想实际，并引导受教育者正确认识和分析审美对象的基本特点和相关因素，才能有针对性地开展审美教育工作。思想政治教育客体的审美感知法主要有以下三种：

（一）鼓励受教育者参与审美实践，主动地接触并感知审美对象

审美感觉是事物外在的、局部的审美特性直接作用于审美感官而在大脑皮层所形成的主观反射和反应，而审美感觉是人们参与审美实践的结果。审美感觉作为感觉的一种特殊形式，它主要通过视、听感官和大脑皮层的视、听中枢，接受声音、光线等形象信息的刺激，产生对于声音、色彩、形状的愉悦的审美感受。[1] 对此，帕克曾认为：感觉是我们进入审美经验的"门户"，而且也是整个结构所依靠的基础。[2] 实际上，当审美主体受到特定对象的刺激，在产生生理快感的同时，实际上已经在不知不觉中调动和参照以往的审美心理积淀和感觉经验，遵循着思维的动力定型，自动而迅速地作出反应，产生了积淀着一定理智、情感等社会内容的理性直觉。审美感觉是单纯生理感觉与积淀理性内容感觉的统一，常常具有表情表意的象征意义。例如，红色

---

[1] 邱明正：《审美心理学》，复旦大学出版社 1993 年版，第 145 页。

[2] [美] H. 帕克：《美学原理》，张今译，商务印书馆 1965 年版，第 50 页。

让人感到温暖，象征着热烈和激情；绿色让人感到安静，象征着和谐与友谊；直线使人感到坚硬，象征着阳刚与壮美；曲线则使人感到流动，象征着阴柔与娇美；等等。

（二）通过"设问置疑"的教育方法，激发受教育者的审美知觉力，使其能够主动地探索、选择各种相关信息材料

人的思维活动往往是从问题或疑问开始的，即"学起于思，思源于疑"，知觉是人脑对直接作用于感官的事物外在各部分的审美特性的整体反映。在审美实践活动中，审美主体的审美知觉力不仅可以对事物外在可视或可听的多种特征、多种信息进行综合，形成整体性的知觉，还能够进一步搜集、组织、综合审美对象的各种信息材料，形成一个具有新质的"场"。[1] 当然，审美知觉的这种选择性并不是消极地被对象特性所决定，而是体现了审美主体的自主性和能动性。所以，在审美教育者和受教育者交往时也可以从"疑"开始，通过设问、置疑的方式使受教育者在对众多对象轮廓式的整体知觉基础上，重点选择，集中注意力，从局部深化知觉；也可以先重点选择，从局部对象、特性产生整体性知觉，然后经过选择转移发展为全局的整体性知觉。通过设置一些受教育者感兴趣的问题，诱导其思考，从而激发受教育者的审美知觉力，最终达到提高审美认识的目的。

（三）借助"通感""联想"等方法引导受教育者积极地获取教育信息

复旦大学邱明正教授认为，审美通感是指在审美活动中引起的单一感官感觉、知觉，通过理解、联想、想象、情绪等的相互作用，又引起其他感官感觉、知觉兴奋和整体感受的心理现象。[2] 实际上，道家"眼如耳，耳如鼻，鼻如口，无不同也"之说、佛家"耳中见色，眼里闻声"之说以及"听声类形"

---

① 邱明正：《审美心理学》，复旦大学出版社 1993 年版，第 153 页。

② 邱明正：《审美心理学》，复旦大学出版社 1993 年版，第 215 页。

之说，都是在强调审美通感的普遍性。此外，由于人们在长期的社会实践中积累了生活经验和审美经验，在审美中又将当前对象与经验、记忆中的事物联系、撮合、黏合起来，并加以延伸、加工和创造，于是在心理层面产生了"联想"。可以说，审美联想是审美通感的直接动力，并制约着审美通感的丰富性、创造性和独特性。所谓"迁想妙得"（顾恺之）、"联类不穷"（刘勰）、由此及彼、触类旁通、举一反三等都属于联想的范畴。在价值功能层面，通感和联想可以同时调动受教育者多种感官的运动，强化审美主体的内心感受，它们不仅有利于激活受教育者的主体思维动力，而且能够更有效地使受教育者获取审美教育载体的基本信息。所以，教育者可以从分析不同事物给人带来的不同生理感受和心理感受入手，通过审美"通感"和"联想"的教育方法，有步骤、有重点地引导受教育者参与审美体验。

总之，研究思想政治教育客体的审美感知法的方法对于开展审美教育具有十分重要的意义。当受教育者真正拥有过内心愉悦的审美体验，就会努力地捕捉这种感觉，珍视审美的初感，并自觉积累感觉经验，使纯粹感性的、生理的感觉上升为积淀着情感与理智的感觉，而不是仅满足于纯感觉，更不是听凭感觉的支配一味地"跟着感觉走"，从而桎梏理智的活动。

二、思想政治教育内容的审美传授法

思想政治教育内容的审美传授法，是指在审美教育过程中，教育者根据受教育者的审美需求和审美思想实际而采用的传递美、灌输美的基本方法，它是思想政治教育客体的审美感知法的必然发展，是直接影响和转变受教育者审美观点的主要途径，在现代思想政治教育的审美教育中处于重要地位。

本书以"在思想政治教育中，你更乐于接受哪些教育方法?"为题，调查大学生对于高校思想政治教育方法的心理倾向。选项设计为多选，在被调查的 2785 名大学生中，选择讲授灌输法的人数占被调查选项总人数的 7.3%；选择心理诱导法的人数比例为 15.2%；选择寓教于乐法的人数比例为 22.6%；选择形象感染法的人数比例为 17.3%；选择答题练习法的人数比例为 5.5%；选择榜样引导法的人数比例为 15%；选择自我教育法的人数比例为 17.1%。依据所选比例从高到低排序，大学生最乐于接受的教育方法依次为寓教于乐法、形象感染法、自我教育法、心理诱导法、榜样引导法、讲授灌输法和答题练习法。

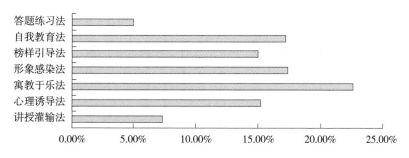

表 4—1　大学生对思想政治教育方法的心理倾向分布

从表 4—1 中不难发现，选择寓教于乐法、形象感染法、自我教育法、心理诱导法、榜样引导法的人数多，它们最受大学生喜爱，并易于接受，而讲授灌输法、答题练习法所选人数比例与前五种教育方法相差甚远，这说明大学生不太喜欢教师通过单一的讲授灌输法或答题练习法来进行思想政治教育。其原因在于大学生普遍具有较强的自我意识，善于独立思考，渴望求新求变的心理认知特点。所以，思想政治教育者应该在尊重教育规律和受教育者身心发展及认识规律的基础上，着力研究并选用深受教育者喜爱的上述五种教育方法，以增强教育工作的实效性。

（一）寓教于乐法

寓教于乐法，是指审美教育者把教育内容和理念融入受教育者趣味性的审美实践活动之中，以激发其潜能和求知动力的教育方法。其中，"教"是核心，"乐"是关键。"教"的基本内容是马列主义、毛泽东思想、中国特色社会主义理论体系以及社会主义核心价值观等，它们是现代思想政治教育中审美教育的灵魂;"乐"的表现是审美活动,其动因在于受教育者的兴趣、意趣和情趣。总体上看,寓教于乐的本质即在于从审美愉悦中使受教育者得到启迪,并逐步提高自身审美、创美、爱美的能力。在寓教于乐法的具体运用中,教育者应注意提高审美教育活动的趣味性和高尚性,如借助富有道德意蕴的辩论赛、摄影绘画大赛、歌曲舞蹈大赛、学术讲演观摩赛、短剧大赛等形式来进行实践教学。低俗、甚至不健康的娱乐活动不仅不利于受教育者道德素养的提升,而且不利于他们的身心发展,严重的甚至会使个别人走向歧途。因此,运用寓教于乐法时要遵循规律性,讲求艺术性,只有以积极健康的娱乐活动激发受教育者的斗志和热情,才能更好地实现"悦耳悦目""悦心悦意""悦志悦神"的审美教育目的。

(二)形象感染法

形象感染法是指,"借助于文学艺术等特殊手段,把思想政治教育贯穿在直观形象、生动具体、感染力强、富于潜移默化作用的文化娱乐活动之中的教育方法"[1]。形象性是审美教育的主要特征,通过具体生动的形象、典型的作品、唯美的文字、优美的环境,不仅有利于扩大审美教育的覆盖面,增强审美教育的吸引力和说服力,而且有利于受教育者思想道德水平和审美能力的全面提升。运用形象感染法时特别强调作品的艺术性和健康性,弘扬社会主义文化的主旋律,要用优秀的艺术作品鼓舞人、教育人。邓小平同志曾指出:"要通过有血有肉、生动感人的艺术形象,真实地反映丰富的社会生活,反映人们在各种社会关系中的本质,表现时代前进的要求和历史发展的趋势,并且努力用社会主义思想教育人民,给他们以积极进取、奋发图强的精神。"[2]这段话非常准确地概括了形象教育法的内容和要求,说明只有通过直观、形象的美的熏陶,才能使教育内容真正为广大人民群众所接受。

---

① 张耀灿、陈万柏主编:《思想政治教育学原理》,高等教育出版社2001年版,第183—184页。
② 《邓小平文选》第二卷,人民出版社1994年版,第210页。

（三）自我教育法

关于自我教育的定义问题，学界众说纷纭。徐志远教授认为："思想政治教育中的自我教育就是受教育者个体按照社会的规范和要求，通过自我选择与自我内化，有目的、有计划地改造和提高自我的思想道德品质的一种自觉、自律、自主的活动。"①作为现代思想政治教育中审美教育的基本方法，自我教育法主要是指审美个体根据社会的要求，以提高自我思想道德素质和审美素质为目标，将自我作为认识、约束、调控和改造的对象，有目的、有计划、积极主动地对自我提出学习要求并不断努力实现的教育方法。它不仅是"实现思想政治教育目标的根本，更是思想政治教育的最有效的方法"②。换言之，这种内导式的教育方法体现了受教育者客体地位向主体地位的角色转变，不仅有利于受教育者的主体意识得到充分发挥，而且有利于审美教育目标与任务的实现。在具体的审美教育实践活动中，教育者首先要弄清受教育者头脑中的矛盾点，也就是他们最关心、最敏感也是最为迷惑的一些问题，并将这些问题作为启迪和引导受教育者进行自我教育的突破口。然后，教育者可以通过谈心或其他言语交流的形式给受教育者提出问题，将原来潜伏在受教育者思想中的矛盾通过以美与丑的激烈冲突为焦点的文学艺术形式揭示出来，引导受教育者自己去思考和解决这些矛盾并积极、主动地进行自我教育。当然，受教育者也可以通过从事审美实践活动重新认识新环境、新事物和新问题，并在尖锐化的思想矛盾之中进行自我反思和自我总结，进而在审美教育者正确引导下，达到"成事育人"的教育目的。此外，当受教育者出现一些偏激、错误的思想和言行而又不能自觉时，适当的惩戒措施也是非常必要的，因为这些措施在一定程度上能够起到醍醐灌顶的催醒作用，所以，运用自我教育方法并不意味着放弃批评和适当的惩戒。

---

① 徐志远：《现代思想政治教育学范畴研究》，人民出版社 2009 年版，第 296 页。

② 徐志远：《现代思想政治教育学范畴研究》，人民出版社 2009 年版，第 299 页。

（四）心理诱导法

本书借鉴了心理学中"心理诱导"基本概念的要义，作为心理学的一种基本方法，它是指用语言或行为作为诱因，诱发对方做出某种反应或采取某种行动的方法。① 心理诱导分为正诱导（积极诱导）和负诱导（消极诱导）两种，正诱导对教育目标的实现具有积极作用，而负诱导则对教育目标的实现具有消极作用。本书中的心理诱导法，是指在审美教育的过程中，教育者通过引导性的语言和行为，诱发受教育者形成积极的心理动机并能主动地接受教育内容的方法，主要包括"启发"和"暗示"两种教育方法。其一，启发。所谓"启发"式教育方法，就是教育者根据预设的审美教育目标，有计划、有侧重地启迪和激发受教育者的审美思维，提高他们分析问题和解决问题的能力的方法。正如孔子所说："不愤不启，不悱不发，举一隅不以三隅反，则不复也。"换言之，诱导能使受教育者举一而反三，触类而旁通。教育者可以尝试将一事物和与之有类似点的另一事物联系起来，用另一事物的特点比拟这一事物，从而达到借古喻今、教育今人的作用。以成语故事为例，审美教育者常用"刻舟求剑"比喻思维教条静止，用"狐假虎威"比喻仗势欺人，用"掩耳盗铃"比喻自欺欺人，等等。恰当地运用启发式教育方法，既巧妙委婉，又能启发思维，促进联想，往往能够收到良好的效果。但需要强调的是，启发式的教育方法在使用时应注意循循善诱，并根据受教育者的不同特点和需求，有针对性地进行启发和诱导，这样才能使受教育者在积极的审美思维活动中主动地接受教育。其二，暗示。所谓"暗示"法，是指在审美教育的主客体双方在无对抗的条件下，教育者利用含蓄间接的方法对受教育者的心理和行为产生积极的影响，使其能够直接接受一定的意见或观念的方法。暗示的方式很多，语言、表情、手势、动作和某种事物、某种环境，都可以在一定的条件下起到暗示的作用。在审美教育中，暗示发生的心理作用的大

---

① 杨芷英、王希永：《思想政治教育心理学》，首都师范大学出版社 1999 年版，第 222 页。

小，既与暗示者本人条件有关，也与受暗示者的心理特点有关。暗示者的年龄、威望、知识和地位越高，暗示的效力就越大，这就要求审美教育者一方面要提高自己的威望，另一方面也要善于发动有威望的人士，如有威望的领导者或有影响的学术权威参与到审美教育实践中来，协助做些教育工作。同时，受暗示者也会因为各自不同的心理特点而产生不同的暗示效果。在一般情况下，富于感情的人易接受暗示，富于理性的人不易接受暗示；独立性弱的人易于接受暗示，独立性强的人不易接受暗示；等等。因此，在做审美教育工作时，对于比较容易接受暗示的人，可适当采用一些暗示的方法，以增强教育的效果。

（五）榜样引导法

榜样引导法，是指通过研究和分析社会、自然或艺术领域中的典型形象，将先进人物的先进思想和先进事迹树立为榜样，并通过榜样的示范作用逐渐提高受教育者的思想认识、政治觉悟、道德素养和审美境界的一种教育方法。众所周知，现实生活中模范榜样是普遍存在的，"全国道德模范"龚全珍、"雷锋传人"郭明义、"活着的孔繁森"杨善洲、"诚信油条哥"的刘洪安、"诚信老爹"吴恒忠、"大漠猎鹰"木拉提·西日甫江、"麻风病医生"肖卿福、2014年赴非洲参与埃博拉疫情防控援助工作的近600名中国医护人员等，他们都是在我国改革开放和社会主义现代化建设的新时期涌现出来的杰出代表，他们平凡感人的事迹彰显着伟大的德性之美和崇高的人格之美，体现了中华民族的传统美德，充分发挥了感染群众、鼓舞群众、激励群众、引导群众的先锋模范作用。所以，在审美教育中，榜样引导法就是一种通过多种教育形式善于发现榜样、树立榜样和宣传榜样，用榜样的力量感化受教育者情感的教育方法，它不仅能使受教育者感悟榜样人物的心灵之美，弘扬人性的正能量，而且能使其坚定理想与信念，获得奋发前进的精神动力。

三、思想政治教育环境的审美熏陶法

思想政治教育环境的审美熏陶法，是指通过创设健康、乐观、向上、优美的育人环境，潜移默化地培养受教育者良好思想道德素质和审美素质的教育方法，它是思想政治教育环境的感染功能、导向功能和强化功能的集中体现。马克思主义认为，人的思想和观念的形成是外部客观环境影响和作用的结果，是"移入人的头脑并在人的头脑中改造过的物质的东西而已"[1]，而且还会"随着人们的生活条件、人们的社会关系、人们的社会存在的改变而改变"[2]，可见，客观环境决定着人们的思想观念，环境的变化直接影响着人们思想的变化。那么，关于如何明确界定"思想政治教育环境"这一概念，学术界一直众说纷纭。张耀灿教授将其定义为"影响人的思想品德形成和发展，影响思想政治教育活动运行的一些外部因素的总和"[3]。换言之，它是"思想政治教育所面对的外部客观存在"[4]。作为现代思想政治教育中审美教育的外部条件，良好的育人环境是受教育者思想品德和审美能力形成和发展的客观基础，它可以直接作用于人的感官，感染人的情绪并陶冶人的审美情操；也可以通过社会制度环境、大众传媒环境和经济环境等形式，引导受教育者逐渐树立起正确的世界观、人生观和价值观。例如，我国古代十分经典的"择地而居""危邦不入，乱邦不居""孟母三迁"等故事，都说明良好的环境对人的发展能够起到重要的影响作用。思想政治教育环境的审美熏陶法主要包括物质环境的审美优化法、精神环境的审美建构法、教育情景的审美创设法三个方面。

（一）物质环境的审美优化法

物质环境是指在人们社会生活中影响思想政治教育的各种物质因素的总

---

① 《马克思恩格斯选集》第 2 卷，人民出版社 2012 年版，第 93 页。
② 《马克思恩格斯选集》第 1 卷，人民出版社 2012 年版，第 419—420 页。
③ 张耀灿等：《现代思想政治教育学》，人民出版社 2006 年版，第 294 页。
④ 徐志远：《现代思想政治教育学范畴研究》，人民出版社 2009 年版，第 190 页。

和，包括自然界中经过人类加工改造后的人文景观、社会中的人文环境、经济环境等。① 物质环境的审美优化法，主要是通过物质环境中的积极因素以及将消极因素转化为积极因素，使物质环境成为审美教育的良好外部条件，以提高人们的思想道德素质与审美素质的基本方法，它主要包括以下三个方面：一是建筑文化育人。建筑物是人们进行各种活动的主要场所，历史上的一些重要活动或重大的历史事件也总会和建筑物相联系，一般而言，越是久远的建筑，蕴含的人文底蕴和历史底蕴就越深厚。及时保护并修复老建筑物，不断发掘建筑物背后的文化要素，通过"人化"使之"文化"，以提高育人效果。以牛津大学为例，古老的四方庭院建筑连结了学院几代人的历史记忆，蕴含着牛津人许许多多的价值观念和深厚情感，因此除保护修缮老建筑物以外，学院非常重视对一些文化传统的继承，例如悬挂历代名人画像，定期在这里举行入学仪式和毕业典礼等，使每一个新生步入学院都能受到文化传统的熏陶，产生强烈的归属感。"应该说，这种教育环境对于学生完善人格、养成严谨的学术作风和成为精英人才是极为有益的。"② 二是文化设施育人。文化设施主要是指满足人们日常文化交流、休闲并提升文化修养的场馆和设施，例如图书馆、美术馆、博物馆、历史纪念馆、音乐厅、文化宫等等。这些文化设施大多具有深厚的文化底蕴，彰显着不同地域、不同历史文化的特色，是实施审美教育的重要场所。以校容为例，我国伟大的教育家陶行知曾说："我们要让整个的环境表示出艺术的精神，使形式与内容一致起来。这不是要把古庙制成一座新屋，老太婆敷粉搽胭脂涂嘴唇是怪难看的。但是阵有阵容，校有校容，有其内必形诸外，我们首先要有艺术化的校容。"③ 应着力加强对文化设施场所的建设，美化场馆环境，丰富展览内容，加大宣传力度，不断满足人们日益增长的精神文化生活需求。三是人文景观育人。人文景观是指人们在日常生活中，以人为事件和人为

---

① 徐志远：《现代思想政治教育学范畴研究》，人民出版社 2009 年版，第 191 页。

② 周常明：《牛津大学史》，上海交通大学出版社 2012 年版，第 215 页。

③ 江苏省陶行知教育思想研究会、南京晓庄师范陶行知研究会合编：《陶行知文集》，江苏人民出版社 1981 年版，第 709 页。

因素为主而建造的景观，包括雕塑、雕像、纪念碑等类型。人文景观往往是以在此发生的历史和文化传统为基点而修建的，是人们对所推崇人物的记忆或对事件的铭记。例如天安门人民英雄纪念碑、复旦的五四运动钟、北大蔡元培、李大钊先生的雕像等，它们具有精神感召与启迪的教育作用。例如，在美国普林斯顿大学的校园里，有一个啃着面包在读书的学生雕像，其座基上刻着一行字：没有免费的面包。每当人们经过此处，就会被其自强不息的奋斗精神所鼓舞和激励。充分发挥人文景观的育人功效，就应全面统筹、规划、设计并建设反映文化内涵和文化传统的人文景观，营造优良的育人氛围，从而达到启发人、陶冶人、塑造人的审美教育效果。

（二）精神环境的审美建构法

精神环境是指在人们社会生活中影响思想政治教育的群体精神、群体意识、群体文化及人际关系等因素的总和。良好的精神环境是一种无声的命令，又是一种巨大的精神力量，它对人们的行为具有一种隐形的约束力，在现代社会条件下，优化本单位、本地区的精神文化环境已成为审美教育的现实途径和有效方法。作为一定群体的灵魂，精神文化是指一定群体的共同理想信念、价值观念、道德风尚、合作精神以及传统习俗等的综合，集中反映了该群体的个性。① 它既需要以物质文化和制度文化为基础，又成为物质文化和制度文化的核心。精神文化具有内生性的特征，不能妄图以复制和移植来实现，它只能依靠单位和地区成员共同创造，也只能通过吸收和借鉴外来优秀的文化不断完善。因此，合理地开发和建构本单位、本地区的精神文化环境，就必须将群体的发展目标和个体的现实需求相统一，将人的外在责任与内在德行相统一，以形成共同的价值观为核心，推动社会的进步，促进社会生产力的发展。优化本单位和本地区的精神文化环境，一是要提炼本单位、本地区的精神文化内容，使之逐步形成被一定群体所接受的共同价值观。提炼和概括的过程也是精神文

---

① 张耀灿等：《现代思想政治教育学》，人民出版社 2006 年版，第 320 页。

化宣传和推广的过程，在这一过程中，既要注意坚持社会主义核心价值体系，又要注意凝练群体价值观的特色；既应坚定社会主义现代化的基本方向，又应发挥提高成员综合素质的重要作用。例如，著名的斯坦福大学就将教训凝练为"让自由之风永远劲吹"，这个洋溢着自由气息且充满活力的校训，为每个学生的个性发展提供了良好的气氛。二是要将本单位、本地区的精神文化内容渗透到各项制度文化和审美教育实践活动之中。作为一种教育载体，审美教育的实践活动承载着思想政治教育信息，并以深刻而持久的渗透功能影响着人们的思想，使受教育者在接受组织者的引导、共同参与的过程中接受审美教育的信息，树立起正确的审美观念。一个单位、一个地区的各项制度和审美教育实践活动离不开积极向上的精神文化的指导，如果没有精神文化的暗含和指导，其管理和活动的价值取向就会偏离发展的总目标，甚至出现人心涣散、行为失范等不良状况，徒增诸多不稳定因素。因此，只有灵活利用活动、文化、管理、传媒等载体，充分发挥其教育合力，才能使受教育者通过参与审美教育实践活动自觉领会并接受本单位、本地区的精神文化内涵。三是要将开发特色的精神文化环境与提高受教育者的思想道德素质和审美素质相结合。优化精神文化环境的目的是为了提高受教育者的综合素质，为其全面发展创造有利条件，而优美环境的建设又离不开受教育者的共同参与。从这个角度上讲，受教育者综合素质的全面提升与精神文化环境的优化之间是一种相互依赖的共生关系。所以，教育者既要注意提高受教育者面对复杂环境时的审美辨别力，又要注重增强其主动参与精神文化环境建设的自觉意识，培育其从自身做起的主人翁意识。四是要加强党风廉政建设，促成良好的社会风气。优良的党风能够感染并促进社会风气的形成，为审美教育提供有力保障；反之，不良的党风则会严重破坏党在广大群众心目中的形象，削弱部分人对共产主义的信念和对共产党的信任，成为增强审美教育实效性的直接障碍。因此，加大反腐败斗争的力度，加强党政干部道德建设，弘扬正气，并以党风、政风带民风，在全社会形成良好的社会风气，是优化审美教育的精神文化环境的重要途径。

（三）教育情境的审美创设法

情境，是指教育者根据思想政治教育目标和受教育者思想品德与审美能力形成、发展的客观规律，以及受教育者思想品德发展和审美素质提高的现实需求，精选或创设的能够蕴涵、体现着教育者意图并具有教育意义的教育环境。① 其中，"情"指寓于"境"中的教育者与受教育者、受教育者之间的感情交流，及"境"本身所蕴含的情感；"境"是指教育者精心设置的环境，包括物理环境、师生关系、心理氛围等。"境"为"情"设，"情"因"境"生，两者统一为情境。较之环境，情境之中情浓、境真、意深、理于其中的特点更为明显，其教育意义和育人作用也更为显著。

审美教育情境是一种心理的、精神的、内在的、文化的、主体的体验和人际互动。以审美的原则创设教育情境，实现情景交融、怡情动人的基本目标，审美教育者可以围绕以下三个基本思路展开：其一，认知情景的审美创设。与传统认知方式不同，情境认知把学习视为在人、自然、社会的情境中，通过与他人或共同体进行互动活动，重构人与环境的意义并获得对事物和知识的理解过程。② 其突出特点是"把个人认知放在更大的物理和社会的情境脉络中，这一情景脉络是互动性的，包含了文化性建构的工具和意义。情境认知为不限于人的分析单位提供了相互交织的个人认知和社会行动"③。换言之，情景认知中的要素是丰富的，各要素之间以及与主体之间的影响关系是互动交流的。审美教育认知情景包括日常生活中的认知情景、大众传媒中的认知情景、教学过程中的认知情景三个方面。家庭和社区是人们日常生活的空间，生活、交往、娱乐等活动构成了日常生活的主要内容。生活美育具有很强的渗透性，可以潜移默化地作用于人的心理、生理、精神、思想等诸多方

---

① 范树成：《德育过程论》，中国社会科学出版社 2004 年版，第 173 页。

② 陈柏华：《从认知到情境认知：课程教育观的重要转向》，《教育发展研究》2011 年第 20 期。

③ [美]戴维·H. 乔纳森：《学习环境的理论基础》，郑太年等译，华东师范大学出版 2002 年版，第 63 页。

面，但往往却存在着被忽视的情况，以至于造成思想政治教育流于形式，无法深入人心的被动局面。因此，审美教育应重视父母长辈、同辈人群体、校园文化、社区文化等多种影响因素，加强日常的生活美育。随着科技的飞速发展，大众传媒也已成为审美教育的重要载体，更是创设审美教育认知情景的重要途径之一。创设良好的传媒认知情景时，既要考虑到社会上大众传媒认知情景的创设，也要考虑到单位或群体内部传媒认知情景的创设。除此之外，学校课堂内外的教学是审美教育的重要渠道，但长期以来却存在重视理论讲解，轻视认知情景创设的片面做法，导致受教育者的认知过程和教育者的理论传授过程相脱节。目前值得借鉴和参考的认知情景有：以音乐鉴赏、绘画鉴赏等为主要内容的认知情景创设；以历史和个案等为背景资料的认知情景创设；以游戏、活动等为主要形式的认知情境创设等。其二，人文感化情景的审美创设。人文教育是审美教育的主要途径，它蕴含着丰富的思想教育、道德教育、审美教育、政治教育等内容，为审美教育提供了丰富的文化背景。以社会人文科学的学科为基础开展的人文教育，包括哲学、社会学、历史学、政治学、语言学、艺术学等。它能够培养受教育者的审美观点，提高其求真、求善、求美的审美能力。其三，集体学习情景的审美创设。集体学习是诸教育主体之间在共同的环境、共同的时间之中互动式的学习状态。在审美教育过程中，创设集体学习的情景要求教育者坚持建构主义、多元智能理论的指导，尊重受教育者的差异和主体性，鼓励参与游戏教学和讨论教学等多种实践活动，以调动和培养人的语言智能、逻辑—数学智能、视觉—空间智能、音乐智能、人际智能、内省智能、身体—运动智能、自然观察者智能和生命存在智能。它主要包括情趣情境、对话情境等。情趣情境是直接与受教育者的爱好和兴趣相联系的教育环境。在此情境之下，人的心智处于放松平和的状态，有利于获得积极的审美经验和审美知识。情趣情景的创设能有效激起受教育者情感上的波澜，轻松欢快的情景能使受教育者产生开心愉悦的情绪；悲愤凄美的情景则使其体会到伤感和悲痛之情。情趣教学的关键在于以丰富有趣的活动调动受教育者的学习兴趣，因此，要求教育者潜心钻研审美教育规律，丰富情景创设的基本形式，不断以新颖的方式给受教育者以耳目一新的审美体验。创设情趣情景的形式有很多，如故事情境、演示情景、游戏情景、活动情景、试验情景、竞争情景等。对话情景是指"诸主体在平等的对话过程中生成意义的环境"①。主体间的相互理解是实现平等对话的基础和前提，哈贝马斯认为，达到理解的目标是要导向某种认同，即主体间的相互理解、彼此信任、两相符合的依存与协调。从最宽泛的意义上而言，理解是表示"在彼此认可的规范性背景相关的话语的正确性上，两个主体之间存在着某种协调"，以及"两个交往过程的参与者能对世界上的某种东西达成理解，并且彼此能使自己的意向为对方所理解"②。这个观点对审美教育有益的启示是：一方面，作为教育者而言，应当注重自身角色的转化，即由施教者、传授者逐渐转化为顾问、参与者；另一方面，对于受教育者而言，也应逐渐从聆听者、被动的受教育者逐渐转化为探究者、主动的参与者。审美教育者只有通过互相影响、了解、讨论、激励等方法和受教育者共同从事富有成效的、富于创造的审美教育活动，才能使受教育者的创造意识和创造能力得以充分的发挥，进而达到"教学相长"的理想境界。

四、思想政治教育主客体的情感共鸣法

在现代思想政治教育的审美教育中，教育主体与教育客体是相比较而存在的，二者相互依存，是构成审美教育过程的最基本的因素和重要条件。教育主体是指审美教育的工作者，它既包含经过专门训练，能有目的、按计划对教育客体进行审美教育的个人和群体；又包括经过专门训练，能有目的、有能力通过艺术创作对教育客体产生审美教育影响的个人和群体。教育客体是指审美教育主体能够认识和施加可控性影响的对象。换言之，审美教育客体是审美教育的接受者和受动者，是教育主体的作用对象，具有能动性、自主性和创造性的

---

① 张耀灿等：《现代思想政治教育学》，人民出版社 2006 年版，第 321—322 页。

② ［联邦德国］哈贝马斯：《交往与社会进化》，张博树译，重庆出版社 1989 年版，第 3 页。

显著特点。教育主体与教育客体不但相互依存，而且在一定条件下互相转化。

共鸣原是物理学的术语，是指一组共振器由于声波频率相同，一个物体震动引发其他物体一起振动而发生的共振、共鸣等声学现象。① 如果将这一术语引申至审美教育理论中，情感共鸣法是指在审美教育实践活动中，审美教育者根据受教育者的生理和心理特点，有目的有计划地引导其进行文艺鉴赏，并以积极的情感教育影响和激励受教育者，使其因在思想或情感上被感染而产生情感和心理的共鸣，并在潜移默化中以情感加深认知、促进知行转化的教育方法。众所周知，人类情感的一个重要特点就是感染性，当一个人产生某种情感，就会感染他人，使周围的人产生相似的情感。同样，别人的情感也可以感染和影响自己，使自己产生与之相近的情感。现代思想政治教育中的审美教育就是一个情感交流的过程，即教育者以深厚、真挚的情感对待受教育者、感化受教育者，使受教育者受到感染，并在感情上引起共鸣和共振，心悦诚服地接受审美教育的过程。情感共鸣法符合"以人为本"的教育理念，是增强审美教育实效性的必然要求。主客体之间的情感共鸣是转变审美受教育者思想的前提，更是审美教育目标能否顺利实现的关键。审美教育者只有以情动人，以真挚的感情关心、理解、感染受教育者，用真情打动受教育者，才能在双方之间架起友好、信任的桥梁，使双方在感情交流中沟通思想、增进理解、形成共识。

思想政治教育主客体的情感共鸣法主要有以下两种：

（一）引导受教育者与审美教育者实现情感共鸣

它是指审美教育者通过借助一定的审美载体不断与受教育者进行情感上的交流，进而在思想上达成一致，情志上相互契合，在心理上产生共振，在潜移默化中以情感加深认知、促进知行转化的审美教育方法。引导受教育者与审美教育者实现情感共鸣，一是要以真诚、尊重、理解、关心的态度对待受教育

① 邱明正：《审美心理学》，复旦大学出版社1993年版，第330页。

者。真诚，就是教育者应真情实意、满腔热情地对待受教育者，而不能虚情假意或是冷若冰霜；尊重，就是要尊重受教育者的人格、自尊心以及审美需求，不能奚落、讽刺、蔑视受教育者，尤其是对与自己的审美趣味、审美观点不同，以及对自己有成见的受教育者，更应从体贴、尊重、关怀入手，用真诚的情感赢得他们的信任与合作；理解，就是要了解受教育者的审美能力、思想动态、愿望和要求，肯定并鼓励其中的合理成分，并通过经常的感情沟通，做到将心比心、以心换心；关心，就是要及时发现并协调解决受教育者的思想、情感、心理等需求和实际困难，引导其积极摆脱思想障碍，而不能对实际需求和困难无动于衷，置若罔闻，只有这样，审美教育工作才能走进人们的内心，切实达到感化人、教育人的目的。二是要借助审美教育载体，找准情感共鸣点。美国著名的心理学家卡耐基曾说过，通向别人心灵的最有效的捷径正是与之谈论其最珍视的事情。在这里他人"最珍视的事情"实际上就是双方情感的"共鸣点"。审美教育者要善于找到双方情感的"共鸣点"，打开受教育者的心扉，使之形成"接受"的心理定式，为审美教育打开突破口。那么，应如何发现双方情感的共鸣点呢？审美教育者要根据对受教育者的了解，可以从其最感兴趣、最自豪、最难忘的事情着手，也可以从双方共同的或相似的生活经历、爱好和共同关心的问题等方面寻找共同话题。此外，引导受教育者欣赏艺术作品的创作构思与技巧，领略人类的聪明才智；教会受教育者掌握并运用推想、移情、通感等方法，共同感悟亲情、友情、爱情的普遍性和真挚性，广泛认同人性的崇高与优美、悲剧美和喜剧美的感染性；等等。三是要通过情感连接点，尽快进入谈话主题，做到情理交融。审美教育的目的是为了做好受教育者的思想转化工作，不断提高受教育者的思想境界和审美水平，因此，审美教育者就不能将审美教育工作只停留在寻找情感共鸣点的阶段，而是要在动之以情的基础上，抓住思想问题的症结，晓之以理，做到先情后理，情理交融。在具体的审美教育实践活动中，教育工作者不能隔靴搔痒地回避矛盾，而是要敢于接触问题的实质，敢于进行思想和观点的碰撞，只有在思想与观点的激烈碰撞中才能触及受教育者的灵魂，使其有所反思和领悟，才能使教育双方在新的基础上达到新的统一。四是要经常进行情感交流，增强双方的亲近感。亲近是人际吸引的重要条件，只有在频繁接触中情感才得以交流，互信才得以增进，亲近感才得以产生。所以审美教育者要将情感渗透到教育实践工作中，注重感情投资，拓宽交流平台，畅通交流渠道，不断巩固审美教育效果；还要了解他们的思想实际和审美喜好和审美水平。只有这样，才能使双方在相互了解中实现情感的互动和沟通。需要注意的是，在直接教育的方式下实现主客体双方的情感共鸣，审美教育者就应该将情与理、情与法、情与行结合起来。具体而言，在审美教育工作中，不能感情用事、不讲原则，以情代法、心慈手软，以情代行，仅限说教，而是应使情服从于理，依法办事，以身作则，身体力行，坚决维护法律的权威和尊严，做到情景交融，情理交融，不断引导受教育者把"美"的社会意识外化为社会行为，真正实现知行合一。

（二）引导受教育者与教育内容实现情感共鸣

它是指受教育者在自觉地进行审美欣赏活动时，为作品的艺术魅力所感染，在情志上肯定和认同艺术作品传递的美的内容与精神，在内心强烈的审美愉悦中与文艺作品在情志上相互契合，思想上达成一致的教育方法。具体而言，它是文艺创作者从审美意象创造和物化形象的创造中实现了自己的目的、愿望、性格和才能，从对象、意象中肯定并确证了自己的本质力量，并通过艺术作品的表现内容、丰富真挚的情感、深刻明晰的事理和强大的精神感召力，引发欣赏者心理律动而产生相同的频率，并使其在生理和心理上引发积极的感应，在情感上激起情绪的波澜，在理智上发人深省，并唤起主体感悟生命的审美过程。换言之，人与物的情感共鸣是以文艺作品真正具备动人心弦的精神力量并同受教育者情志相通为客观基础的。

正如上文所述，共鸣的发生是以欣赏者的情志状态同文艺作品情志的统一与契合为转移的，只有当欣赏者处于内有所蕴、外有所感，内蕴与外感保持相统一的状态时，才能由物及己，由己及物，彼此相通，发生同感、同情与共鸣。换言之，只有当人在审美感知中由对象的诱导，激起了强烈的自我意识，确证了自己的本质力量，发现了艺术作品情志同自身情志的一致性，并唤起了自己相应的情感和情绪活动时，才能发生共鸣。从这个角度上分析，共鸣的发生既需要以事物或事件的美作为外在的诱发因素，又需要以相似的生活经验、审美经验、审美观念、特定的情绪状态，以及人的感受力、理解力、创造力等因素为基础条件。所以，引导受教育者与教育内容实现情感的共鸣，就必须从分析受教育者的审美心理特点、精心选择欣赏内容、激发受教育者的想象力等方面展开。具体来讲：首先，分析了解受教育者的审美心理特点是实现情感共鸣的前提。由于受教育者年龄、性别、性格、生活经历等方面的差异，其审美心理特点也不尽相同。例如，不同年龄阶段的人往往会呈现出不同的审美心理特点，同一年龄阶段的人又会因性格差异、生活经历、家庭背景等因素具有迥然不同的审美偏好。只有有针对性地分析、了解受教育者的审美心理特点，才能切实提高审美教育的科学性和实效性，做到有的放矢，因材施教。其次，恰当选择欣赏内容是使受教育者实现情感共鸣的关键。共鸣的发生并非是脱离受教育者感知范围的纯粹抽象，抑或是那些缺乏美感的司空见惯的陈词滥调，与之相反，共鸣的发生是以受教育者意识到欣赏内容具备拨动人心弦的精神力量，以及它同人情志相契合为客观基础的，又以相通的伦理观、价值观、审美观和审美预前情感、后继情感以及移情作用为理智、情感根源。对此，选择欣赏作品的时候，一方面要考虑到受教育者的审美心理特点、实际接受能力和审美喜好；另一方面也要根据教育目标的要求，有计划、有步骤地循序渐进地安排展开。只有这样，受教育者的审美兴趣才能得到充分调动，审美情感才能得以唤醒、调节和强化。最后，激发受教育者的想象力是实现情感共鸣的必由之路。审美想象以事物之间的必然联系为客观基础，它使大脑皮层的暂时精神联系和以往兴奋痕迹在新的刺激下重新联结与复苏，并以储存信息的重新组合为生理机制，是两个信号系统协同活动的结果。实现情感共鸣，就要引导受教育者善于运用想象、联想、移情、通感、推想等思维方法，做到心有所感，情为所动。

总之，审美教育者、受教育者、教育内容之间彼此的契合程度决定了产生共鸣的效果。契合程度越高，教育效果越明显，反之，契合程度越低，教育效果则越不明显。此外，引导受教育者与审美教育者实现情感共鸣、引导受教育者与教育内容实现情感共鸣是两种不同的情感共鸣方法，前者是基础和保证，后者是核心和关键，两者相辅相成、密切联系、不可偏废。

五、思想政治教育效果的审美评价法

客观事物的存在都是数量与质量的统一，它既有质的内在规定，又有量的外在表现。评价是依据一定的原则和标准对目标实现的质与量所作出的比较切近实际的评述与估价。[1] 审美评价不仅是审美教育实践活动的一个重要组成部分，更是进一步落实和检验审美教育目标的重要方法。审美评价法是指在审美教育者的引导下，受教育者通过审美判断对事物的审美价值(真实性、真理性、独创性等方面) 进行理性分析，以定量估价和定性评述的形式，反馈和评估审美教育效果的基本方法。作为人们认识发展过程的必然产物，审美评价是提升审美教育实效性的一个重要手段。恰当运用审美评价法，对于理性判断审美载体，反馈、调节和提升审美教育价值是大有裨益的。

思想政治教育效果的审美评价法主要有以下几种：

(一) 谈话鉴定法

谈话鉴定法是一种以语言的形式交流审美感受，评价审美效果的方法。众所周知，在审美教育的实践过程中，审美教育者与受教育者之间虽然存在众多沟通渠道，但是口语对话仍然是主要的情感交流方式，在受教育者的审美体验和理解、教育过程的反馈与调节之中起到重要作用。运用谈话鉴定法，应充分体现整体性、发展性的评价原则。既不能以偏概全，不从整体出发来把握事物的基本规律和总体发展趋势，又不能盲目折中，没有重点，胡子眉毛一把抓。

---

[1]　徐志远：《现代思想政治教育学范畴研究》，人民出版社 2009 年版，第 228 页。

应尽量多地使用一些带有提示性和鼓励性的语言,以维护受教育者的自尊心,进一步激发其自信心和学习兴趣。

(二)定性与定量相结合的方法

定性与定量相结合是一种以调查研究和总结经验为主的评价方法。这种评价方法的具体步骤主要有:量化审美教育的评价指标体系,抽样跟踪调查,将抽样调查的受教育者思想及审美实践情况予以对比,提出审美教育实践评估报告,归纳分析各审美教育因素中普遍存在的优缺点,个案分析并总结典型人物的审美偏好及事件的审美经验等。

(三)情景模拟评价法

情景模拟评价法是通过模拟和设计逼真的审美情景,考察和评估审美教育主客体的思想道德素质和审美素质的一种评价方法。这种方法集体验性、娱乐性、互动性于一体,能够充分地调动教育主客体共同参与审美评价的积极性。情景模拟评价法的具体步骤包括:分解主要评估对象的若干评价指标、设计并搭建模拟的审美场景、拟定模拟角色、主客体进行审美体验、依照个体审美偏好和审美行为倾向对其审美素质予以分析和测评等。

总之,审美教育的基本方法之间是一个相互联系、相互促进、相互依存、相互渗透的统一整体。其中,思想政治教育客体的审美感知法是基础,思想政治教育内容的审美传授法是中心,思想政治教育环境的审美熏陶法是重点,思想政治教育主客体的情感共鸣法是关键,思想政治教育效果的审美评价法是动力。它们以审美教育过程为依托,共同组成了一个既相互区别、各自独立,又相互影响、彼此关联的有机整体。另外,随着经济社会的不断发展和人们思想认识的具体变化,现代思想政治教育中审美教育的基本方法将会不断地创新和完善,其教育性、针对性、生动性、趣味性也将会得到更充分的体现。

第六章　现代思想政治教育中审美教育的机制与规律

　　审美教育的机制是指审美教育运行过程中各构成要素按一定的组合方式而形成的机理和运行方式。审美教育的规律是审美教育过程中诸要素之间的本质联系及其矛盾运动的必然趋势。我们要在现代思想政治教育的实践中，不断探索和揭示审美教育的运行机制和实施规律。

第一节　审美教育的运行机制

　　机制一词来源于希腊文"*mechane*"，其原意是指机器的构造和动作原理。[1]它是有机体事物各要素之间彼此连接、自行调节、相互制约的自组织，其功能是耦合的，其存在形式是动态发展的。

　　审美教育的运行机制是指审美教育运行过程中各构成要素按照一定的组合方式而形成的机理和运行方式。主要含义包括：其一，审美教育是一个由各构成要素按照一定组合方式组成的整体系统；其二，各构成要素的相互衔接与协调运转以及各相关因素功能的耦合与健全是其整体功能发挥的基础；其三，其存在形式是一个动态发展的、有规律的运行过程。理解审美教育的运行机制是实现审美教育目的的桥梁与中介，能够集中地把握审美教育大系统中各层次、

---

[1] 《现代汉语词典》，商务印书馆 2000 年版，第 582 页。

各侧面的整体功能及其运行规律。

审美教育的运行机制包括动力机制、激励机制、调控机制和保障机制。

一、动力机制

审美教育的动力机制，是指审美教育动力系统的构成要素间的因果关系和运行方式，以及它们相互影响、相互作用、相互改变的过程与机理。动力机制主要解决审美教育的内驱力和外驱力问题。

审美教育动力机制的内容有：

（一）审美导向机制

审美导向机制是指以政策导向和利益导向为轴心，满足、调节和引导受教育者审美需要的过程与机理，它包括政策导向机制和利益导向机制两个方面。其一，政策导向机制。政策是思想政治教育中审美教育的一面旗帜，所解决的是审美教育的方向和原则问题，人们对于审美教育内容的肯定或否定、赞成或反对，都要以政策为基本导向而决定取舍。因此，当人们正当合理的审美需要在现有条件下能够实现，并与审美教育目标相一致，政策就应该加以肯定和鼓励，以充分调动人们的积极性；反之，当人们的审美需要不切实际，或人们的审美需要不正当、不合理，政策就应该对其进行及时的调节和引导。其二，利益导向机制。马克思曾认为：人们的"思想"与"利益"不能相脱离，前者一旦离开后者，就一定会使自己出丑，所以，人们总是追求利益并始终为此而奋斗。"马克思列宁主义的基本原则，就是要使群众认识自己的利益，并且团结起来，为自己的利益而奋斗。"① 从这个意义上讲，最广大人民群众的根本利益始终是审美教育的出发点，引导利益追求的方向，坚持以"美"的标准和方向调节各种利益关系的矛盾，培养人们树立正确的价值观和审美观，有效提升人

---

① 《毛泽东选集》第四卷，人民出版社 1991 年版，第 1318 页。

民群众的思想境界，增强人们的审美素质和思想道德素质，始终是审美教育工作的重中之重。

（二）精神动力机制

精神动力机制是指审美教育激发、满足、调节受教育者审美精神需要，使受教育者获得审美精神力量，并自觉外化为文明行为的过程和机理。何为精神动力？骆郁廷认为：精神动力是指思想、情感、道德、理想、信念、理论、意志等精神因素对人从事的一切活动及社会发展产生的精神推动力量。在审美教育中，只有通过审美体验，使人们的社会交往需要、尊重需要、成就需要或自我发展需要等方面得到满足，并在受教育者内心产生强烈的爱憎的审美情感时，受教育者才能迸发出一股巨大的精神力量；相反，如果在审美体验过程中，人们的社会交往需要、尊重需要、成就需要或自我发展需要未能得到满足，甚至根本缺乏必要的审美情感体验的话，那么审美教育的目标将根本无法实现。因此，新形势下的审美教育要更加注重精神动力机制的开发与完善。一方面，要了解受教育者实际的精神需要，针对不同年龄、不同层次的受教育者的具体特点，具体分析并选取恰当的审美教育载体和审美教育内容；另一方面，要根据受教育者精神需要和审美教育环境的变化，适时调整并更新审美教育方式和方法，激发受教育者的审美兴趣和审美情感，进一步巩固和提高审美教育的效果和水平。

（三）创新机制

审美教育的发展离不开对中华民族优秀传统文化的吸收，离不开对世界各国优秀文明成果的借鉴，更离不开对中国共产党长期审美教育实践的经验总结。实践证明，审美教育理论无论是从内容到形式，还是从方法到途径，都是不断创新且日臻完善的。这一发展不仅是教育者对审美教育实践经验的概括和总结，也是教育者在审美教育实践的基础上进行理论创新的结晶。因此，创新机制是审美教育发展的决定性动力机制，是审美教育永葆自身生命力的不竭源泉。

二、激励机制

审美教育的激励机制，是指审美教育在了解人们的审美需要的基础上，结合特有的教学方法，不断激发人们的审美情感，开发人们的审美潜能，充分调动人们的主动性、积极性和创造性，使人们审美观的培育与社会审美教育的目标相适应的过程和机理。它是激励各构成要素的总和，其功能是各种激励方法和激励模式的耦合，其存在形式是一个动态发展的、有原则的、有规律的运行过程。

审美教育激励机制的内容有：

（一）目标激励

目标激励是指审美教育者设立教育目标，不断激发和鼓励受教育者进行学习的激励方式。1964 年，美国心理学家佛隆提出了著名的"期望理论"就属于目标激励的范畴。在他看来，人们只有在目标的指引下，积极性才会被充分激发，才会为了实现此目标而不懈努力。换言之，个体从事某种活动的动力强弱，将主要取决于这个行动全部结果的预期价值乘以个体目标实现的期望值，即：激励力量 = 效价 × 期望值。审美教育者应始终把握目标激励机制，整体考虑目标的设定、效价的高低与期望值的大小等因素，建立起架构合理、层次分明的动态化的审美教育目标体系。要根据低门槛效应的原理，结合受教育者的实际情况，合理设定审美教育目标，引导受教育者有计划、有阶段加以实现。同时，也要引导受教育者正确认识和处理具体目标的层次性和过程性，学会把握审美教育总目标与具体目标的辩证关系，既不能失去实现总目标的信心，也不能跨越具体目标的实现，无视教育的阶段性。

（二）情感激励

情感激励是指教育者通过激发和鼓励受教育者的积极情感、抑制和消除其消极情感，在审美教育中实现以情动人，怡情育人的最佳效果。众所周知，人们都渴望在社会情感交流中赢得他人的肯定、关爱和尊重，这一心理需求能否得到满足，在很大程度上决定了人们在实现人生价值的过程中主动性和创造性的发挥程度。以全国道德模范龚全珍老人为例，她之所以能够激发人们的崇敬之情，发挥鼓舞和引导群众的积极作用，就在于这位开国将军夫人在耄耋之年仍能心系教育、捐资助学、扶贫济困，老人平凡而伟大的先进事迹展现了人间大爱。只有真挚的情感才能动之以情、晓之以理，从而达到教育人、引导人、凝聚人的效果。

（三）环境激励

环境激励是指教育者通过营造优美的环境，来激发受教育者内心的审美动力和情感的激励方式。客观环境决定着人们的思想观点，环境的变化直接影响着人们思想的变化。审美教育中的环境激励主要包括以下三个方面的内容：一是通过美化和优化环境来满足人们的审美需要，使受教育者能够在优美的环境中产生审美动力；二是通过不断发展社会生产力来满足人们日益增长的审美需要，使受教育者积极投身于社会生产实践，不断推动社会生产力的发展；三是注重提炼环境因素中蕴含的人文因素，发挥环境怡情养性、育人润物的感化作用。

运用激励机制开展审美教育，要遵循以下几点要求：

（一）遵循受教育者的情感变化规律，注重增强审美教育的情感性

众所周知，人们的情感变化不仅与社会关系的发展与变化紧密相连，而且更具有明显的规律性。社会关系的和谐与否决定了人们的主体情感的基本状态，人与人、人与自然、人与社会的相互关系影响并制约着人们情感的形成和发展。如果一个人处在和谐的生态关系、良好的人际关系之中，那么他的情感体验就是积极的，并易于接受新事物、新观点和新思想；反之，如果一个人处在紧张失衡的人际关系或生态关系之中，那么他的情感体验就是消极的，更容易对新事物、新观点和新思想产生排斥和抵触的负面情绪。因

此，教育者要善于总结并把握人的情感变化规律，善于抓住并利用时机，激发和鼓励积极情感，抑制和消除负面情绪，从而激发受教育者的积极性、主动性和创造性。

（二）坚持激励机制的层次性原则，增强审美教育的效果

由于受教育者的情况错综复杂，不尽相同，其审美需求也会随着社会环境、个体发展等因素的变化而不断变化。例如，从年龄上划分，受教育者存在少年、青年、中年、老年四个层次；从审美素质上划分，可分为良好、一般、较差三个层次；从文化知识上划分，可分为文盲和半文盲、知识水平一般、知识水平较高、知识渊博四个层次；等等。所以，因材施教尤为重要。

（三）综合运用多种激励的方式，增强激励的教育效果

在审美教育的激励过程中，教育者应根据受教育者不同需要的特点采用不同的激励方式。例如，可以将赞许激励、目标激励和情感激励、自我激励相结合，发现受教育者的闪光点并对其进行赞许激励，在与其声情并茂的情感互动中，引导受教育者树立远大的人生志向，激发起他们为实现人生理想而奋斗的勇气和信心。在激励的过程中，教育者应把握适度的原则，明确激励的性质、程度和范围，既要增强受教育者的自信心，又要进一步激发其奋勇前进的信念并挖掘其潜力，使激励的教育效果不断增强。

三、调控机制

审美教育的调控机制，是指在感知美、理解美、欣赏美、践行美的审美教育目标指引下，在对审美决策及其执行过程的调节中不断完善反馈体系，强化调控权威的过程和机理。

审美教育调控机制的主要内容有：

（一）个体审美调控机制

个体审美调控机制，是指以个体的审美生理和心理机制为基础，欣赏者在审美实践活动中，通过情感和认知因素的发挥，自觉地以美的原则妥善处理人与人、人与社会、人与环境之间的关系，不断进行自我控制和调节的过程和机理。从审美认知学角度分析，人的审美情感调节审美活动。在审美活动中，人们内心涌动的审美情感经由审美感觉、审美知觉、审美想象、审美思维、审美观的渐进转换，最终作用于人的审美行为，能够提高人的审美认知能力和行为调控能力。其中，处于审美活动的初级阶段的审美感觉、审美知觉、审美想象等审美感受活动侧重审美主体感性实践活动，而审美思维则是由审美感性上升为审美理性后的高级意识，能转化为相对稳定的审美观点。在这一过程中，审美评价、审美判断等情感要素都会渗透于具体的审美活动之中，逐渐内化为欣赏者的审美情趣、审美理想和审美行为，不断地影响、改变和调整着欣赏者的审美偏好、审美理想和审美行为方式。美国教育心理学家加涅曾明确将认知策略看作是一种处理内部世界的能力以及自我控制与调节的能力，并认为应将其从一般智慧技能中划分出来。换言之，正是由于认知因素的发挥，才使得欣赏者的情感体验既是对客体直观的审美感受，又是对主体自身情感的一种审美评价；审美情感是被社会意识化的，包含了诸多客观的理性因素，又是个体化和主观化的，包含了诸多主观的感性因素。此外，从心理学角度上分析，人的"知觉定势主要来自两个方面，早先的经验和对象需要、情绪、态度和价值观念这样一些重要的个人因素。简言之，我们倾向于看见我们以前看过的东西，以及看见适合我们当前对于世界所全神贯注的和定向的东西"①。一旦刺激物作用于主观感受器时，条件反射系统就会自动出现，人们往往更易于接受相关或相似的审美刺激，在心理上产生审美定势和审美注意，从而集中作用于人的审美鉴赏，并以审美意志和审美追求的形式最终影响和制约着人的审美行为。总之，个体的审美调控机制是一个长期的、不断持续

---

① ［意］克罗齐：《美学原理》，朱光潜译，商务印书馆 2012 年版，第 89 页。

建构的过程，是一个以情感性和认知性为突出特点，以美为根本原则，以实现个体审美认知与审美情感、审美行为之间的自觉转换与调控为基础的整合过程，更是一个逐步培育审美情趣、审美理想和审美人格的教育过程。

（二）群体审美调控机制

群体审美调控机制，是指建立审美教育的目标管理系统，密切审美教育主客体之间的对话与交往，拓宽信息收集与反馈渠道的过程和机理。作为一个复杂的系统工程，群体审美调控机制有利于保证审美教育的正确方向，增强审美教育理论体系自我调节、自我完善的能力。具体而言，它主要包括以下内容：一是建立审美教育的目标管理系统，增强审美教育的实效性。众所周知，审美教育的效果来自审美教育职能部门、教育者与受教育者之间协同配合的整体效应。建立审美教育的目标管理系统，就是要明确审美教育各职能部门的具体工作指标、审美教育不同阶段和不同层次的具体实施目标和总体目标，并根据审美教育实践的具体情况，适时对目标进行细化和完善。二是密切审美教育主客体之间的对话与交往，增强审美教育的生命力。加强主客体之间的对话与交往是帮助受教育者树立正确审美观的重要条件，这种对话与交往既包含了审美情感的沟通和交流，也囊括了审美理性的对话和互通。需要注意的是，在进行审美教育主客体之间的对话与交往的时候，应首先从教育者和受教育者之间或者受教育者和受教育者之间的共性入手，鼓励受教育者从审美愉悦出发，共同参与审美情感活动，大力促进他们开展并丰富对话和交流活动，从而不断拓宽审美教育客体之间、审美教育主体之间以及审美教育主客体之间的联系与互动，增进彼此之间的合作意识，激发其参与热情。三是拓宽信息收集与反馈的渠道，增强审美教育的可控性。审美教育运行过程的调控以健全有效的信息反馈为基础，及时掌握审美教育计划的执行情况，是对审美教育进行有效调节的重要保证。如果缺失多元化的信息收集渠道或健全有效的信息反馈平台，将难以准确、及时、客观地对审美教育过程进行有效的调控。因此，审美教育者应不断丰富教育效果的展示平台，全面收集并反馈教学效果，适时地对工作进行合理调控。运用调控机制开展审美教育，要遵循以下两点要求：

1.推行目标化管理，实现审美教育的总目标

《教育部关于推进学校艺术教育发展的若干意见》（教体艺〔2014〕1号文件）明确指出："当前和今后一个时期，学校艺术教育要以立德树人为根本任务，遵循学校艺术教育特点与规律，统筹推进各级各类学校艺术教育……努力破解当前艺术教育存在的突出问题，促进学校艺术教育规范科学发展。"教育部的这个文件精神对开展现代思想政治教育中的审美教育工作也是完全适用的。进一步落实立德树人、以美育人的根本任务，培养受教育者的审美能力，引领其树立正确的审美观念，培养高雅的审美情趣，全面提高其思想道德素质和审美素质，始终是审美教育肩负的重要使命和责任。只有推行目标化管理，将教育任务和要求细化分解成明确的、有阶段性的工作目标，才能有利于克服审美教育工作的随意性和盲目性，使其更加规范化、制度化和科学化。这就需要首先建立一个相互制约的工作责任体系，使各个审美教育职能部门和工作人员都能够明确自身职责，各负其责，有效形成教育合力。此外，目标化管理的关键在于各项工作的逐步落实，这就要求审美教育的职能部门和工作人员经常对照目标查找自身不足，不断提高审美教育水平以确保审美教育总目标的实现。

2.保证信息畅通，健全反馈体系

调控机制的运行离不开及时有效的信息反馈，只有准确、及时、全面的反馈信息，才能对审美教育过程进行有效的指挥与调节。因此，审美教育主管部门应成为审美教育反馈信息的集散中心，审美教育者要注意对评价信息的收集和整理，并对这些信息进行全面的分析与研究；受教育者之间也应加强联系，发挥其自我管理、自我教育的作用。

四、保障机制

审美教育的保障机制，是指通过提高审美教育队伍的工作水平和整体素质，增加必要的经费投入，美化环境，改善设施，从而更好地实现组织领导保

障、教育队伍保障、经费及物质保障的过程与机理。

审美教育保障机制的主要内容有：

（一）组织领导保障

审美教育工作的顺利开展，离不开党委的统一领导，离不开主管部门的安排布局，更离不开权责明晰、齐抓共管的工作机制。特别是教育行政部门，更应建立健全逐级负责制以及覆盖全社会的工作机制，为审美教育提供有力的组织保障。

（二）教育队伍保障

教师是审美教育的骨干力量，他们的自身素质和教育水平直接影响到审美教育效果的优劣。因此，审美教育工作必须要有一支政治强、能力高、作风正的教师队伍作保证，要采取积极措施稳定审美教育师资骨干力量，更要选拔德才兼备的中青年教师，不断为教师队伍补充新生力量。

（三）经费及物质保障

审美教育的开展离不开必要的经费投入，只有投入必要的审美教育经费，统筹协调合理配比，才能不断扩大优势审美教育资源的覆盖面，推进区域审美教育的均衡发展，满足人民群众日益增长的审美文化需求。

运用保障机制开展审美教育，要遵循以下几点要求：

（一）强化组织领导

1.各级教育行政部门要建立健全审美教育领导工作机制和责任机制，保证审美教育的部门与机构的稳定性。2.各级各类院校要承担起以美育人的重任，依照审美教育的客观规律和受教育者的情感发展规律，推行目标化管理，加强对审美教育专门人才的培养。3.共青团、工会、妇联等人民团体及其他社会组织要建立和完善审美教育责任制，重视审美教育工作的开展。4.新闻出版、网络传媒、文化艺术工作者也要从自身职责出发，营造良好的审美教育氛围。

（二）加大经费和人力投入

审美教育必须加大投入，改善条件。在经费投入方面，不仅应当增加常规性的审美教育经费、审美教育理论研讨和实践调研经费、宣传教育活动经费等，还应当提高对审美教育调研、社会考察和审美教育工作部门基本建设所需的经费投入水平。要保障基本建设经费和设备置办经费，将审美教育设施、设备和活动场所、基地建设纳入地区和单位总体建设规划中，扩大优质审美教育资源覆盖面，推进区域内艺术教育均衡发展，充分发挥公共设施、设备和活动场所的美育功能，以满足审美教学和大型文艺活动需求，实现受教育者思想道德素质和审美素质的全面提升。在人力投入方面，要注重引进和培养审美教育专业人才，加强区域内审美教育统筹力度，通过教师交流、顶岗实习、派遣兼职教师、改善师资待遇等方式多渠道解决师资短缺问题。

（三）加强审美教育的督导和宣传力度

审美教育工作需要建立自评公示、督导评估的制度，将其纳入教学水平综合评价体系之中，结合督导检查、评估结果公示等方法，切实加强对审美教育工作的检查与督导。通过对审美教育系统先进集体、先进个人的表彰，发现和树立先进典型，动员全社会支持审美教育工作，并为审美教育的发展营造良好的社会环境。对此，刘延东同志曾指出：只有营造良好和谐的文化氛围，才能培养出更多更优秀的人才，促进我国教育事业的蓬勃发展。①

第二节　审美教育的实施规律

何为规律？马克思认为，规律是"两个表面上互相矛盾的事物之间的这种

---

① 刘延东：《在"全国优秀特长生艺术节开幕式上"的讲话》，《中国教育报》2010 年第 8 期。

内在的和必然的联系"①。列宁则将规律表述为"关系"，认为它是事物之间"本质的关系或本质之间的关系"②。审美教育的规律是审美教育过程中诸要素之间的本质联系及其矛盾运动的必然趋势。

现代思想政治教育中审美教育的实施过程有其自身的客观规律。审美教育的实施规律主要有：

一、真、善、美辩证统一规律

纵观中外文化发展史，虽然真、善、美的概念都受到哲学家和教育家的普遍关注，但是，无论是以柏拉图、亚里士多德、康德为代表人物的西方文化，还是以孔子、老子、朱熹、冯友兰为代表人物的中国传统文化，对于真、善、美的科学内涵及辩证关系，都没有进行全面、准确、科学的理论界定和揭示。例如，西方文化片面地将真、善、美三者的关系统一到经验科学和认识论方面，中国儒道两家则片面地将其统一到伦理主义或本体论方面，等等。马克思主义哲学从主客体相统一的角度阐释真、善、美的科学内涵及辩证关系，对我们正确认识和处理真、善、美的科学内涵及辩证关系具有重要的指导意义。马克思主义哲学认为，"真"是主体在思想和行为上充分接近和适合于客体的必然性，是一种获得了真理，达到了真理的境界；"善"既指道德上合乎规范，又包括使人在社会关系和自然关系中的经济、政治、道德、文化等方面的需要得到满足的实际价值③；"美"是人类改造世界的创造性活动及其成果对人的自由的肯定，是人对现实的良性互动的审美关系，是真和善统一所唤起的主体愉悦的心理感受。真、善、美统一的价值生成内在于人所特有的对象性的感性活动之中。马克思主义关于人所特有的对象性的活动与真善美价值主客体的生成原理，

---

① 《马克思恩格斯全集》第 46 卷，人民出版社 2003 年版，第 250 页。
② 《列宁〈哲学笔记〉研究》，人民出版社 1964 年版，第 136 页。
③ 李秀林等主编：《辩证唯物主义和历史唯物主义原理》，中国人民大学出版社 1995 年版，第 374 页。

为把握审美教育真、善、美辩证统一的实施规律提供了理论基础和方法论。

　　真、善、美辩证统一规律，是指在审美教育过程中，教育者借助具体的美的事物和形式向受教育者传授真与善的价值观念，使受教育者在情感共鸣中迸发美感，在审美愉悦中逐渐形成良好的品德，并在实践中积极践行正确的审美观的规律。在审美教育过程中，它主要通过审美教育主体——教育者和审美教育客体——受教育者的审美教育活动体现出来。审美教育的真、善、美的对立面就是假、恶、丑，在《关于正确处理人民内部矛盾的问题》一文中，毛泽东同志曾说："真的、善的、美的东西总是在同假的、恶的、丑的东西相比较而存在，相斗争而发展的。"① 审美教育的"真"在于其内容体系和教育规律之真，表现为审美观念、道德规范、政治观点具有真理性的特征。其中，审美教育的内容体系之真，是指审美教育理论体系的真理性、科学性、规律性，比如，它体现了人类社会发展规律、中国共产党执政规律、社会主义社会发展规律、人类自身审美价值观念发展规律等；审美教育规律之真，是指在审美教育中教育者必须把握审美教育过程中诸要素之间的本质联系及其矛盾运动的必然趋势。审美教育之"善"，在于教育目标和内容体系的善。其中，审美教育目标之善，是指教育者具有明确的目标——培养受教育者正确的审美观点、健康的审美情趣、崇高的审美理想和积极的人生态度，促使他们将正确的审美价值观念转化为自觉合理的实际行动，进而实现其审美能力、思想品德、人格修养等综合素质的提高。审美教育的内容体系之善，是指审美教育的内容反映了无产阶级和广大人民群众的根本利益诉求，概括、提炼和倡导的行为规范具有先进性，因而具有崇高的审美价值之善。审美教育之"美"是建立在其"真"和"善"基础之上的，它在于内容体系和教育过程之美。其中，审美教育的内容体系之美，是指审美教育的内容是无产阶级为共产主义远大理想而奋斗光辉历程的缩影，更是无产阶级和广大人民群众本质力量的凝结和升华，其理论体系不仅具有以历史和现实实践过程为表征的丰富多彩的感性之美，还具有逻辑与历史相

---

① 《毛泽东文集》第七卷，人民出版社1999年版，第230页。

一致的理性之美；审美教育过程之美，是指教育者按照审美教育规律和受教育者的审美认知规律，对受教育者施加有计划、有目的、有组织的影响，潜移默化地塑造和优化人们的审美心理结构，培养人们正确的审美观点、健康的审美情趣、崇高的审美理想和积极的人生态度，促使受教育者将正确审美价值观念转化为自觉合理的实际行动，进而实现审美能力、思想品德、人格修养等综合素质的提高，这一过程是教育主客体对自身本质力量确证的审美过程，更是审美教育创造美的过程。这一过程既检验了"真"与"善"，又创造了"美"，三者辩证统一，不可分离。对此，蔡元培先生曾做过一个形象的比喻：他将真、善、美之间的辩证统一关系比作人们走路，要达到一个目的地是善；夜晚天黑必须打开路灯照明是真；行路易疲，哼唱歌曲或赏玩风景可以调节心情便是美。同理，在审美教育的实施过程中，如果善一旦离开了真，不免会以恶为善，就会背离审美教育的基本目标；离开了美，不免见善而不能行，就会陷入曲高和寡的尴尬境地；而离开了真，审美教育就会失去科学性，甚至失去了本身存在的意义。因此，成功的审美教育活动是主客体实现真、善、美三者辩证统一的过程，只有将真、善、美三者辩证地统一起来，才能最终实现审美教育的目标。

在审美教育实践中，遵循真、善、美辩证统一规律，教育者应注意以下几个方面：

（一）以人为本，更新审美教育理念

推进素质教育是对传统教育理念的深刻变革，它要求从根本上转变长期以来形成的陈旧的教育观念。以人为本包含着尊重人，肯定人的价值，促进人的全面发展的深刻内涵。以人为本是社会主义社会的本质要求，更是审美教育始终坚持的目标和指导思想。作为素质教育的主要内容之一，审美教育根据国家制定的教育方针，贯彻以人为本的基本理念，及时反思审美教育工作中出现的各种问题，全面总结有效的育人经验，才能最终实现其以人为本的价值旨归。

（二）发掘真、善、成果美的审美教育资源，丰富审美教育内容

在人类创造的璀璨的精神文明成果之中，蕴藏着取之不尽的审美教育资源。比如，在我国绘画、音乐、舞蹈、诗歌、影视、雕塑、建筑等艺术遗产中，蕴藏着宝贵的人类智慧，它不仅体现了审美规律之真、社会价值之善，更展现了人的本质力量之美。发掘这一审美教育资源，不仅能够弘扬中华民族的优秀传统文化，提高人们的民族自信心，增强民族自豪感，而且对丰富审美教育内容也有着不可估量的重要作用。

（三）克服僵化的育人模式，创新多样化的审美教育模式和方法

喜新求变是人的一个重要的审美心理特点，传统单一机械的以灌输为主的僵化模式和方法显然已经很难调动起受教育者的学习兴趣，更不利于审美目标的实现。教育者只有不断创新审美教育的模式和方法，探索以美怡情、以真启智、以善导行的育人模式，才能实现理论知识、良好品德和审美素质和谐统一的教育目的。

（四）利用现代科技成果，创设并优化教育载体

现代信息技术、多媒体技术和传媒手段的蓬勃发展为审美教育带来了新的发展契机，传统的面面相授、口耳相传的教育方法显然已经无法适应信息时代的需要，只有把审美教育内容与先进的网络技术、现代传媒手段、多媒体技术相结合，创设视（视频）、听（音频）、感（体验）、读（阅读）、思（思考）、触（触觉）多位一体的优美情景，充分调动受教育者的参与性和主动性，才能极大增强审美教育的吸引力和实效性，达到最佳的教育效果。

二、心灵美、语言美、行为美辩证统一规律

心灵美、语言美、行为美辩证统一规律，是指在审美教育过程中，教育

者注重实现心灵美、语言美、行为美的辩证统一，通过言传身教的方式帮助和引导受教育者将一定社会的思想品德和审美价值观念内化为自己的审美情感、品德认识、理想信念等内在意识，并将这种内在意识外化为自身合乎社会规范的文明的语言和道德行为，并养成良好的道德行为习惯的规律。它包含两个方面的含义：第一，教育者牢固树立正确的审美观点、健康的审美情趣、崇高的审美理想和积极的人生态度，主动将正确的审美价值观念转化为自觉合理的实际行动，并注重在审美教育过程中实现心灵美、语言美、行为美的有机统一，身体力行、以身作则、率先垂范，充分发挥自身榜样的主导和示范作用；第二，帮助和引导受教育者发挥受教育者的主体作用，实现心灵美、语言美、行为美，成为中国特色社会主义事业的合格建设者和可靠接班人。

在审美教育过程中，必须坚持心灵美、语言美、行为美辩证统一的规律。一方面，心灵美、语言美、行为美各自的内涵及侧重点不尽相同。审美教育中的心灵美，在于以马克思主义为指导，弘扬社会主义核心价值观，培育并践行正确的审美观的思想内容之美，以及激发审美情感、陶冶审美情操、净化心灵、提升审美情趣、健全审美人格的教育任务之美。审美教育的语言美，在于以文明语言的"表达——理解——欣赏——传递"为主的教育方法之美，以及通过规范、引导人们自觉使用文明语言，营造文明氛围的教育任务之美。审美教育的行为美，在于以"示范——接受——感悟——践行"为主的教育方式之美，以及规范文明行为、正确引导人们选择道德行为、养成良好行为习惯，树立社会新风尚的教育任务之美。另一方面，心灵美、语言美、行为美具有内在的统一性，一是赖以产生和存在的基础相同。三者赖以产生和存在的共同基础都是审美教育实践活动，离开了审美教育实践活动，既谈不上心灵美，也不可能有语言美和行为美。二是根本出发点和最终归宿相同。在全社会倡导心灵美、语言美、行为美的根本出发点和最终归宿都是为了提高受教育者的思想道德素质和审美素质，培养其良好的道德行为习惯及审美习惯，形成社会新风尚。三是心灵美、语言美、行为美是相互依存、相互渗透、相互转化的。语言美和行为美的前提和基础是心灵美，没有心灵美，就没有语言美和行为美；语言美和行为美是心灵美的目的和归宿，没有语言美和行为美，心灵美也就失去了意义。心灵美需要语言美和行为美的实践，良好的道德情操、价值观念、人生理想、坚定意志、审美人格，都是受教育者在审美教育实践活动中通过语言美、行为美的教育逐渐被"儒化"而形成的，语言美和行为美的教育对心灵美的形成和巩固具有能动的促进作用；同时语言美和行为美也要受到心灵美的支配和指导，语言美和行为美的实践过程也是心灵美进一步巩固并强化的过程。三者之间不是僵化、凝固的，而是在一定条件下可以变动并相互转化的。

　　既然审美教育过程是心灵美、语言美、行为美的辩证统一过程，那么，审美教育活动若要取得实效，教育者就必须遵循心灵美、语言美、行为美辩证统一规律，努力帮助受教育者做到心灵美、语言美和行为美。首先，教育者必须接受系统的专业理论培训，系统地掌握社会所要求的思想政治教育理论和美学理论的规范知识，了解受教育者的审美心理、生理和认知特点，具备健全稳定的心理素质，并懂得审美教育的方式和方法。其次，发挥教育者的主导作用及受教育者的主动作用，借助形象生动的审美教育形式，积极推进政治思想、道德品质、价值观念、审美理念和行为准则的内化进程，最大限度地调动受教育者的积极性、能动性和创造性。除了"言教"以外，教育者还必须做到"身教"，依靠自身的人格力量，身体力行地做到心灵美、语言美和行为美，发挥模范表率作用。最后，引导受教育者将获得的审美教育理论知识努力付诸实践，转化为语言美和行为美的实际行动，从而在改造客观世界中取得更大的成绩。这一阶段，教育者应发挥自身主导作用，对受教育者施加外部引导和控制教育，激励受教育者的审美情感，培养他们的审美理想和积极的人生态度。此外，教育者还应积极地创造条件，激发受教育者的主动作用，引导受教育者将理论学习与实践锻炼相结合，加强自我教育，学会对自己的思想品德认识和审美观点进行较为客观的评价和分析，养成良好的品德行为习惯和审美习惯，最终实现心灵美、语言美和行为美的辩证统一。

三、美的内容与美的形式辩证统一规律

美的内容和美的形式辩证统一规律，是指在审美教育过程中，教育者通过作为美的形式的各种生动、形象的审美教育载体和途径，向受教育者传授社会美、自然美、艺术美的教育内容，并注重美的内容与美的形式两者的有机结合与辩证统一，从而全面提高受教育者感知美、理解美、创造美的能力的规律。

美的内容与美的形式是对立统一的辩证关系。两者的对立性表现在：其一，两者的内涵不同。美的内容包括社会美教育、自然美教育和艺术美教育；而美的形式则主要是指审美教育载体和途径的优美性、生动性、形象性和趣味性。其二，两者的特点不同。美的内容具有时代性、层次性、思想性等特点。美产生于社会实践之中，不同时代的社会经济、政治和思想状况产生了相应的美的内容。随着时代的发展，美的内容也在不断地变化。不同的受教育者要求审美教育必须有的放矢，有针对性地安排审美教育内容，并把握和区分审美教育内容的层次性。在我国改革开放和社会主义现代化建设的伟大征程中，审美教育始终坚持以良好的环境熏陶人、科学的文化教育人、优美的作品鼓舞人、高尚的精神塑造人、先进的道德鞭策人的教育理念，因而具有非常鲜明的思想性。与之相比，美的形式具有实效性、针对性、艺术性等特点，其实效性主要体现在审美教育者能够恰当选择并运用形象生动的教育载体；其针对性主要体现在以问题意识为导向，坚持贴近实际、贴近生活、贴近群众的原则；其艺术性主要体现在审美教育载体展现出的直观性、趣味性和感染性。其三，两者的地位不同。美的内容是审美教育的"血液"，是审美教育目标的具体化，更是确定教育原则和方法的前提。美的内容决定美的形式，因而美的内容属于矛盾的主要方面，而美的形式则属于矛盾的次要方面。

美的内容与美的形式又是统一的，这种统一性表现为：其一，两者相互依存，密不可分。美的内容和形式是审美教育不可分割的两个组成部分。美的形式是美的内容的外在表现，没有美的内容，美的形式也就失去了存在价值；美

的内容必须通过具体的感性形式表现出来，它不能脱离美的形式而孤立存在。对此，别林斯基曾认为，形式的美和内容的美是紧密相连的，如果要把形式从内容中抽离出来，那就意味着消灭了内容，同样，如果把内容从形式中分离出来，那也就等于消灭了形式。① 其二，两者相互影响，相互作用。美的内容决定美的形式，美的形式能动地反作用于美的内容。当美的形式与美的内容相适合的时候，就能够对美的内容的显现与传播起到积极的促进作用，可以极大地增强美的感染性；反之，当美的形式不适合美的内容时，就会妨碍内容的表现。因此，美的内容和美的形式是辩证统一的关系。成功的审美教育既不能抛开美的形式机械地灌输审美教育内容，也不能只强调教育形式之美而放弃正确审美教育内容的传授。只有将美的教育内容与美的教育形式相结合，审美教育才能真正发挥其以美感人、立德树人的教育目的。

就广大文艺创作者而言，他们肩负着创作文学艺术作品的重任，只有遵循美的内容与美的形式辩证统一规律，才能创作出深受广大人民群众喜爱的文学艺术作品。通过形象深刻的文艺形象，赞颂人性的真善美，抨击社会上存在的假丑恶现象，激发人们热爱生活的感情，提高人们的精神境界正是文艺创作者的社会职责所在。对此，毛泽东同志曾在《在延安文艺座谈会上的讲话》中明确指出，无产阶级应当要求自己的文艺作品达到"政治和艺术的统一，内容和形式的统一，革命的政治内容和尽可能完美的艺术形式的统一"②。只有遵循美的内容和美的形式的辩证统一规律，正确、审慎、深入地研究社会、评价生活，透过纷纭的社会现象的迷雾，捕捉、发掘、提炼出生活中真正的美，按照美的规律再加工再创造，使艺术形象真正"来源于生活，又高于生活"，才能创造出真正为人民所喜爱的"革命的政治内容和尽可能完美的艺术形式的统一"的文艺作品。

就审美教育者而言，也必须遵循美的内容与美的形式辩证统一规律。首

---

① 　[俄] 别列金娜：《别林斯基论文学》，梁真译，新文艺出版社 1958 年版，第 3 页。
② 　《毛泽东选集》第三卷，人民出版社 1991 年版，第 869 页。

先，要坚定培育社会主义新人的基本方向，了解和掌握受教育者的实际需求和认知水平，遵循审美教育规律，讲究审美教育艺术，不断加强自身审美修养，坚持正面教育，弘扬主旋律，传播正能量，在不断创新中增强新时代审美教育工作的吸引力和感染力。其次，新时代的审美教育更应牢牢把握以人为本的教育导向，切实解决"为了谁、依靠谁、我是谁"的根本问题，把崇高性和优美性有机地统一起来。既要尊重人的主体地位，从群众中汲取智慧和力量，又要胸怀大局、着眼大事、把握大势。要把服务群众同引导群众结合起来，把满足需求同提高素养结合起来，不断丰富人们的精神文化生活，提高人民群众的思想道德素质和审美素质。最后，要尊重受教育者的主体地位和主体性，并始终把培养和开发受教育者的主体性作为审美教育的核心任务和目标。居高临下的空洞说教，生硬刻板的填鸭灌输都只能使审美教育流于形式。审美教育只有贴近实际、贴近生活、贴近受教育者，才能增强其现实性和针对性。

结　语

一、关于现代思想政治教育中审美教育的含义

要从人类社会实践、精神价值等角度出发明辨"美"与"丑"的本质，准确地把握"审美"的内在规定性，进而科学地界定现代思想政治教育中审美教育的含义。现代思想政治教育中的审美教育是一种陶冶性情、净化心灵的情感教育，是一种作用于人的理智，培养人的思想修养、道德情操、审美情感、审美观，并促使个体行为审美转化的思想教育。它与美学中的美育、艺术教育、道德教育、情感教育既有一定的联系，又存在明显的区别。片面地将现代思想政治教育中的审美教育与这些概念混为一谈或者无视其客观联系的观点，都是不科学的。现代思想政治教育中的审美教育不仅仅是激发受教育者丰富、高雅的审美情感，树立正确的审美观点，增强现代思想政治教育实效性的手段和方法，更是现代思想政治教育的重要内容之一。

二、关于现代思想政治教育中审美教育的特征与功能

指向性与非功利性的统一、独立性与渗透性的统一、思想性与艺术性的统一、先进性与时代性的统一是现代思想政治教育中审美教育的四个基本特征。因此，在审美教育过程中，教育者要全面认识和把握这些特征，既要坚持弘扬美、倡导善原则的指向性，又要遵循受教育者心理接受的非功利性；既要认识

到审美教育相对独立性的特点，又要把握其渗透性的特点；既要增强审美教育内容的思想性，又要提升审美教育方法和载体的艺术性；既要在把握先进性的同时注重时代性，又要在注重时代性的同时不断提升先进性。同时，只有对审美教育的功能形成全面、清晰的认识，才能够为现代思想政治教育中的审美教育实践扫除认识和思想障碍。现代思想政治教育中审美教育的功能是现代思想政治教育中审美教育本质的外在集中显露，主要包括导向功能、调节功能、育人功能、塑造功能、激励功能。

三、关于现代思想政治教育中审美教育的基本内容

要从弘扬社会美、自然美、艺术美的角度，引导受教育者自觉抵制种种假、恶、丑的不良现象，全面开展社会美教育、自然美教育、艺术美教育。一是要加强模范人物先进事迹的宣传教育和群众性精神文明创建活动的宣传教育，赞扬和讴歌改革开放和社会主义现代化建设中涌现出的先进模范人物的先进事迹和优秀品质，培育和践行社会主义核心价值观，传播真、善、美的正能量。二是要加强自然风光美教育和人文景观美教育，应从自然性与社会性相统一、客观与主观相统一的辩证观点理解和把握自然美教育的内容，以提高人们的思想认知水平和审美境界，协调人与自然的和谐共生关系。三是要加强崇高与优美教育、悲剧美与喜剧美教育，应明确抑恶扬善的教育目的，强化真、善、美相统一的精神意蕴，使受教育者形成和确立正确的审美观。

四、关于现代思想政治教育中审美教育的原则与方法

要以增强审美教育的实效性为目标，从教育者、受教育者、教育过程、审美教育与社会环境系统等要素的彼此关联中深入研究和概括审美教育的原则和方法。现代思想政治教育中的审美教育应遵循主体性原则、整体性原则、实践性原则和开放性原则。另外，审美教育实践活动对个体的审美情感和审美心理

结构的培养和优化具有独特的作用，它是审美教育基本原则的具体运用。按照审美教育运行过程建构起来的横向结构模式来划分，现代思想政治教育中审美教育的方法主要包括：思想政治教育客体的审美感知法、思想政治教育内容的审美传授法、思想政治教育环境的审美熏陶法、思想政治教育主客体的情感共鸣法、思想政治教育效果的审美评价法。

五、关于现代思想政治教育中审美教育的机制与规律

现代思想政治教育中审美教育的运行机制不仅包括动力机制和激励机制，而且还包括调控机制与保障机制。建立和完善审美教育的运行机制是重要的，它有利于教育者将审美教育理念有效贯彻到审美教育实践中去，增强审美教育的实效性，从而全面地提升受教育者的思想道德素质和审美素质。现代思想政治教育中审美教育的规律是审美教育过程中诸要素之间的本质联系及其矛盾运动的必然趋势。教育者只有遵循真、善、美辩证统一规律，心灵美、语言美和行为美辩证统一规律，美的内容与美的形式辩证统一规律，使审美教育顺利进行并取得成效，从而培育人们正确的审美观，促进并实现人的自由而全面的发展。

参考文献

一、经典著作类

《马克思恩格斯选集》第 1—4 卷，人民出版社 2012 年版。

《马克思恩格斯全集》第 2 卷，人民出版社 2005 年版。

《马克思恩格斯全集》第 3 卷，人民出版社 2002 年版。

《马克思恩格斯全集》第 30 卷，人民出版社 1995 年版。

《马克思恩格斯全集》第 39 卷，人民出版社 1974 年版。

《列宁全集》第 2 卷，人民出版社 2013 年版。

《列宁全集》第 4 卷，人民出版社 1995 年版。

《毛泽东选集》第三卷，人民出版社 1991 年版。

《邓小平文选》第二卷，人民出版社 1994 年版。

《邓小平文选》第三卷，人民出版社 1993 年版。

《江泽民文选》第一至三卷，人民出版社 2006 年版。

《论构建社会主义和谐社会》，中央文献出版社 2013 年版。

《习近平谈治国理政》，外文出版社 2014 年版。

《习近平新时代中国特色社会主义思想三十讲》，学习出版社 2018 年版。

二、专著类

（唐）白居易：《白居易集》，孙安邦编，山西古籍出版社 1972 年版。

曹廷华、徐自强主编：《美学与美育》，高等教育出版社 2011 年版。

曾繁仁、高旭东：《审美教育新论》，北京大学出版社 1997 年版。

曾繁仁：《美育十五讲》，北京大学出版社 2012 年版。

程喜田：《高校德育学与美学》，东北师范大学出版社 1995 年版。

仇春霖主编：《大学美育》，高等教育出版社 2005 年版。

杜卫：《美育论》，教育科学出版社 2000 年版。

冯友兰：《中国哲学史新编》，人民出版社 1988 年版。

顾易生、徐粹育编撰：《韩愈散文选集》，上海古籍出版社 1997 年版。

胡家祥：《审美学》，北京大学出版社 2010 年版。

黄良：《现代美育范畴建构》，中国社会科学出版社 2004 年版。

李范：《苏霍姆林斯基论美育》，湖南人民出版社 1984 年版。

李范：《博美·美育理论与实践探索》，高等教育出版社 2005 年版。

李天道：《美育与美育心理》，中国社会科学出版社 2006 年版。

李天道：《西方美育思想简史》，中国社会科学出版社 2007 年版。

邱明正：《审美心理学》，复旦大学出版社 1993 年版。

冉祥华：《美育的当代发展》，新华出版社 2008 年版。

邵献平：《思想政治教育中介论》，中国社会科学出版社 2007 年版。

施昌东：《先秦诸子美学思想述评》，中华书局 1979 年版。

檀传宝：《德育美学观》，山西教育出版社 1996 年版。

腾守尧：《审美心理描述》，中国社会科学出版社 1985 年版。

腾守尧：《美学与道德》，四川人民出版社 2010 年版。

童庆炳：《现代心理美学》，中国社会科学出版社 1993 年版。

汪子嵩：《希腊哲学史》第 1 卷，人民出版社 1997 年版。

汪子嵩：《希腊哲学史》第 3 卷，人民出版社 1997 年版。

王善忠：《王善忠美育美学文选》，社会科学文献出版社 2010 年版。

邢建昌：《美学》，河北人民出版社 2012 年版。

徐志远：《现代思想政治教育学范畴研究》，人民出版社 2009 年版。

颜翔林：《当代审美教程》，高等教育出版社 2008 年版。

杨恩寰：《审美教育学》，辽宁大学出版社 1987 年版。

杨恩寰：《美学引论》，辽宁大学出版社 1993 年版。

杨芷英、王希永：《思想政治教育心理学》，首都师范大学出版社 1999 年版。

余潇枫：《哲学人格》，吉林教育出版社 1998 年版。

张法琨：《古希腊教育论著选》，人民教育出版社 1994 年版。

张澍军：《马克思主义研究论稿》，吉林人民出版社 2004 年版。

张文光：《大学美育》，机械工业出版社 2012 年版。

张耀灿、陈万柏主编：《思想政治教育学原理》，高等教育出版社 2001 年版。

张耀灿、徐志远：《现代思想政治教育学科论》，湖北人民出版社 2003 年版。

赵惠霞：《现代美学：审美机理与规律》，人民出版社 2011 年版。

钟世伦、李天道主编：《中国美育思想简史》，中国社会科学出版社 2008 年版。

周芳：《思想政治教育审美研究》，人民出版社 2012 年版。

朱立元主编:《艺术美学辞典》,上海辞书出版社 2012 年版。

[德] 哈贝马斯:《交往与社会进化》,张博树译,重庆出版社 1989 年版。

[美] 杜威:《艺术即经验》,高建平译,商务印书馆 2005 年版。

[美] 丹尼尔·戈尔曼:《情感智商》,耿文秀、查波译,上海科学技术出版社 1997 年版。

[德] 康德:《判断力批判》上卷,宗白华译,商务印书馆 1964 年版。

[德] 康德:《单纯理性限度内的宗教》,李秋零译,中国人民大学出版社 2003 年版。

[俄] 列夫·托尔斯泰:《艺术论》,丰陈宝译,人民文学出版社 1978 年版。

[德] 席勒:《审美教育书简》,张玉能译,译林出版社 2012 年版。

[英] 鲍桑葵:《美学史》,刘超今译,北京出版社 2012 年版。

[联邦德国] 伽达默尔:《真理与方法》,王才勇译,辽宁人民出版社 1987 年版。

[德] 黑格尔:《美学》第 1 卷,朱光潜译,商务印书馆 1997 年版。

[美] 霍华德·加德纳:《多元智能》,沈致隆译,新华出版社 1999 年版。

[法] 卢梭:《爱弥儿》,李平沤译,商务印书馆 1978 年版。

[美] 罗恩菲德:《创造与心智的成长》,王德育译,湖南美术出版社 1993 年版。

[古希腊] 亚里士多德:《政治学》,吴寿彭译,商务印书馆 1965 年版。

[古希腊] 亚里士多德:《形而上学》,吴寿彭译,商务印书馆 1997 年版。

三、学术论文类及其他

费孝通:《经济全球化和中国"三级两跳"中的文化思考》,《光明日报》2000 年第 11 期。

程新康:《审美教育的思想政治教育功能》,《渝州大学学报》(社会科学版) 1999 年第 3 期。

董洪哲:《以"大美育观"填补美育意识的空白》,《教育科学》1994 年第 1 期。

杜卫:《感性启蒙:以美育代宗教说新解》,《浙江社会科学》2003 年第 5 期。

冯宪光:《毛泽东与人民美学》,《文艺理论与批评》2003 年第 11 期。

耿聪:《探究审美教育在德育中渗透的必然性》,《河南师范大学学报》(哲学社会科学版) 2006 年第 9 期。

顾昭明:《毛泽东美育思想及特点》,《高校理论战线》2012 年第 9 期。

胡智伟:《美育与完美人格的塑造》,《吉林教育科学》1994 年第 4 期。

金昕:《美育与大学生人格养成》,东北师范大学博士学位论文,2009 年。

李岩:《论美育在思想政治工作中的作用》,《山东社会科学》2002 年第 5 期。

刘成纪:《蔡元培:"以美育代宗教说"的历史语境和现代价值》,《美术》2018 年第 1 期。

陆道廉:《论思想政治工作中的美育疏导》,《南京师范大学学报》(社会科学版) 1990 年第 4 期。

庞桥:《强化美育在思想政治教育中的特殊作用》,《思想教育研究》1999 年第 5 期。

王滢:《回归自然之境——卢梭自然主义美育思想的内容及其启示》,《武汉理工大学学报》(社会科学版) 2014 年第 5 期。

王元骧:《评蔡元培"以美育代宗教说"》,《社会科学战线》2013 年第 7 期。

王守忠:《大学德育发展问题研究》,华中师范大学博士学位论文,2009 年。

汪士:《论思想政治教育美的创建》,合肥工业大学硕士学位论文,2005 年。

徐碧辉:《美育:一种生命和情感教育》,《哲学研究》1996 年第 12 期。

徐玮:《孔子美育思想及现代意义》,《兰州大学学报》2002 年第 1 期。

薛红飞、刘清华:《审美教育:思想政治教育的重要视阈》,《南京政治学院学报》2006 年第 3 期。

严芳:《浅论美育与思想政治工作的关系》,《思想政治工作研究》2005 年第 11 期。

杨杰:《主动性与受动性:美育自由本质的表现》,《西北师范大学学报》(社会科学版) 2005 年第 12 期。

杨茜:《中国共产党领导核心的先进文化思想研究》,河北大学博士学位论文,2011 年。

沈致隆:《美育:以美引善,促进人类美化》,《高等工程教育研究》1996 年第 2 期。

易常:《审美教育是思想政治工作的一个重要课题》,《探求》1994 年第 3 期。

祖国华:《思想政治教育审美问题研究》,东北师范大学博士学位论文,2009 年。

郑大渊:《浅析高校思想政治教育中的美育教育》,《思想政治教育研究》1996 年第 1 期。

周双丽:《美是道德善的象征——文学道德教化论》,复旦大学博士学位论文,2009 年。

朱虹:《审美教育与教育的人本回归》,《云南民族大学学报》(哲学社会科学版) 2010 年第 1 期。

曾繁仁:《论美育的现代意义》,《山东大学学报》(哲学社会科学版) 1999 年第 3 期。

曾繁仁:《审美教育:一个关系到未来人类素质和生存质量的重大课题》,《山东大学学报》(哲学社会科学版) 2002 年第 6 期。

曾繁仁:《重评鲍姆嘉滕的"感性教育"思想》,《美育学刊》2010 年第 11 期。

四、外文文献

Adam M. Croom, "Aesthetic Concepts, Perceptual Learning, and Linguistic Enumeration: Considerations from Wittgenstein, Language, and Music", *Integrative Psychological and Behavioral Science*,Vol.46, No.1, Mar. 2012, pp.113-116.

Dilek Acer, Esra Ömeroðlu, "A Study on the Effect of Aesthetic Education on the Development of Aesthetic Judgment of Six-year-old Children", *Early Childhood Education Journal*, Vol.35, No.4, Feb. 2008, pp.64-69.

Elvira Panaiotidi, "What Is Philosophy of Music Education and Do We Really Need It",

Studies in Philosophy and Education, Vol. 21, No.3, May. 2002, pp.76-79.

Ernst Cassirer,"Mythic, aesthetic and theoretical space", *Man and World*, Vol.2, No.1, Feb.1969, pp.136-139.

James W. Garrison, "The aesthetics of ethical virtues and the ethical virtues of Interchange", *Man and World*, Vol.35, No.1, Feb.2004, pp.248-251.

Janinka Greenwood, "Aesthetic Learning, and Learning Through the Aesthetic Key Concepts in Theatre Drama Education", *Studies in East European Thought*,Vol.2, No.6, May.2011, pp.248-251.

Pravda Spassova, "Aesthetics as a Philosophical Discipline in Bulgaria", *Studies in East European Thought,* No.6,Vol 53, June. 2001, pp.18-23.

Richard Shusterman, "Pragmatism Between Aesthetic Experience and Aesthetic Education", *Studies in Philosophy and Education*, Vol.22, No. 5, Sept .2003, pp.124-130.

后　记

　　呈现在读者面前的这本书，是我在博士论文基础上，结合近几年高校教学、科研的实践感悟补充、修改完成的。面对西方国家的意识形态和价值观念的渗透，"西化"问题已不仅仅是大众审美领域的"沉疴旧疾"，更是现代思想政治教育亟待解决的一个现实问题。大众的审美判断和审美取向在很大程度上反映着社会群体的价值观念，很难想象一个没有自身审美基因和道德价值准则的民族，一个缺失审美文化自信的国家，一群以洋为美的国民，其未来的前途和命运如何。那么新时代究竟如何弘扬中华美育精神？如何让审美教育在中华大地落地生根？如何做到立美育德、以美育人？每每想到此，都会感到一种危机感和责任感喷薄而出。本书尝试将审美教育置于现代思想政治教育视域下进行研究，较为系统地建构其理论框架，无意于德育对美育的绝对僭越，而是着眼于从审美伦理学的角度对人们的审美价值观进行引导。从这个意义上讲，审美教育不仅属于美学理论研究的范畴，而且是现代思想政治教育的一个重要内容和方法。

　　读博期间，我有幸成为徐志远教授的学生。从日常学习到博士论文的选题、确定研究框架以及论文的写作、修改与出版，导师始终耐心指导、倾心帮助。书稿的字里行间浸透着导师的心血，导师严谨的科研态度、创新的学术思想、拼搏奋进的人生态度以及儒雅的学者风范深深感染着我，时刻激励着我在治学道路上奋进前行。在书稿即将出版之际，首先对恩师徐志远教授表示衷心感谢！感谢他对我学习上的严格要求和学术上的谆谆教诲，从他那里我学到的不仅是鲜活的知识、研究的方法，老师的言传身教更是我一生最为宝贵的人生财富，必将让我永远铭记、终身受益。非常感谢师母黄翠香女士，在学习、工作、生活中给了我母亲般的温暖和关爱，增添了自己钻研学术的信心。

感谢郑州师范学院党委书记赵健教授、校长孙先科教授、原党委书记于向英教授等领导和马克思主义学院、美术学院及校团委同事们的大力支持！感谢武汉理工大学马克思主义学院夏江敬教授、朱喆教授、王智教授、郭国祥教授、蓝江教授、张怀民教授等专家、教授和老师们的关心和指导！感谢关心帮助我的博士班的学友们。

感谢人民出版社清史编辑部王萍主任、政治编辑一部余平博士为书稿的审阅、校对、出版做出的大量认真细致的工作，她们为拙作付出了辛勤的劳动和心血。

同时，我还要向我的家人们表示由衷的谢意，在我学习、研究和撰著的过程中，父母无怨无悔地帮我照顾女儿；丈夫李伟先生一边攻读博士后，一边一如既往地支持我的研究，使我能够安心著书。

本书系河南省教师教育课程改革研究项目"'课程思政'背景下师范专业美育课程改革研究"（2020-JSJYYB-092）的阶段性研究成果。由于资质愚钝，学力不逮，本书纰漏、不妥之处还请同行、学者和读者朋友们批评指教，以便在今后的研究中予以完善。

王　滢

2020 年 5 月于郑州师院翰墨湖畔

责任编辑：余　平
封面设计：姚　菲
责任校对：余　佳

图书在版编目（CIP）数据

现代思想政治教育中的审美教育研究／王滢　著 . 一北京：
　人民出版社，2020.11
ISBN 978 - 7 - 01 - 022527 - 2

I.①现…　 II.①王…　 III.①大学生 - 思想政治教育 - 研究 - 中国②大学生 -
审美教育 - 研究　 IV.① G641 ② G40-014

中国版本图书馆 CIP 数据核字（2020）第 192993 号

现代思想政治教育中的审美教育研究

XIANDAI SIXIANG ZHENGZHI JIAOYU ZHONG DE SHENMEI JIAOYU YANJIU

王滢　著

人民出版社 出版发行

（100706　北京市东城区隆福寺街 99 号）

中煤（北京）印务有限公司印刷　新华书店经销

2020 年 11 月第 1 版　2020 年 11 月北京第 1 次印刷
开本：710 毫米 × 1000 毫米 1/16　印张：14
字数：204 千字

ISBN 978 - 7 - 01 - 022527 - 2　定价：56.00 元

邮购地址 100706　北京市东城区隆福寺街 99 号
人民东方图书销售中心　电话（010）65250042　65289539